数字经济与江西物流业的融合发展

席元凯　著

中国商务出版社

·北京·

图书在版编目（CIP）数据

数字经济与江西物流业的融合发展 / 席元凯著 .

北京 : 中国商务出版社 , 2024. 9. -- ISBN 978-7-5103-

5387-1

Ⅰ .F492；F259.275.6

中国国家版本馆 CIP 数据核字第 2024Q31R29 号

数字经济与江西物流业的融合发展

席元凯　著

出版发行：中国商务出版社有限公司

地　　址：北京市东城区安定门外大街东后巷 28 号　　邮　　编：100710

网　　址：http://www.cctpress.com

联系电话：010-64515150（发行部）　　　010-64212247（总编室）

　　　　　010-64515210（事业部）　　　010-64248236（印制部）

责任编辑：孟宪鑫

排　　版：北京嘉年华文图文制作有限责任公司

印　　刷：北京九州迅驰传媒文化有限公司

开　　本：710 毫米 × 1000 毫米　1/16

印　　张：15　　　　　　　　　　字　　数：240 千字

版　　次：2024 年 9 月第 1 版　　　　印　　次：2024 年 9 月第 1 次印刷

书　　号：ISBN 978-7-5103-5387-1

定　　价：79.00 元

前　言

在当今全球信息化浪潮的推动下，数字经济已成为引领经济社会发展的新引擎。作为数字经济的重要组成部分，物流业正经历着前所未有的变革。作为中国华东地区的一个重要省份，江西物流业在数字经济的驱动下，正逐步展现出新的活力和潜力。数字经济的蓬勃发展，不仅改变了人们的生活方式，也对传统产业产生了深远影响。物流业作为连接生产与消费的关键环节，其数字化转型已成为不可逆转的趋势。数字经济的定义与发展趋势，为我们揭示了这一新兴经济形态的内涵与外延，以及它如何通过技术创新、模式创新等手段，进而推动经济社会各领域的深刻变革。

江西物流业在近年来取得了显著发展，但面对数字经济带来的机遇与挑战，其发展现状与潜力仍需深入剖析。了解江西物流业的基本情况、存在的问题以及发展优势，是探讨数字经济与其融合发展路径的基础。同时，数字经济与物流业融合的必要性也愈发凸显，这种融合不仅有助于提升物流效率，降低物流成本，还能推动物流服务模式的创新，满足日益多样化的市场需求。

数字经济对江西物流业的影响是多方面的。数字化转型能够显著提升物流效率，通过大数据、云计算等技术的应用，实现物流资源的优化配置和智能调度。同时，数字经济也会对物流成本产生深远影响，通过信息化手段降低交易成本、提高库存周转率，从而为企业带来更大的经济效益。此外，数字经济还会推动物流服务模式的创新，如共享物流、智慧物流等新兴模式的出现，为物流业的发展注入了新的活力。在数字经济背景下，江西物流业的数字化基础设施建设显得尤为重要。数字化基础设施是支撑物流业数字化转型的基础，其重要性不言而喻。了解江西物流业数字化基础设施的现状，并探索其建设策略、投资与融资模式以及维护与升级机制，对推动江西物流业的持续健康发展具有重要意义。

　　数字化平台的构建是江西物流业转型升级的关键一环。数字化平台在物流业中扮演着信息枢纽的角色，通过整合物流资源、优化业务流程、提供智能化服务等功能，助力物流业实现高质量发展。同时，数字化平台的数据安全与隐私保护也是不容忽视的问题，需要在平台构建过程中予以充分关注。智能化技术、绿色化发展、供应链优化以及跨境电商发展等章节，将进一步探讨数字经济在江西物流业中的广泛应用和带来的深远影响。这些领域的发展不仅关乎江西物流业的竞争力提升，也对推动江西经济的整体转型升级具有重要意义。

　　本书全面、深入地探讨了数字经济与江西物流业的融合发展问题，旨在为相关领域的理论研究和实践探索提供有益的参考和借鉴。

　　本书为2022年江西省高校人文社会科学研究一般项目"数字经济赋能江西物流业高质量发展研究"基金项目的研究成果，项目编号：JC22102。

作者
2024年7月

目　录

第一章 数字经济与物流业的融合概述

第一节 数字经济的定义与发展趋势

一、数字经济的定义及核心特征

（一）数字经济的定义

数字经济，作为一种新兴的经济形态，自20世纪90年代起逐渐进入人们的视野，并随着信息技术的迅猛发展而日益壮大。"数字经济"的概念最早由加拿大学者唐·泰普斯科特在1996年出版的《数字经济：网络智能时代的前景与风险》一书中提出，该书描述了互联网将如何重构世界以及人类社会经济活动的运行模式将发生的实质性变化。此后，随着大数据、云计算、人工智能、区块链等新一代信息技术的广泛应用，数字经济的内涵和外延不断得到扩展与深化。

数字经济以数字技术为核心驱动力，以数据为关键生产要素，通过互联网、物联网、云计算等现代信息网络作为重要载体，实现经济活动的数字化、网络化、智能化发展。它涵盖了电子商务、移动支付、共享经济、智能制造等众多领域，通过数字技术与实体经济的深度融合，不断推动经济结构的优化和生产效率的提升。具体来说，数字经济包括以下几个主要部分：一是数字产业化，即信息和通信业的发展，包括电子信息制造业、电信业、软件和信息技术服务业、互联网业等；二是产业数字化，即数字技术在传统产业中的应用所带来的增产增效，如工业互联网、智能制造、车联网、平台经济等融合产生的新产业、新模式、新业态；三是数字治理，通过"数字技术+治理"的模式，实现技术与管理相结合，提升公共服务的效率和质量；四是有价值的数据资源，包括数据的收集、处理、分析、交易和保护等各个环节。

（二）数字经济的核心特征

数字经济作为一种新型经济形态，具有多个核心特征，这些特征使数字经济拥有独特魅力和强大动力。

在数字经济时代，数据被赋予了前所未有的重要价值，成为驱动经济发展的新动能。通过对海量数据的收集、处理和分析，企业能够更准确地把握市场需求与消费者行为，优化产品结构和服务项目，提高生产效率和市场竞争力。同时，数据的流通和共享也促进了新的商业模式的诞生，为经济发展注入了新的活力。互联网和物联网的普及为数字经济的网络化发展提供了坚实基础。通过网络连接，信息得以快速传播和共享，企业能够跨越地域实现协同作业和市场拓展。同时，人工智能、机器学习等先进技术的应用使得经济活动更加智能化，实现了对数据的深度挖掘和分析，提高了决策的精准度和效率。这种网络化和智能化的特征不仅提升了企业的生产效率与管理水平，还极大地提升了消费者的购物体验和生活质量。

数字经济打破了传统产业的界限，促进了不同领域和行业的跨界融合。云计算、大数据、人工智能等技术的融合应用推动了传统产业的数字化升级和转型，催生了许多新的产业和业态。这种跨界融合不仅为企业带来了新的发展机遇和市场空间，还推动了经济结构的优化和转型升级。同时，数字经济的开放性和创新性也为创业者提供了广阔的平台与机会，促进了创新创业的蓬勃发展。在数字经济时代，消费者的个性化需求得到了前所未有的关注和满足。企业通过对消费者数据的深度挖掘和分析，能够更准确地把握消费者的偏好和需求，实现个性化推荐和精准营销。这种以消费者为中心的经营理念不仅提升了消费者的购物体验和满意度，还增强了企业的市场竞争力和品牌影响力。

数字经济具有全球性和开放性的特征。随着互联网和物联网的普及以及数字技术的广泛应用，经济活动不再受地域限制，实现了全球范围内的互联互通和信息共享。这种全球性和开放性不仅促进了国际贸易与投资的便利化，还推动了全球经济一体化与合作共赢的发展。同时，数字经济的开放性也为企业提供了更广阔的市场空间和合作机会，促进了国际交流与合作。从技术支撑角度来看，数字经济具有高数据依赖性、高流动性、高渗透性和高波动性的特征。这些特征使得数字经济在发展过程中表现出强烈的动态性和不确定性。高数据依赖性意味着数字经济对数据的依赖程度极高，数据的质量和安全性直接影响到数字经济的健康发展，高流动性则使得信息和经济活动能够在全球范围内快速传播与变化，高渗透性使得数字技术能够渗透到社会经济的各个领域和环节，高波动性则使得数字经济的发展过程充满变数和挑战。数字经济正在深刻影响全球产业发展格局和经济结构。从数字经济总量占比和增速上来看，数字经济已经成为促进全球经济增长的重要引擎。同时，各国政府也纷纷出台数字经济战略规划，抢占科技战略高地和经济发展先机。这种全球性的竞争与合作不仅推动了数字经济的快速发展和普及，也为全球经济一体化和合作共赢提供了有力支撑。

二、全球数字经济的发展现状与趋势

随着信息技术的飞速发展和全球互联网的普及，数字经济已成为促进全球经济增长的重要引擎，其发展现状与趋势正深刻影响着全球经济格局和社会生活。

（一）全球数字经济的发展现状

近年来，全球数字经济规模持续扩大，成为推动经济增长的重要力量。根据联合国贸易和发展会议发布的《2024年数字经济报告》以及中国信通院发布的《全球数字经济白皮书（2024年）》，全球数字经济总量已超过40万亿美元，增幅近20%。其中，美国和中国作为数字经济的领头羊，市场规模分别超过14万亿美元和稳居世界第二。中国数字经济总量在国内生产总值（GDP）中的比重显著提升，达60%左右，比2019年增加了约8个百分点。技术创新是全球数字经济发展的核心驱动力。人工智能、大数据、云计算、区块链等新一代信息技术的突破与应用，为数字经济的蓬勃发展提供了强有力的支撑。人工智能技术的广泛应用推动了全球AI企业数量的快速增加，中国在全球AI市场中的占比持续提升，显示出其在人工智能领域的领导地位和竞争优势。同时，5G技术的商用部署加速，物联网设备数量激增，预计到2029年，物联网设备将增至390亿台，是2023年的2.5倍。这些技术的快速发展不仅推动了数字经济的规模扩张，还深刻改变了传统产业的商业模式和生产方式。

数字产业化与产业数字化是全球数字经济发展的两大重要方向。数字产业化以信息技术为核心，推动电子信息制造业、软件和信息技术服务业、互联网业等快速发展。产业数字化则通过数字技术在传统产业中的应用，推动传统产业转型升级，实现增产增效。当前，全球产业数字化融合探索的新模式和新业态持续涌现，数字化转型已成为推动数字经济增长的重要引擎。随着数字经济的快速发展，数字治理成为各国政府和企业关注的焦点。各国纷纷出台相关法律法规和政策措施，加强数据保护、隐私安全、网络安全等方面的治理。同时，国际合作在数字经济领域也日益加强。各国政府和企业通过多边与双边合作机制，共同推动数字经济领域在标准制定、技术创新、市场准入等方面的合作。这种国际合作不仅促进了数字经济的健康发展，还为全球经济增长注入了新的动力。

（二）全球数字经济的发展趋势

未来，全球数字经济将向智能化与融合化方向发展。随着人工智能、大数据等技术的深入应用，数字经济将更加智能化。智能工厂、智慧城市等新兴领域的迅速发展将展示出数字技术在构建智能化生态系统中的广泛应用和深远影响。同时，数字经济与传统产业的融合将进一步深化。数字化转型将不仅局限于生产、管理、营销等环节，还将渗透到产业链、供应链、价值链等更广泛的领域，推动传统产业实现全面升级。

数据作为数字经济的关键生产要素，其价值将越来越凸显。随着数据技术的不断发展和数据市场的日益成熟，数据确权、流通和交易的市场化配置将加速推进。各国政府和企业将积极探索数据要素的市场化路径，通过强化数据要素的战略布局和相关法律政策的颁布，推动数据资源的确权、流通和交易，进一步释放数据要素的巨大潜力。

在全球化的背景下，数字经济的国际化趋势将更加明显。各国将积极参与全球数字经济治理和规则的制定，推动数字经济领域的国际合作与交流。同时，区域化趋势也将并存。一些地区和国家将依托自身的产业基础和资源禀赋优势，打造具有区域特色的数字经济产业集群和创新生态体系。这种国际化与区域化并存的发展趋势将为全球数字经济的协同发展提供更多机遇和选择。随着全球对可持续发展的重视和环保意识的提升，数字经济将向绿色化转型方向发展。数字技术和数字经济在推动经济增长的同时，也需要关注其对环境的影响和可持续性。各国政府和企业应积极采取措施降低数字经济的环境成本，推动数字经济向循环、包容、绿色的方向转型。这种转型不仅有助于保护地球环境，还将为数字经济的长期发展奠定坚实基础。创新与合作将成为全球数字经济发展的主旋律。各国政府和企业将加大研发投入和人才培养的力度，推动数字技术的不断创新和突破。同时，国际交流与合作将更加频繁和深入。各国将共同应对数字经济领域带来的挑战和问题，推动全球数字经济的协同发展和共赢未来。这种创新与合作的发展模式将为全球数字经济的持续繁荣注入新的活力和动力。

三、中国数字经济的发展战略与目标

随着信息技术的飞速发展和全球数字化浪潮的兴起，数字经济已成为中国经济增长的新引擎和转型升级的重要驱动力。中国政府高度重视数字经济的发展，制定了一系列战略规划和政策，旨在推动数字经济持续健康发展，为经济社会高质量发展提供有力支撑。

（一）中国数字经济的发展战略

创新是推动数字经济发展的核心动力。中国政府将创新驱动发展战略作为数字经济发展的首要战略，强调以科技创新为引领，推动数字技术与实体经济深度融合。通过加强关键核心技术研发、培育新业态新模式、推动产业数字化转型等措施，不断提升数字经济的核心竞争力和创新能力。同时，加强"产学研用"协同创新，促进科技成果转化和产业化应用，为数字经济发展注入创新活力。实施融合发展战略是推动数字经济与实体经济深度融合的重要举措。中国政府积极推动数字产业化与产业数字化并进发展，通过加快数字基础设施建设、推进制造业数字化转型、发展服务业数字化新业态等措施，促进数字经济与传统产业深度融合。这种融合不仅有助于提升传统产业的数字化水平和生产效率，还能够催生出新的经济增长点和就业机会，推动经济高质量发展。

开放合作是推动数字经济全球发展的重要途径。中国政府坚持对外开放的基本国策，积极参与全球数字经济治理和规则制定，推动数字经济领域的国际交流与合作。通过加强与世界各国的经贸合作、技术交流和人才往来等措施，共同应对数字经济领域带来的挑战和问题，推动全球数字经济的协同发展。同时，中国政府还鼓励企业"走出去"，拓展国际市场，提升中国数字经济的国际竞争力和影响力。绿色发展是推动数字经济可持续发展的重要保障。中国政府将绿色发展理念贯穿数字经济发展的全过程，强调在推动数字经济发展的同时注重环境保护和可持续发展。通过加强数据中心绿色化改造、推广绿色数据中心建设标准等措施，降低能耗和碳排放；通过发展绿色数字经济产业如环保技术、清洁能源等，推动经济转型升级；通过加强数字技术在环保领域的应用，提升环境治理能力和水平。这些措施的实施将有助于推动数字经济与环境保护的协调发展，实现可持续发展目标。

（二）中国数字经济的发展目标

中国政府明确提出了数字经济发展的量化目标。到2025年数字经济核心产业增加值占GDP比重将达10%以上。这意味着在未来几年内，中国数字经济将保持快速增长态势成为推动经济增长的重要力量。同时中国政府还将通过加强数字基础设施建设，提升网络覆盖率和普及率，降低使用成本，为数字经济发展提供坚实支撑。

技术创新是推动数字经济发展的核心驱动力。中国政府将加强关键核心技术研发作为数字经济发展的重要任务之一。通过加大研发投入力度、培育创新型企业、加强"产学研用"协同创新等措施，不断提升中国在人工智能、大数据、云计算等领域的技术创新能力。同时中国政府还将推动数字技术向传统产业渗透和融合，促进传统产业转型升级和提质增效。这些措施的实施将有助于提升中国数字经济的核心竞争力和创新能力，推动数字经济高质量发展。完善的数字治理体系是数字经济健康发展的重要保障。中国政府将加强数字治理体系建设作为数字经济发展的重要任务之一。通过加强数据安全管理、推动数据资源共享开放、完善数字经济法律法规等措施建立健全数字治理体系。同时中国政府还将加强跨部门协同联动，形成政策合力，共同推动数字经济健康发展。这些措施的实施将有助于提升中国数字经济的治理能力和水平，保障数字经济在法治轨道上健康发展。

国际合作是推动全球数字经济发展的重要途径。中国政府将加强数字经济国际合作作为数字经济发展的重要任务之一。通过积极参与全球数字经济治理和规则制定、加强与世界各国的经贸合作和技术交流等措施，推动数字经济领域的国际交流与合作。同时中国政府还将鼓励企业"走出去"，拓展国际市场，提升中国数字经济的国际竞争力和影响力。这些措施的实施将有助于推动全球数字经济的协同发展，实现互利共赢的目标。

第二节　江西物流业的发展现状

一、江西物流业的总体规模与结构

江西省作为中国的重要省份之一，其物流业在近年来取得了显著的发展成就，不仅规模不断扩大，结构也日益优化。

（一）江西物流业的总体规模

近年来，江西省物流业总体规模持续扩大，成为推动全省经济高质量发展的重要力量。根据相关数据，江西省物流业的增加值和总收入均呈现出稳步增长的趋势。物流基础设施不断完善，公路、铁路、水路等多种运输方式协同发展，形成了较为完善的物流网络体系。

在快递业务方面，江西省的快递业务量持续增长。2024年1~5月，江西省快递业务量为12.49亿件，同比增加41.7%，显示出快递行业的强劲增长势头。这一增长不仅反映了电子商务的蓬勃发展，也体现出江西省消费者对物流服务的旺盛需求。同时，江西省在物流基础设施建设方面也取得了显著成效。公路、铁路、水路等多种运输方式的基础设施不断完善，为物流业的发展提供了有力支撑。例如，江西省公路水路交通固定资产投资在2024年1~5月达到241.74亿元，虽然同比下降13.7%，但其中公路建设实绩占比高达94.84%，显示出公路建设在物流基础设施中的重要地位。

（二）江西物流业的结构特点

江西省物流业的结构特点之一是运输方式的多元化。公路、铁路、水路等多种运输方式在江西省物流业中均占据重要地位，形成了优势互补、协同发展的良好局面。公路运输以其灵活性和便捷性成为货物运输的主要方式之一；铁路运输以其大运量、低成本的优势在长途货物运输中占据重要地位；水路运输依托江西省丰富的水资源，在沿江沿河地区发挥着重要作用。

随着物流业的发展，江西省逐步形成了多个区域物流中心。以大南昌商贸物流圈及赣州、九江、上饶和宜春四大区域性商贸物流中心为主体，引领带动其他设区市以建设商贸物流节点城市为支撑，形成了"一圈四中心六节点、两轴多通道"的商贸物流总体发展布局。这些区域物流中心不仅促进了当地物流业的发展，还带动了周边地区的经济增长。冷链物流作为物流业的重要组成部分，在江西省也得到了快速发展。近年来，江西省政府高度重视冷链物流体系建设，出台了一系列政策措施支持冷链物流发展。通过健全工作机制、实行挂图作战、组建发展联盟等措施，江西省冷链物流体系不断完善。预计到2025年，全省农产品综合冷链流通率将达到较高水平，冷链腐损率将显著下降。

随着信息技术的快速发展，智慧物流在江西省物流业中得到了广泛应用。通过运用大数据、云计算、物联网等先进技术手段，江西省物流企业实现了物流信息的实时共享和智能调度，提高了物流效率和服务质量。同时，智慧物流的发展还促进了物流产业链的延伸和拓展，为物流业的发展注入了新的活力。

（三）江西物流业的发展趋势

随着数字经济的蓬勃发展，数字化转型已成为江西物流业的重要趋势。未来，江西省将继续加强物流信息化建设，推动物流企业运用大数据、云计算等先进技术手段进行数字化转型。通过构建数字化物流平台，实现物流信息的实时共享和智能调度，提高物流效率和服务质量。绿色低碳发展是江西物流业未来的重要方向。随着全球对环境保护的日益重视，江西省物流业将更加注重绿色低碳发展。通过推广绿色运输方式、建设绿色物流园区等措施，降低物流业对环境的影响。同时，加强物流废弃物的处理和回收利用，实现物流业的可持续发展。

供应链协同优化是江西物流业未来的重要任务。随着市场竞争的加剧和消费者需求的多样化，供应链协同优化已成为提升物流业竞争力的重要手段。江西省将加强供应链上下游企业的协同合作，推动供应链各环节之间的信息共享和资源整合，提高供应链的响应速度和协同效率。随着全球化的深入发展，江西物流业将加快国际化步伐。通过加强与周边国家和地区的物流合作，拓展国际物流市场。同时积极参与全球物流治理和规则的制定，提升江西物流业在国际舞台上的话语权和影响力。

二、江西物流业的主要成就与面临的挑战

作为江西省经济的重要组成部分，江西物流业近年来取得了显著成就，为推动全省经济高质量发展做出了重要贡献。然而，在快速发展的同时，也面临着诸多挑战。

（一）江西物流业的主要成就

近年来，江西省在物流基础设施建设方面取得了显著成效。公路、铁路、水路等多种运输方式的基础设施不断完善，形成了较为完善的物流网络体系。高速公路、铁路网络的扩展和升级，以及港口、机场等物流节点的建设，为物流业的发展提供了有力支撑。这些基础设施的完善，不仅提高了物流效率，还降低了物流成本，为江西物流业的发展奠定了坚实基础。江西物流业的规模持续扩大，成为推动全省经济增长的重要力量。根

据相关数据，江西省的快递业务量、公路货运量、水路货运量等均呈现出稳步增长的趋势。特别是快递业务量的快速增加，反映了电子商务的蓬勃发展和消费者对物流服务的旺盛需求。同时，江西省还涌现出一批具有竞争力的物流企业，这些企业在全国范围内具有较高的知名度和影响力。

随着信息技术的快速发展，智慧物流在江西省物流业中得到了广泛应用。通过运用大数据、云计算、物联网等先进技术手段，物流企业实现了物流信息的实时共享和智能调度，提高了物流效率和服务质量。智慧物流的发展不仅促进了物流企业的转型升级，还推动了物流产业链的延伸和拓展。例如，江西传化物流有限公司通过大数据、云计算等先进技术实现了车货供需的高效匹配，为司机提供了更多接单机会，有效降低了空驶率和运输成本。江西省逐步形成了多个区域物流中心，以大南昌商贸物流圈及赣州、九江、上饶和宜春四大区域性商贸物流中心为主体，引领带动其他设区市以建设商贸物流节点城市为支撑，形成了"一圈四中心六节点、两轴多通道"的商贸物流总体发展布局。这些区域物流中心不仅促进了当地物流业的发展，还带动了周边地区的经济增长，形成了良好的物流生态圈。江西省政府高度重视物流业的发展，出台了一系列政策措施支持物流业的发展。例如，《江西省"十四五"现代物流业发展规划》《江西省商贸物流"十四五"发展规划》等政策的实施，为物流业的发展提供了有力保障。同时，政府还加大了对物流企业的扶持力度，通过财政补贴、税收优惠等方式降低企业运营成本，提高市场竞争力。

（二）江西物流业面临的挑战

尽管江西物流业在规模上取得了显著成就，但物流成本依然较高。这主要是由于物流基础设施相对落后、物流信息化水平不高、物流企业管理水平参差不齐等原因导致的。高物流成本不仅增加了企业的运营负担，还限制了物流业的进一步发展。因此，降低物流成本成为江西物流业面临的重要挑战之一。

随着消费者对物流服务需求的不断提高，江西物流业在服务水平方面还存在一定差距。部分物流企业在服务质量、时效性、安全性等方面尚不能满足市场需求。此外，物流服务的个性化、定制化程度还有待提高。因此，提高物流服务水平成为江西物流业亟待解决的问题之一。虽然智慧物流在江西省物流业中得到了广泛应用，但发展不均衡的问题依然突出。一些大型物流企业虽已经具备了较高的智慧物流水平，但众多中小型物流企业仍然停留在传统物流阶段。这种不均衡的发展状况不仅限制了物流业的整体竞争力，还影响了智慧物流的普及和应用效果。因此，推动智慧物流的均衡发展成为江西物流业面临的重要任务之一。

江西省各地区的物流业发展水平存在较大差异，区域协调发展不足成为制约物流业发展的重要因素之一。一些地区由于经济基础薄弱、交通条件落后等原因，物流业发展相对滞后；一些发达地区则由于资源集中、市场活跃等原因，物流业发展较快。这种区域发展不均衡的状况不仅影响了物流业的整体效益，还加剧了地区之间的经济差距。因此，加强区域协调发展成为江西物流业面临的重要挑战之一。随着全球化的深入发展，江西物流业面临着日益激烈的国际竞争。然而，与国际先进水平相比，江西物流业的国际竞争力还有待提升，这主要表现在物流技术、管理水平、服务质量等方面。因此，提升国际竞争力成为江西物流业未来发展的重要方向之一。

三、江西物流业的区域分布与特色

江西省位于中国东南部，其物流业的发展不仅受到地理位置、经济基础、产业结构等多重因素的影响，还展现出鲜明的区域分布特征和独特的物流发展模式。

（一）江西物流业的区域分布

江西省物流业的区域分布主要呈现出以中心城市为核心，向周边地区辐射的发展态势。具体来说，南昌、九江、赣州、上饶等地成为物流业的重要节点，形成了各具特色的物流区域。

南昌作为江西省的省会城市，是全省政治、经济、文化、科教、交通与信息中心，发挥着全国性综合交通枢纽的特殊作用。因此，南昌物流业的发展在全省范围内处于领先地位。南昌依托其便利的交通条件和完善的物流基础设施，吸引了众多物流企业和项目入驻。同时，南昌还积极推动智慧物流发展，通过大数据、云计算等先进技术手段提升物流效率和服务质量。

九江位于长江中下游南岸，是江西省的重要港口城市。九江物流业的发展得益于其独特的地理位置和丰富的水资源。九江港作为江西省的门户港口，与长江沿线航运枢纽、国际性大港联动协作，货物辐射地区广泛。此外，九江还积极推进多式联运发展，通过铁水联运、公铁联运等方式提高物流效率。九江物流区域的形成不仅促进了当地经济的发展，还为周边地区提供了便捷的物流服务。

赣州是江西省南部的重要城市，具有"十"字形铁路主骨架，是赣、粤、闽、湘四省通衢的现代化区域性中心城市。赣州物流业的发展得益于其优越的区位条件和丰富的产业资源。赣州积极推进物流产业集群发展，形成了以南康家具物流产业集群为代表的一批具有竞争力的物流产业集群。同时，赣州还加强与国际物流企业的合作，推动物流业向国际化方向发展。

上饶位于江西省东北部，是赣东北重要的商贸物流中心城市。上饶物流业的发展依托其毗邻长三角、皖江经济带的区位优势以及完善的交通网络。上饶积极推进物流园区建设，形成了以上饶新华龙物流园为代表的多个现代化物流园区。这些物流园区不仅提高了上饶物流业的集聚度，还带动了周边地区物流业的发展。

（二）江西物流业的区域特色

南昌物流业的发展以智慧物流为引领。通过运用大数据、云计算、物联网等先进技术手段，南昌物流企业实现了物流信息的实时共享和智能调度。智慧物流的发展不仅提高了物流效率和服务质量，还推动了物流产业的转型升级。南昌还积极引进和培养物流人才，为智慧物流的发展提供了有力支撑。

九江物流业的发展以多式联运为特色。九江港作为江西省的门户港口，与长江沿线航运枢纽、国际性大港联动协作，形成了较为完善的水运网络。同时，九江还积极推进铁水联运、公铁联运等多种运输方式的无缝衔接，提高了物流效率。多式联运的发展不仅降低了物流成本，还增强了九江物流业的竞争力。

　　赣州物流业的发展以产业集群为特色。赣州依托其丰富的产业资源，积极推进物流产业集群发展。以南康家具物流产业集群为代表的一批具有竞争力的物流产业集群的形成，不仅提高了赣州物流业的集聚度，还带动了相关产业的发展。产业集群效应的发挥使得赣州物流业在区域范围内具有较强的竞争力。

　　上饶物流业的发展以区域物流枢纽为特色。上饶依托其毗邻长三角、皖江经济带的区位优势以及完善的交通网络，积极推进物流枢纽建设。上饶物流枢纽的形成不仅提高了上饶物流业的辐射范围和服务能力，还为周边地区提供了便捷的物流服务。同时上饶还加强与国际物流企业的合作，推动江西物流业向国际化方向发展。

第三节　数字经济与物流业融合的必要性

一、数字经济与物流业融合是提升物流效率与降低成本的迫切需求

　　在当今全球经济一体化的背景下，物流业作为连接生产与消费的关键环节，其效率与成本直接影响着经济的运行质量与速度。数字经济的蓬勃发展，为物流业带来了前所未有的变革机遇。数字经济与物流业的深度融合，不仅是提升物流效率、降低成本的迫切需求，也是推动经济高质量发展的重要引擎。

（一）数字经济为物流业带来的变革

　　数字经济是以数据资源为关键要素，以现代信息网络为主要载体，以信息通信技术融合应用、全要素数字化转型为重要推动力，促进公平与效率更加统一的新经济形态。在数字经济时代，物流业正经历着从传统模式向智能化、网络化、服务化转型的深刻变革。

　　通过物联网、大数据、云计算等先进技术的应用，物流业实现了对

运输、仓储、配送等各个环节的智能化管理。智能调度系统能够实时跟踪货物状态，优化运输路线，提高车辆利用率，从而大幅提升物流效率。同时，智能仓储系统利用自动化设备和机器学习算法，实现货物的快速分拣和准确存储，进一步缩短了物流周期。数字经济的网络化特征使得物流业能够打破地域限制，实现跨区域的资源共享。通过构建物流信息平台，各物流节点可以实时交换信息，协同作业，形成高效的物流网络。这种网络化模式不仅降低了物流成本，还提高了物流服务的可靠性和灵活性。

在数字经济时代，物流业不再仅局限于货物的运输和仓储，而是向供应链管理、物流金融、增值服务等多个领域拓展。通过提供定制化的物流解决方案和增值服务，物流业能够更好地满足客户的多样化需求，实现价值的最大化。

（二）数字经济与物流业融合带来的挑战与机遇

尽管数字经济为物流业带来了诸多变革和机遇，但两者在融合过程中也面临着诸多挑战。

数字经济与物流业的融合需要不断的技术创新来支撑。然而，新技术的研发和应用需要投入大量的资金与人力资源，且技术更新的速度非常快，物流企业需要不断跟进和升级，以保持竞争力。在数字经济时代，数据是物流业的核心资产。然而，随着数据的海量增长和广泛应用，数据安全和隐私保护问题也日益凸显。物流企业需要建立完善的数据安全管理体系，确保客户数据的安全和隐私。

数字经济与物流业的融合需要大量的复合型人才，他们既需要懂得物流业务，又需要掌握数字技术。然而，当前市场上这类人才相对稀缺，物流企业需要加大人才培养和引进的力度。尽管面临诸多挑战，但数字经济与物流业的融合也带来了巨大的机遇。通过深度融合，物流业可以实现更高效、更智能、更绿色的发展，为经济社会发展注入新的活力。

（三）推动数字经济与物流业深度融合的策略

为了充分发挥数字经济在提升物流效率、降低成本方面的作用，政府和企业需要采取以下策略来推动两者的深度融合：

政府和企业应加大对物流技术创新的投入力度，鼓励研发和应用新技术，如物联网、大数据、人工智能等，以提升物流业的智能化水平。同时，加强技术标准的制定和推广工作，促进技术成果的共享和应用。建立健全数据安全与隐私保护法律法规，明确数据使用和管理的权责边界。物流企业应加强自身数据安全管理体系的建设，采用加密技术、访问控制等手段确保数据的安全和隐私。

政府和企业应共同加大对物流人才的培养和引进力度，通过设立奖学金、提供实习机会、开展职业培训等方式，培养更多懂物流、懂数字的复合型人才。同时，积极引进海外高层次人才，为物流业的发展注入新鲜血液。鼓励物流企业与互联网、金融、制造等其他行业的企业进行跨界合作，共同探索新的商业模式和服务模式。推动共享经济的发展，鼓励物流企业共享资源、降低成本、提高效率。政府应优化政策环境，为数字经济与物流业的融合提供有力的政策支持。同时，加强市场监管，打击不正当竞争和违法行为，维护良好的市场秩序。

二、数字经济与物流业融合是增强物流服务创新能力的关键途径

在当今快速发展的数字经济时代，各行各业都在经历着前所未有的变革。作为连接生产与消费、物流业推动经济流转的关键环节，也不例外地受到了数字经济的深刻影响。数字经济与物流业的融合，不仅为物流行业带来了全新的发展机遇，也是增强物流服务创新能力、提升行业竞争力的关键途径。

（一）数字经济给物流业带来的新机遇

数字经济是以数据资源为关键要素，以现代信息网络为主要载体，以信息通信技术融合应用，以全要素数字化转型为重要推动力，促进公平与效率更加统一的新经济形态。在数字经济背景下，物流业正面临着前所未有的发展机遇。数字经济时代，数据成为企业决策的重要依据。物流业通过收集和分析大量的物流数据，可以更加准确地预测市场需求、优化运输路线、提高仓储效率，从而实现物流服务的精准化和高效化。

借助物联网、大数据、云计算等先进技术，物流业可以实现智能化操作。从自动化的仓储管理到智能化的运输调度，再到无人化的配送服务，智能化的物流操作不仅提高了效率，还降低了人力成本。数字经济推动了物流服务的平台化发展。通过构建物流信息平台，可以整合各类物流资源，提供"一站式"的物流服务。这种平台化的服务模式不仅方便了客户，还促进了物流行业的协同发展。

（二）物流业服务创新的重要性

在激烈的市场竞争中，物流服务创新是物流企业脱颖而出的关键。通过创新，物流企业可以提供更加个性化、高效化、智能化的物流服务，满足客户的多样化需求，从而赢得市场份额和客户的信赖。随着经济的发展和消费者需求的多样化，物流市场也在不断变化。物流企业需要通过创新来适应市场的变化，满足客户的个性化需求，从而保持市场竞争力。

物流服务创新不仅可以提升物流企业自身的效率，还可以推动整个物流行业效率的提升。通过创新的物流技术和服务模式，可以优化物流流程，降低物流成本，提高物流效率。物流服务创新是物流企业增强竞争力的关键。通过创新，物流企业可以提供更加优质、高效、智能的物流服务，赢得客户的信赖和口碑，从而在市场中脱颖而出。

（三）增强服务创新能力的关键途径

数字经济与物流业的融合为物流服务创新提供了强大的动力和广阔的空间。通过深度融合，物流业可以借助数字经济的优势来增强服务创新能力。数字经济时代，数据是创新的源泉。物流业可以利用大数据技术来分析和挖掘物流数据中的有价值信息，从而发现新的市场需求、优化物流流程、提高服务效率。通过数据驱动的创新，物流业可以更加精准地满足客户的需求，提供更加个性化的物流服务。数字经济时代带来了许多先进的物流技术，如物联网、云计算、人工智能等。这些技术为物流服务创新提供了有力的支持。通过应用这些先进技术，物流业可以实现智能化的操作和管理，提高物流服务的效率和质量。例如，通过物联网技术可以实现对货物的实时跟踪和监控，确保货物的安全和及时送达；通过云计算技术可以实现物流资源的共享和优化配置，降低物流成本。

数字经济推动了物流服务的平台化发展。通过构建物流信息平台，可以整合各类物流资源和服务提供商，形成"一站式"的物流服务模式。这种平台化的服务模式不仅方便了客户的选择和使用，还促进了物流行业的协同发展和创新。在平台上，不同的物流服务提供商可以相互合作、共享资源、共同开发新的物流服务产品和服务模式，从而推动整个物流行业的创新发展。数字经济与物流业的融合需要大量的创新型人才来支持。这些人才不仅需要具备物流专业的知识和技能，还需要掌握数字技术和创新思维。因此，物流业需要积极培养和引进这类人才，为他们提供良好的工作环境和发展机会，激发他们的创新潜力和创造力。同时，物流业还需要与高校、科研机构等合作，共同培养出更多的创新型人才来支持物流服务的创新发展。

三、数字经济与物流业融合是推动物流业绿色化转型的重要支撑

随着全球对环境保护意识的日益增强，绿色化转型已成为各行各业发展的重要趋势。物流业作为连接生产与消费的关键环节，其绿色化转型对实现经济社会可持续发展具有重要意义。数字经济的蓬勃发展，为物流业的绿色化转型提供了前所未有的机遇和支持。数字经济与物流业的深度融合，不仅有助于提升物流效率、降低成本，也是推动物流业绿色化转型的重要支撑。

（一）物流业绿色化转型的紧迫性

物流业作为国民经济的重要组成部分，其在发展过程中产生的环境污染和能源消耗问题日益凸显。传统的物流模式往往依赖大量的化石能源，排放大量的温室气体和其他污染物，对环境造成严重影响。同时，物流过程中的包装、运输、仓储等环节也存在资源浪费和环境污染问题。因此，推动物流业绿色化转型，实现低碳、环保、可持续的物流发展模式，已成为当务之急。

（二）数字经济为物流业绿色化转型带来新机遇

数字经济的蓬勃发展，为物流业的绿色化转型带来了新的机遇和可能性。

通过应用物联网、大数据、云计算等智能化技术，物流业可以实现更加精准的运输调度、优化的仓储管理和智能的配送服务。这些技术的应用有助于减少不必要的运输和仓储环节，降低空驶率和库存积压，从而减少能源消耗和碳排放。

数字经济推动了共享经济的发展，物流业可以通过共享物流资源，如共享仓库、共享运输车辆等，实现资源的高效利用。这种共享经济模式有助于减少企业在物流过程中产生的资源浪费和环境污染，推动物流业的绿色化发展。数字经济时代，数据成为企业决策的重要依据。物流业可以通过收集和分析大量的物流数据，优化运输路线、提高仓储效率、减少包装浪费等，从而实现物流服务的绿色化和可持续化。数据驱动的优化决策为物流业的绿色转型提供了有力的支持。

（三）数字经济与物流业融合推动绿色化转型的策略

为了充分利用数字经济推动物流业的绿色化转型，政府和企业需要采取以下策略：

政府和企业应加大对物流智能化技术的研发和应用投入，鼓励物流企业采用先进的物联网、大数据、云计算等技术，提升物流服务的智能化水平。同时，加强智能化技术的推广和普及，让更多的物流企业受益于技术的应用，实现绿色化转型。鼓励物流企业之间的合作与共享，推动物流资源的共享和高效利用。通过建立共享仓库、共享运输车辆等模式，减少企业在物流过程中产生的资源浪费和环境污染。同时，政府可以出台相关政策，支持共享经济的发展，为物流业的绿色转型提供政策保障。

物流企业应充分利用大数据技术，对物流数据进行深入挖掘和分析，发现优化运输路线、提高仓储效率、减少包装浪费等特点。通过数据驱动的优化决策，实现物流服务的绿色化和可持续化。同时，加强与科研机构、高校等单位合作，共同研发更加高效的物流优化算法和模型。物流企业应积极培养和引进具备绿色化转型意识与技能的人才，为他们提供良好的工作环境和发展机会。同时，建立绿色化的企业文化，鼓励员工积极参与绿色化转型的实践和创新。通过人才培养和文化建设的推动，为物流业的绿色转型提供坚实的人才保障。政府在推动物流业绿色化转型过程中应发挥引导作用，出台相关政策支持绿色物流的发展。例如，对采用绿色化技术的物流企业给予税收优惠、资金补贴等支持。同时，建立市场机制，鼓励物流企业之间开展绿色化竞争与合作，推动整个物流行业的绿色转型。

第二章　数字经济对江西物流业的影响

第一节　数字化转型对物流效率提升的影响

一、数字化技术在江西物流流程中的应用

随着数字经济的快速发展，数字化技术正深刻改变着各行各业的生产运营模式，物流业也不例外。江西省作为中国的重要省份之一，其物流业在近年来通过积极引入和应用数字化技术，实现了流程优化、效率提升和成本降低，为区域经济发展注入了新的活力。

（一）数字化技术概述及其在物流行业的应用背景

数字化技术是指以数字计算和信息通信技术为基础，通过集成化、智能化、网络化的方式，对物理世界进行感知、测量、分析、控制和管理的一种技术手段。在物流行业中，数字化技术的应用主要包括物联网（IoT）、大数据、云计算、人工智能（AI）、区块链等先进技术。这些技术的融合应用，为物流业的转型升级提供了强大的技术支持。

（二）江西物流业的数字化转型现状

江西省政府高度重视物流业的发展，近年来出台了一系列政策措施，推动物流业的数字化转型。通过加大基础设施建设力度、引进先进技术和人才、优化营商环境等措施，江西物流业在数字化转型方面取得了显著成效。目前，江西物流业已初步形成了集仓储、运输、配送、信息处理等功

20

能于一体的现代化物流体系，数字化技术在物流流程中的应用日益广泛。

（三）数字化技术在江西物流流程中的具体应用

物联网技术通过应用智能感知、识别技术与普适计算等通信感知技术，将各种信息传感设备与互联网结合起来而形成的一个巨大网络。在江西物流流程中，物联网技术被广泛应用于货物追踪、仓储管理、智能配送等环节。通过给货物贴上 RFID 标签或 GPS 追踪器，物流企业可以实时掌握货物的位置和状态信息，提高物流过程的透明度和可追溯性。同时，智能仓储系统利用物联网技术实现货物的自动化存储、检索和盘点，大大提高了仓储管理的效率和准确性。应用大数据技术通过对海量物流数据的收集、存储、分析和挖掘，为物流企业提供了丰富的决策支持信息。在江西物流流程中，大数据技术被用于优化运输路线、预测市场需求、管理库存水平等方面。通过大数据分析，物流企业可以更加精准地掌握市场需求变化趋势，合理安排运输计划和实施库存策略，降低物流成本并提高客户满意度。此外，应用大数据技术还可以帮助物流企业发现潜在的运营风险和市场机会，为企业战略决策的制定提供有力支持。

云计算技术以其高可用性、可扩展性和低成本等优势，在物流行业中得到了广泛应用。在江西物流流程中，云计算技术被用于构建物流信息平台、提供弹性计算资源和存储资源等方面。通过云计算平台，物流企业可以实现物流信息的实时共享和协同处理，提高物流作业的协同效率和响应速度。同时，应用云计算平台还可以为物流企业提供灵活的计算资源和存储资源支持，满足企业在业务高峰期对资源的需求变化。应用人工智能技术通过模拟人类的智能行为和功能，实现物流作业的自动化和智能化。在江西物流流程中，人工智能技术被应用于智能分拣、智能客服、智能预测等领域。智能分拣系统利用机器视觉和深度学习技术，实现货物的快速准确分拣；智能客服系统则通过自然语言处理技术，实现与客户的智能交互和个性化服务；智能预测系统则通过大数据分析和机器学习算法，预测市场需求和物流趋势，为企业的决策提供科学依据。

区块链技术以其去中心化、不可篡改和可追溯等特点，在物流行业中展现出巨大的应用潜力。在江西物流流程中，区块链技术被用于构建物流信任体系和实现物流信息的透明化。通过区块链技术，物流企业可以建立一个可信的物流信息共享平台，确保物流信息的真实性和完整性。同时，区块链技术还可以实现物流过程的全程追溯和可视化监控，提高物流作业的透明度和可信度。

（四）数字化技术在江西物流流程中的应用效果

数字化技术的应用使得江西物流流程实现了自动化和智能化升级，显著提升了物流效率。例如，智能仓储系统通过自动化存储和检索功能，大幅提高了货物处理速度；智能分拣系统则通过机器视觉和深度学习技术，实现了货物的快速准确分拣。这些技术的应用使得物流企业能够在更短的时间内完成更多的物流作业任务。

数字化技术的应用有助于江西物流企业优化运输路线、减少空驶率和库存积压等问题，从而降低物流成本。应用大数据分析技术可以帮助物流企业更加精准地掌握市场需求变化趋势，合理安排运输计划和实施库存策略，避免不必要的浪费和损失。同时物联网技术的应用也使得物流企业能够实时掌握货物的位置和状态信息，减少因信息不对称而产生的额外成本。数字化技术的应用，使得江西物流企业能够为客户提供更加个性化、高效和便捷的服务体验，从而提高客户满意度。例如，智能客服系统通过自然语言处理技术，实现与客户的智能交互和个性化服务，让客户感受到更加贴心和专业的服务。物流信息平台则通过实时共享和协同处理物流信息，提高了物流作业的透明度和可追溯性，让客户能够随时了解订单状态和物流进度。

二、江西物流信息化水平的提升效果

在数字经济时代，物流信息化已成为推动物流业转型升级、提升竞争力的关键因素。江西省作为中国的重要省份之一，近年来积极响应国家号召，大力推动物流信息化建设，取得了显著成效。

（一）物流信息化基础设施的完善

物流信息化的基础在于完善的信息基础设施。近年来，江西省在物流信息化基础设施建设方面投入巨大，成效显著。一方面，江西省加大对信息通信网络的投入力度，提升网络覆盖率和传输速度，为物流信息的实时传输提供了有力保障；另一方面，江西省积极推动物联网、大数据、云计算等先进技术在物流领域的应用，构建集数据采集、处理、分析于一体的物流信息平台，实现了物流信息的集成化、智能化管理。

这些基础设施的完善，为江西物流信息化水平的提升奠定了坚实基础。通过物流信息平台，物流企业可以实时掌握货物的位置、状态、运输轨迹等信息，实现物流过程的全程可视化和可追溯。同时，信息平台还提供了订单管理、库存管理、运输调度等功能，帮助物流企业优化资源配置，提高运营效率。

（二）物流业务流程的优化与重组

物流信息化水平的提升，不仅体现在基础设施的完善上，还体现在物流业务流程的优化与重组上。传统物流业务流程往往存在"信息孤岛"、流程烦琐、效率低下等问题。通过引入信息化手段，这些问题得到了有效解决。

在江西，许多物流企业通过应用物流信息系统，实现了业务流程的自动化和智能化。例如，通过自动化设备和物联网技术，智能仓储系统实现了货物的快速入库、存储、出库和盘点，大幅提高了仓储效率。智能运输调度系统则通过大数据分析，对运输路线、车辆调度、装载计划等环节进行优化，降低了运输成本，提高了运输效率。此外，物流信息化水平的提升还促进了业务流程的重组。通过信息平台的集成化管理，物流企业可以将原本分散在各个环节的业务流程进行整合，形成一体化的物流服务体系。这种一体化的服务模式不仅提高了物流服务的响应速度和准确性，还增强了物流企业的市场竞争力。

（三）物流运营效率与服务质量的提升

物流信息化水平的提升，最直接的效果就是物流运营效率和服务质量的显著提升。在江西，随着物流信息系统的广泛应用和业务流程的优化重组，物流企业的运营效率得到了大幅提升。

一方面，信息化手段的应用使得物流作业更加精准高效。例如，智能分拣系统通过机器视觉和深度学习技术，实现了货物的快速准确分拣；智能客服系统则通过自然语言处理技术，实现了与客户的智能交互和个性化服务。这些技术的应用不仅提高了物流作业的速度和准确性，还提升了客户满意度。另一方面，物流信息化促进了物流服务的个性化和差异化发展。通过信息平台的数据分析功能，物流企业可以深入了解客户需求和市场变化，为客户提供更加个性化、定制化的物流服务方案。这种个性化的服务模式不仅增强了客户黏性，还提高了物流企业的市场竞争力。

（四）物流成本的降低与经济效益的提升

物流信息化水平的提升，有助于降低物流成本，提高经济效益。在江西，许多物流企业通过应用信息化手段，实现了物流成本的精细化管理。

一方面，信息化手段的应用使得物流资源的配置更加合理高效。通过大数据分析和智能调度系统，物流企业可以实时掌握运输资源的使用情况，合理安排运输计划和路线，避免资源浪费和空驶现象的发生。这种精细化管理不仅降低了运输成本，还提高了物流资源的利用率。另一方面，物流信息化促进了物流产业链上下游企业的协同合作。通过信息平台的共享功能，物流企业可以与供应商、承运商、客户等上下游企业实现信息共享和协同作业，形成紧密的供应链合作关系。这种协同合作不仅降低了交易成本和信息不对称的风险，还提高了整个供应链的运行效率和经济效益。

（五）物流行业创新能力的提升

物流信息化水平的提升，促进了物流行业创新能力的提升。在江西，随着信息化手段的不断应用和普及，物流企业的创新意识不断增强，创新能力不断提升。

一方面，物流企业开始积极探索新的业务模式和服务方式。例如，一些企业开始尝试网络货运、共享物流等新型物流模式；还有一些企业则开始利用物联网、区块链等先进技术开展智能物流、绿色物流等创新实践。这些新型模式和实践不仅丰富了物流行业的服务内容和服务形式，还推动了物流行业的转型升级和高质量发展。另一方面，物流信息化促进了物流行业与其他行业的跨界融合。例如，通过与电子商务、智能制造等行业的深度融合，物流行业不断拓展新的业务领域和市场空间；通过与金融、保险等行业的合作创新，物流行业探索出更多增值服务模式和盈利渠道。这种跨界融合不仅促进了物流行业的创新发展，还推动了整个经济社会的转型升级和高质量发展。

三、江西物流作业自动化与智能化的实现

在数字经济浪潮的推动下，物流作业的自动化与智能化已成为现代物流业发展的必然趋势。江西省作为中国的重要物流枢纽之一，近年来积极响应国家号召，大力推动物流作业的自动化与智能化建设，取得了显著成效。

（一）技术应用：驱动物流作业自动化与智能化的核心动力

物联网技术是实现物流作业自动化与智能化的关键。通过在物流过程中广泛应用 RFID 标签、GPS 追踪器、传感器等设备，实现对货物、运输工具及物流环境的实时感知和监控。在江西，许多物流企业采用物联网技术，实现了对货物的全程追踪和智能调度，大大提高了物流作业的透明度和效率。

大数据和人工智能技术的应用，为物流作业的智能化决策提供了有力支持。通过对海量物流数据的收集、处理和分析，物流企业可以精准预测市场需求、优化运输路线、提高库存周转率等。同时，人工智能技术如机器学习、深度学习等，在物流分拣、配送优化、客户服务等领域展现出巨大潜力，进一步提升了物流作业的智能化水平。自动化设备和机器人的引入，是物流作业自动化的重要标志。在江西的仓储、分拣、包装等环节，自动化立体仓库、自动分拣线、智能搬运机器人等设备已被广泛应用。这不仅提高了作业效率，还降低了人力成本，减轻了工人的劳动强度。

（二）基础设施建设：支撑物流作业自动化与智能化的坚实基础

智能仓储设施是实现物流作业自动化的关键基础设施。江西的许多物流企业已经建立了高度自动化的仓储系统，包括自动化立体仓库、穿梭车货架、堆垛机等。这些设施通过集成物联网、大数据和人工智能技术，实

现了货物的快速入库、存储、出库和盘点，大幅提高了仓储效率。

智能运输网络是连接物流节点、优化运输路线的重要平台。江西在推进物流运输网络建设方面取得了显著成效，包括高速公路、铁路、水运等多种运输方式的协同发展。同时，通过引入GPS、GIS等定位导航技术，实现了运输车辆的实时追踪和智能调度，提高了运输效率和安全性。信息服务平台是实现物流作业智能化的重要载体。江西的物流企业通过建立自己的信息服务平台或接入公共物流信息平台，实现了物流信息的实时共享和协同处理。这些平台通过集成物联网、大数据和人工智能技术，为物流作业提供了智能化决策支持，促进了物流资源的优化配置和高效利用。

（三）政策环境：推动物流作业自动化与智能化的重要保障

江西省政府高度重视物流业的发展，出台了一系列政策措施支持物流作业的自动化与智能化建设。这些政策包括财政补贴、税收优惠、土地使用优惠等，为物流企业提供了有力的经济支持。同时，政府还通过制定行业标准和规范，引导物流企业加强技术创新和模式创新，推动物流业的转型升级。

人才是实现物流作业自动化与智能化的关键因素。江西省通过加强职业教育和培训体系建设，培养了一批具有专业技能和创新能力的物流人才。同时，政府还积极引进国内外高端物流人才和团队，为物流业的发展注入了新的活力。这些人才在技术创新、管理优化等方面发挥了重要作用，推动了物流作业的自动化与智能化进程。市场机制是推动物流作业自动化与智能化的重要动力。随着市场竞争的加剧和消费者需求的多样化，物流企业需要不断提高服务质量和效率以满足市场需求。自动化与智能化技术的应用，成为物流企业提升竞争力的重要手段。同时，政府通过加强市场监管和公平竞争环境建设，为物流企业的发展提供了良好的外部环境。

（四）实现路径与成效分析

江西物流作业自动化与智能化的实现路径主要包括以下几个方面：一是加强技术应用和创新，推动物联网、大数据、人工智能等先进技术在物流领域的应用；二是完善基础设施建设，建立高度自动化的仓储系统、智能运输网络和信息服务平台；三是优化政策环境，加强政策支持和引导、人才培养与引进以及市场机制与竞争环境建设。通过这些措施的实施，江西物流作业的自动化与智能化水平显著提升，物流效率和服务质量大幅提高，物流成本有效降低，为经济社会的发展注入了强劲动力。

具体来说，江西物流作业自动化与智能化的成效体现在以下几个方面：一是提高了物流作业的透明度和可追溯性，通过物联网技术的应用实现了对货物的全程追踪和监控；二是优化了物流资源配置和运输路线规划，通过大数据和人工智能技术的应用，提高了物流资源的利用效率和运输效率；三是降低了人力成本和劳动强度，通过自动化设备和机器人的引入减轻了工人的劳动强度，并降低了人力成本；四是提升了客户满意度和市场竞争力，通过提高物流效率和服务质量，增强了客户黏性并提升了市场竞争力。

第二节　数字经济对物流成本的影响

一、数字化降低江西物流信息成本的机制

随着信息技术的飞速发展和广泛应用，数字化转型已成为各行各业降低成本、提高效率、增强竞争力的关键途径。对江西物流业而言，数字化转型不仅推动了物流服务的智能化和自动化进程，也在降低物流信息成本方面发挥着不可估量的作用。

（一）数字化降低物流信息成本的机制分析

数字化转型的首要任务是构建统一的物流信息平台，实现物流信息的集成与共享。这一机制的核心在于打破"信息孤岛"现象，促进物流信息的互联互通。通过整合政府、企业和社会各类物流信息资源，数字化平台能够提供一个全面、准确、实时的物流信息环境。这不仅提高了信息的透明度，还减少了重复录入和传递的成本。此外，信息集成与共享还有助于

加强供应链上下游企业之间的合作与协同，优化资源配置，进一步降低物流信息成本。

应用自动化与智能化处理是数字化转型降低物流信息成本的重要手段。通过引入物联网、大数据、人工智能等先进技术，数字化平台能够实现对物流信息的自动采集、处理和分析。这一机制的优势在于可以减少对人工操作的依赖，提高信息处理的效率和准确性。例如，物联网技术可以实现对运输车辆和货物的实时追踪与监控，大数据技术可以预测市场需求、优化运输路线和库存管理，人工智能技术可以辅助决策制定和智能调度等。这些自动化与智能化处理手段的应用，不仅可以降低人力成本，还可以减少因人为错误而产生的额外成本。同时数字化转型还通过优化物流流程和推动标准化来降低物流信息成本。通过对物流流程的全面梳理和分析，数字化平台可以识别出冗余环节和低效操作，并提出改进方案。这些改进方案往往涉及流程的简化、标准化和自动化处理等方面。例如，通过引入智能仓储系统，可以实现货物的快速入库、存储和出库；通过实施标准化操作流程，可以减少因操作不规范而产生的错误。流程优化与标准化机制的实施，不仅可以提高物流效率，还可以降低因流程不畅而产生的额外信息成本。

数字化转型可以通过提升决策支持能力来降低物流信息成本。数字化平台通过收集和分析海量物流数据，可以为企业管理层提供丰富的决策支持信息。这些信息不仅可以帮助管理层了解物流业务的实时状况和发展趋势，还可以为制定科学合理的经营策略提供有力支持。例如，企业通过对历史数据的分析，可以预测未来的市场需求和价格波动；通过对竞争对手数据的分析，可以了解市场格局和竞争态势。决策支持能力的提升有助于管理层做出更加精准和高效的决策，从而降低因决策失误而产生的额外成本。在数字化转型过程中，信息安全与隐私保护也是降低物流信息成本的重要机制之一。随着物流信息的数字化和网络化程度不断提高，信息安全问题日益凸显。为了保障物流信息的安全性和隐私性，数字化平台需要建立完善的信息安全管理体系和隐私保护机制。这些机制包括数据加密、访问控制、审计追踪等措施，确保物流信息在传输、存储和处理过程中的安全性与完整性。信息安全与隐私保护机制的实施有助于降低因信息泄露和滥用而产生的额外成本。

（二）数字化转型对降低江西物流信息成本的深远影响

数字化转型对江西物流信息成本的降低产生了深远影响。首先，数字化转型提高了物流信息的透明度和准确性，降低了因信息不对称而产生的额外成本。其次，数字化转型推动了物流服务的智能化和自动化进程，提高了物流效率和服务质量，进一步降低了物流信息成本。此外，数字化转型还促进了供应链上下游企业之间的合作与协同，优化了资源配置和利用效率，为降低物流信息成本提供了有力支持。

二、数字化优化江西物流资源配置的效果

在当今数字化浪潮的推动下，江西物流业正经历着前所未有的变革。数字化技术的应用不仅深刻改变了物流行业的运作模式，也在优化物流资源配置方面展现出显著的效果。

（一）数字化优化物流资源配置的机制

应用数字化技术使得物流数据的收集、处理和分析变得更加便捷和高效。通过对海量物流数据的深入挖掘和分析，企业可以准确把握市场需求变化、库存状况、运输效率等关键信息，为资源配置提供有力的数据支持。基于数据的决策将更加科学、精准，有助于企业实现资源的优化配置和高效利用。智能调度系统和路径优化算法是数字化优化物流资源配置的重要手段。通过实时分析交通状况、车辆位置、货物需求等信息，智能调度系统能够自动调整运输计划，确保货物按时送达。同时，路径优化算法能够根据实时路况、车辆载重、油耗等因素，为运输车辆规划出最优路线，减少运输距离和时间，降低运输成本。这种智能化的调度和路径优化机制，有效提高了物流资源的利用效率。

应用数字化技术可以为企业提供更加精准的库存管理和需求预测能力。通过大数据分析和机器学习算法，企业可以实时掌握库存状况、销售趋势、客户行为等信息，从而实现对库存的精准控制和对市场需求的准确预测。这种基于数据的库存管理和需求预测机制，有助于企业减少库存积压、避免缺货风险，提高库存周转率和资金利用效率。应用数字化技术促

进了供应链上下游企业之间的协同和信息共享。通过建立统一的物流信息平台，企业可以实时获取供应链各环节的信息，实现供应链的透明化和可视化。这种信息共享机制有助于企业更好地协调供应链资源，优化资源配置方案，提高供应链的整体效率和响应速度。同时，供应链协同还有助于企业共同应对市场风险和挑战，实现共赢发展。

（二）数字化优化江西物流资源配置的效果分析

数字化技术的应用显著提高了江西物流业的效率。通过智能调度、路径优化等手段，运输车辆的行驶距离和时间得到了有效缩短，运输成本得到了降低。同时，库存管理和需求预测机制的优化，使得企业能够更加精准地控制库存水平，减少库存积压和缺货风险，提高库存周转率和资金利用效率。这些效率的提升直接带动了整个物流行业的快速发展。同时数字化优化物流资源配置还带来了物流成本的显著降低。一方面，通过智能调度和路径优化等手段，企业能够减少运输距离和时间，降低运输成本；另一方面，通过精准库存管理和需求预测等手段，企业能够减少库存积压和浪费，降低库存成本。此外，应用数字化技术还有助于企业优化供应链管理流程，减少不必要的中间环节和费用支出，进一步降低物流成本。

数字化技术的应用显著提升了江西物流业的服务质量。通过实时追踪和监控运输车辆和货物状态，企业能够确保货物安全、准时送达客户手中。同时，通过供应链协同和信息共享机制，企业能够更好地满足客户需求，提供更加个性化、定制化的物流服务。这些服务质量的提升不仅增强了客户满意度和忠诚度，还有助于企业拓展市场份额和提升品牌形象。同时数字化优化物流资源配置还推动了江西物流业的创新与发展。一方面，数字化技术的应用为企业提供了更加灵活多样的资源配置方案和创新空间；另一方面，数字化技术的快速发展促使企业不断加大对新技术、新模式的投入和探索力度。这种创新氛围的营造不仅有助于企业提升核心竞争力和市场地位，还有助于推动整个物流行业的转型升级和高质量发展。

三、数字化减少江西物流中间环节的作用

随着信息技术的飞速发展和广泛应用，数字化已经成为推动各行各业

转型升级的重要力量。在江西物流领域，数字化不仅提升了物流效率和服务质量，还在减少物流中间环节方面发挥着关键作用。

（一）数字化减少物流中间环节的机制

数字化技术的应用打破了"信息孤岛"现象，促进了物流信息的集成与共享。通过建立统一的物流信息平台，企业可以实时获取供应链各环节的信息，包括库存状况、运输进度、客户需求等。这种信息集成与共享机制使得企业能够直接对接上下游，减少了中间环节的信息传递和沟通成本。同时，透明的信息环境也增强了供应链的协同性，使得各环节能够更加紧密地配合，共同应对市场变化。通过优化物流流程，数字化技术实现了流程的自动化和智能化处理。传统物流流程中，许多环节需要人工干预，不仅效率低下，还容易出错。数字化技术可以通过引入自动化设备和智能系统，实现物流作业的自动化处理。例如，自动化仓储系统可以自动完成货物的入库、存储和出库；智能调度系统可以根据实时路况和车辆状况，自动调整运输计划。这些自动化流程不仅减少了人工干预的环节，还提高了作业的准确性和效率。

通过智能匹配和调度算法，数字化技术实现了物流资源的优化配置。传统物流中，由于信息不对称和资源分散，往往存在资源浪费和配置不合理的问题。数字化技术可以通过大数据分析和机器学习算法，对物流资源进行智能匹配和调度。例如，智能调度系统可以根据货物的性质、运输距离和成本等因素，为运输车辆规划出最优线路和装载方案；智能匹配系统可以根据客户的需求和供应商的供应能力，自动匹配最合适的供应商和客户。这种智能匹配与调度机制有效减少了物流中间环节的资源浪费和成本支出。同时数字化技术还推动了直接配送和定制化服务的发展。传统物流中，由于中间环节众多，客户往往需要等待较长时间才能收到货物。应用数字化技术使得企业能够直接对接客户，并为其提供快速、准确的配送服务。同时，通过收集和分析客户需求数据，企业还可以为客户提供个性化的定制化服务，满足客户的个别需求。这种直接配送与定制化服务模式不仅减少了中间环节的时间和成本，还提高了客户满意度和忠诚度。

（二）数字化减少江西物流中间环节的效果分析

数字化减少物流中间环节最直接的效果就是降低了物流成本。通过减少中间环节的信息传递和沟通成本、自动化处理减少人工干预成本、智能匹配与调度优化资源配置成本，以及直接配送减少运输成本等方式，应用数字化技术显著降低了江西物流业的整体成本水平。这不仅有助于企业提高盈利能力，还有助于推动整个物流行业的健康发展。

同时数字化技术减少物流中间环节还显著提高了物流效率。通过优化物流流程、实现自动化处理、智能匹配与调度以及直接配送等方式，数字化技术缩短了物流时间、提高了物流速度和质量。这不仅有助于企业快速响应市场需求变化、提高客户满意度和忠诚度，还有助于推动整个供应链的协同运作和高效发展。

同时应用数字化技术减少物流中间环节还增强了江西物流企业的市场竞争力。通过提供快速、准确、个性化的物流服务体验以及降低物流成本和提高物流效率等方式，数字化技术使得江西物流企业能够更好地满足客户需求并赢得市场份额。同时，数字化技术的应用还有助于企业提高管理水平和创新能力，推动企业向更高层次发展。另外，数字化减少物流中间环节还推动了江西物流行业的转型升级。通过引入先进的信息技术和智能设备、优化物流流程和资源配置、推动直接配送和定制化服务等方式，应用数字化技术为江西物流行业注入了新的活力和动力。这不仅有助于提升整个行业的服务水平和竞争力水平，还有助于推动行业向更加智能化、绿色化、可持续化方向发展。

第三节　数字经济对物流服务模式创新的影响

一、数字化驱动的江西物流服务模式变革

在数字化浪潮的推动下，江西物流行业正经历着深刻的服务模式变革。这一变革不仅重塑了物流行业的运作方式，还极大地提升了物流效率

和服务质量，为江西乃至全国的经济发展注入了新的活力。

（一）数字化驱动的服务模式变革路径

数字化变革的首要任务是建立统一的信息集成与共享平台。江西物流企业通过搭建这一平台，实现了供应链各环节信息的实时共享和透明化管理。货主、承运商、仓库、配送中心等各方可以通过平台获取所需信息，及时调整物流计划，减少信息滞后和误解。这种信息集成与共享机制不仅提高了物流运作的协同性，还降低了沟通成本和时间成本。

数字化技术的应用使得智能调度和自动化作业成为可能。江西物流企业通过引入智能调度系统，实现了对运输车辆的实时监控和动态调度。系统可以根据实时路况、车辆状况、货物属性等因素，自动规划最优运输路线和装载方案，提高运输效率和安全性。同时，自动化仓储系统、智能分拣设备等的应用也极大地提高了仓储和分拣作业的效率与准确性。数字化时代，消费者对物流服务的需求日益个性化、多样化。江西物流企业通过收集和分析客户数据，深入了解客户需求，为客户提供个性化的物流解决方案。例如，根据客户的订单量和配送需求，提供灵活的配送时间和方式；针对特殊货物，提供专门的包装和运输方案等。这种个性化与定制化服务不仅提高了客户满意度和忠诚度，也增强了企业的市场竞争力。

数字化技术的应用推动了江西绿色与可持续物流的发展。通过引入物联网、大数据等技术手段，物流企业可以实时监测和优化运输路线、减少空驶率、降低能耗和排放。同时，数字化技术的应用还可以帮助物流企业实现包装材料的循环利用和废弃物的有效处理，并减少其对环境的影响。这种绿色与可持续的物流发展模式不仅符合国家政策导向和社会责任要求，还有助于提升企业的品牌形象和市场认可度。

（二）数字化驱动的服务模式变革成效

数字化技术的应用极大地提高了江西物流行业的运作效率。通过智能调度和自动化作业等手段，物流企业能够快速响应市场需求变化，缩短物流周期和交付时间。同时，信息集成与共享平台的建设也促进了供应链各环节的协同运作和无缝对接，减少了信息滞后和误解导致出现的延误与浪费。这种效率提升不仅降低了物流成本和时间成本，还提高了客户满意度和市场竞争力。数字化驱动的物流服务模式变革带来了服务质量的持续优化。个性化与定制化服务的推广使得物流企业能够更好地满足客户需求并提升客户体验。另外，数字化技术的应用也提高了物流服务的可靠性和安全性。例如，通过实时监控和预警系统，可以及时发现并处理运输过程中的异常情况；通过智能分拣设备，可以减少货物损坏和错发等问题。这种服务质量的优化不仅增强了客户信任和忠诚度，还为企业赢得了良好的口碑和声誉。

数字化变革促进了江西物流企业创新能力和竞争力的提升。通过引入先进的信息技术和智能设备以及优化物流流程和服务模式等手段，物流企业能够在激烈的市场竞争中脱颖而出并实现可持续发展。同时，数字化技术的应用也为企业带来了更多的商业机会和发展空间。例如，通过数据分析挖掘客户需求和潜在市场，通过跨界合作拓展新的业务领域等。这种创新能力和竞争力的增强，不仅有助于企业实现自身价值的最大化，还推动了整个物流行业的进步和发展。

二、江西定制化与个性化物流服务的兴起

在全球化与数字化交织的今天，物流行业正经历着前所未有的变革。江西，作为中国中部的重要物流枢纽，其物流服务模式也在不断创新与升级。其中，定制化与个性化物流服务的兴起，不仅反映了市场需求的多元化趋势，也体现出江西物流行业对高质量服务的不懈追求。

（一）兴起背景

随着消费者需求的日益多样化，传统的"一站式"物流服务已难以满足所有企业的需求。不同行业、不同规模的企业对物流服务有着各自独特的要求，如时效性、安全性、成本控制等。这种市场需求的多元化促使物流企业开始探索定制化与个性化的服务模式。

数字化、智能化技术的飞速发展，为物流服务的定制化与个性化提供了强有力的技术支撑。物联网、大数据、人工智能等技术的应用，使得物流企业能够更精准地掌握客户需求，更高效地调配资源，从而提供更加贴

合客户实际需求的物流服务。物流行业的竞争日益激烈，传统的同质化竞争已难以维系企业的市场地位。为了在众多竞争者中脱颖而出，物流企业必须寻求差异化的发展路径。定制化与个性化物流服务正是物流企业实现差异化竞争的重要手段之一。

（二）发展现状

江西物流企业积极响应市场需求，不断创新服务模式。许多企业开始提供从仓储、运输到配送的全链条定制化服务，根据客户的具体需求量身定制物流解决方案。同时，一些企业还推出了个性化增值服务，如包装定制、保险服务、逆向物流等，以满足客户多元化的需求。

在定制化与个性化物流服务的实施过程中，江西物流企业广泛运用数字化、智能化技术。通过物联网技术实现货物的实时追踪与监控，利用大数据分析预测客户需求和市场趋势，借助人工智能技术优化运输路线和装载方案。这些技术的应用不仅提高了物流服务的效率和准确性，还增强了客户体验。随着定制化与个性化物流服务的深入发展，江西涌现出了一批成功案例。例如，某农产品企业通过与物流企业合作，实现了从产地到餐桌的全链条定制化物流服务。物流企业根据农产品的特性和市场需求，制定了专门的包装、运输和配送方案，确保了农产品的新鲜度和安全性。这些成功案例不仅提升了企业的市场竞争力，也为其他行业提供了有益的借鉴。

（三）优势分析

定制化与个性化物流服务能够精准满足客户的实际需求，从而提升客户满意度。通过深入了解客户的业务模式和市场环境，物流企业能够为客户提供更加贴心、专业的物流解决方案。这种以客户为中心的服务理念有助于建立长期的合作关系和培养其忠诚度。

定制化与个性化物流服务有助于企业实现差异化竞争。在激烈的市场竞争中，传统的同质化服务已难以吸引客户的关注。通过提供独特的定制化与个性化服务，企业能够脱颖而出并赢得客户的青睐。这种差异化竞争优势有助于企业巩固市场地位并拓展新的业务领域。定制化与个性化物流服务要求物流企业更加精准地掌握客户需求和资源状况。通过运用数字化、智能化技术，物流企业能够实现对资源的优化配置和高效利用。这有助于降低物流成本并提高整体运营效率，从而为企业创造更大的经济效益。

三、江西共享经济与物流平台的融合发展

在数字经济时代，共享经济作为一种新兴的经济形态，正以前所未有的速度在全球范围内蓬勃发展。与此同时，物流行业作为连接生产者与消费者的桥梁，其重要性日益凸显。在江西这片充满活力的土地上，共享经济与物流平台的融合发展正成为推动区域经济转型升级的重要力量。

（一）江西共享经济与物流平台融合发展的动因

随着电子商务的兴起和消费者需求的多样化，物流行业面临着前所未有的机遇与挑战。传统物流模式在响应速度、灵活性、成本控制等方面难以满足市场需求。共享经济的出现，为物流行业提供了一种新的解决方案。通过共享物流资源，企业可以更加灵活地应对市场变化，满足客户的个性化需求。

互联网、大数据、人工智能等技术的快速发展，为共享经济与物流平台的融合提供了强有力的技术支持。这些技术的应用，使得物流信息的实时共享、资源的精准匹配、流程的智能化管理成为可能，极大地提升了物流服务的效率和质量。

江西省政府高度重视共享经济与物流平台的发展，出台了一系列政策措施，为两者的融合发展提供了良好的政策环境。例如，《江西省关于支持冷链物流体系建设的若干措施》《江西省"十四五"现代物流业发展规划》等文件，明确了物流行业的发展目标和路径，鼓励企业探索共享物流新模式。

（二）江西共享经济与物流平台融合发展的现状

在江西，越来越多的物流企业开始尝试共享物流资源。通过搭建物流平台，整合仓储、运输、配送等资源，实现资源的优化配置和高效利用。同时一些大型电商平台和物流企业还推出了共享快递柜、共享货车等创新

服务，进一步丰富了共享物流资源的种类和形式。

江西省供销联社积极探索"互联网+第四方物流"模式，通过整合县域内日用品运销、电商快递和物流运输等资源，实现了物流资源的共享和优化配置。这种模式不仅提高了物流效率，降低了物流成本，还有效解决了工业品下乡和农产品进城物流配送的瓶颈问题。冷链物流作为物流行业的重要组成部分，其发展水平直接关系到食品、药品等特殊商品的流通安全和质量。江西省政府高度重视冷链物流体系建设，出台了一系列政策措施支持冷链物流发展。通过引入社会资本、加大财政投入力度等方式，推动冷链物流资源的共享和优化配置，提升了冷链物流服务的效率和质量。

（三）江西共享经济与物流平台融合发展的成效

共享经济与物流平台的融合发展，使得物流资源得到更加合理的配置和利用。通过智能调度、路径优化等手段，物流企业能够更加精准地掌握物流信息，实现物流资源的快速响应和高效运转。这不仅缩短了物流周期，提高了物流效率，还降低了物流成本和时间成本。

共享物流资源的引入和物流平台的搭建，使得物流服务更加个性化和精准化。物流企业可以根据客户的实际需求提供定制化物流解决方案，满足客户的多样化需求。同时，通过实时监控、预警系统等手段保障物流服务的安全性和可靠性，提升了客户体验和满意度。另外，共享经济与物流平台的融合发展还促进了绿色可持续发展。通过共享物流资源、优化运输路线等方式减少能耗和排放，通过推广环保包装材料、循环利用物流设施等措施降低对环境的污染。这些举措有助于推动物流行业的绿色可持续发展，并提升企业的社会责任感。

四、数字化对江西物流增值服务范围的拓展

在21世纪的数字化浪潮中，各行各业都在经历着深刻的变革，物流行业也不例外。江西省作为中国的物流重要节点之一，其物流增值服务范围在数字化的推动下正不断拓展，为区域经济的繁荣与发展注入了新的活力。

（一）数字化技术的应用基础

数字化技术，包括物联网（IoT）、大数据、云计算、人工智能（AI）等，已成为推动物流行业转型升级的关键力量。这些技术通过提高物流信息的透明度、实现资源的优化配置、增强服务的灵活性和个性化，为物流增值服务的拓展提供了坚实的基础。

物联网技术：通过为货物、运输工具等装备传感器和RFID标签，物联网技术的应用可以实现物流全过程的实时监控和数据采集，为物流增值服务提供了精准的数据支持。

大数据技术：大数据技术能够对海量物流数据进行深度挖掘和分析，揭示物流活动的规律和趋势，帮助企业预测市场需求、优化库存管理、提高运输效率等。

云计算技术：云计算技术为物流企业提供了强大的数据存储和计算能力，使得企业能够快速响应市场变化，灵活调整物流策略，提供个性化的增值服务。

人工智能技术：AI技术的应用使得物流系统能够自主学习和优化，实现智能调度、智能预测、智能客服等功能，提升物流服务的智能化水平和客户满意度。

（二）物流增值服务的拓展范围

在数字化的推动下，江西物流增值服务正朝着以下几个范围不断拓展：

供应链金融：利用大数据和区块链技术，物流企业可以构建供应链金融平台，为上下游企业提供融资、保险、结算等金融服务，降低企业的融资成本，提高资金利用效率。

智能仓储与配送：通过引入自动化立体仓库、智能分拣机器人等设备，结合AI算法优化仓储布局和配送路线，实现仓储和配送的智能化和高效化。

定制化包装与物流解决方案：根据客户的具体需求，提供定制化的包装设计和物流解决方案，包括防震、防潮、防损等特殊包装，以及多式联运、冷链运输等特色物流服务。

逆向物流与回收服务：随着环保意识的提升，逆向物流和回收服务成为物流增值服务的重要组成部分。通过数字化手段追踪商品流向，提供便捷的退货、换货和回收服务，降低企业的环保成本，提升品牌形象。

数据分析与决策支持：利用大数据和AI技术，对物流数据进行深度分析，为企业提供市场趋势预测、库存优化建议、运输成本分析等决策支持服务，帮助企业做出更加精准的物流决策。

（三）实际案例分析

以江西省某知名物流企业为例，该企业通过数字化手段成功拓展了物流增值服务范围。该企业构建了基于大数据和AI的智能物流平台，实现了对物流全过程的实时监控和智能调度。通过该平台，企业能够为客户提供定制化的包装设计和多式联运解决方案，满足客户的多样化需求。同时，该企业还利用区块链技术搭建了供应链金融平台，为上下游企业提供融资和保险服务，降低了企业的融资成本。此外，该企业还注重逆向物流和回收服务的发展，通过数字化手段追踪商品流向，提供便捷的退货和回收服务，提升了企业的环保形象和品牌价值。

第四节　数字经济对物流人才需求变化的影响

一、数字化对江西物流人才结构的影响

随着信息技术的飞速发展，数字化已成为推动各行各业转型升级的重要力量。在物流领域，数字化不仅改变了物流作业的方式和效率，还对物流人才结构产生了深远的影响。江西省作为中国的物流枢纽之一，其物流人才结构在数字化的浪潮中正经历着深刻的变革。

（一）数字化对物流人才需求的变化

数字化技术的广泛应用，使得物流行业对人才的需求发生了显著变化。传统物流人才主要侧重货物的装卸、运输、仓储等基本操作，而数字

化时代下的物流人才则需要具备更多的信息技术、数据分析、供应链管理等能力。具体来说，数字化对物流人才需求的变化体现在以下几个方面：

信息技术能力：物流人才需要掌握一定的信息技术知识，如物联网、大数据、云计算、人工智能等，以便更好地应用数字化工具，提升物流效率和服务质量。

数据分析能力：在数字化时代，物流数据成为企业决策的重要依据。因此，物流人才需要具备强大的数据分析能力，能够从海量数据中提取有价值的信息，为企业的物流决策提供有力支持。

供应链管理能力：数字化的应用使供应链更加透明和高效，物流人才需要具备供应链管理的知识和技能，以便更好地协调供应链上下游企业的合作，实现供应链的优化。

创新能力：面对不断变化的市场需求和竞争格局，物流人才需要具备创新能力，能够不断探索新的物流模式和服务方式，以满足客户的个性化需求。

（二）江西物流人才现状

目前，江西省物流人才结构仍存在一些不足。一方面，物流专业人才短缺，特别是高端物流人才匮乏，难以满足物流行业快速发展的需求；另一方面，物流从业人员的整体素质有待提高，部分人员缺乏必要的专业知识和技能，难以适应数字化时代下的物流工作要求。此外，物流人才的培养和引进机制尚不完善，也是制约江西物流人才发展的重要因素之一。

（三）数字化对江西物流人才结构的具体影响

数字化技术的应用推动了物流行业向智能化、自动化方向发展，这要求物流人才结构进行相应的优化升级。一方面，数字化技术使得物流作业更加高效和精准，减少了对人力的依赖，降低了低端物流人才的需求；另一方面，数字化技术的应用催生了新的物流岗位和职责，如数据分析师、供应链管理师、智能物流系统运维工程师等高端物流人才的需求不断增加。这种变化促进了江西物流人才结构的优化升级，使得物流人才更加符合行业发展的需求。

数字化技术的应用要求物流人才具备更高的专业素质和能力水平。为了适应数字化时代下的物流工作要求，物流从业人员需要不断学习和掌握新的知识与技能。同时，企业也需要加强对物流人才的培养和引进力度，提高物流人才的整体素质。这种趋势将推动江西物流人才整体素质的提升，为物流行业的持续发展提供有力保障。另外，数字化技术的应用也为物流人才的培养模式带来了新的机遇和挑战。传统的物流人才培养模式往往注重理论知识的教学和实践经验的积累，而数字化时代下的物流人才培养模式则需要更加注重实践能力和创新能力的培养。因此，江西需要推动物流人才培养模式的创新，加强与高校、科研机构等单位的交流与合作，共同探索符合数字化时代要求的物流人才培养模式。

（四）应对策略

面对数字化对江西物流人才结构的影响，政府、企业和教育机构需要采取一系列应对策略以抓住机遇并应对挑战。具体来说包括以下几个方面：

政府和企业应加大对物流人才培养的投入力度，支持高校和培训机构开设物流相关专业和课程，加强实践教学和实习实训基地建设。鼓励企业开展内部培训和技能提升计划，提高物流从业人员的专业素质和能力水平。政府和企业应完善人才引进机制和政策措施，吸引更多高端物流人才来江西工作和生活。可以通过提供优厚的薪酬待遇、良好的工作环境和发展机会等方式吸引人才；加强与国内外知名企业和研究机构的合作与交流，引进先进的物流理念和技术成果。

政府应推动"产学研用"深度融合发展，加强高校、科研机构和企业之间的合作与交流。通过共建实验室、研发中心等平台推动技术创新和成果转化；鼓励企业参与高校和科研机构的研究项目和技术开发活动，提高物流行业的整体技术水平和创新能力。政府应加大对物流行业的标准化建设和管理力度，制定和完善物流行业的标准和规范体系。通过标准化建设推动物流行业的规范化、专业化和智能化发展；提高物流从业人员的标准化意识和能力水平，确保物流服务的质量和效率。

二、江西物流人才数字技能的提升

在数字化浪潮席卷全球的今天，物流行业作为连接生产与消费的关键环节，正经历着前所未有的变革。江西省，作为中国的重要物流枢纽之一，其物流人才数字技能的提升已成为推动行业转型升级、提升竞争力的关键要素。

（一）数字技能在物流行业的重要性

随着物联网、大数据、云计算、人工智能等技术的快速发展，物流行业正逐步向数字化、智能化方向转型。这一转型不仅提高了物流作业的效率，降低了成本，还极大地提升了客户体验和服务质量。在这一过程中，数字技能成为物流人才不可或缺的核心能力。

提升作业效率：通过数字化手段，物流人员可以实时监控货物状态、优化运输路线、预测库存需求等，从而大幅提高作业效率。

降低运营成本：应用数字化技术能够精准分析物流数据，帮助企业发现成本节约点，如通过智能调度减少空驶率、通过大数据分析优化库存管理减少库存成本等。

增强客户体验：应用数字化物流系统能够提供实时跟踪、智能客服等功能，让客户随时掌握货物动态，提升客户满意度和忠诚度。

促进创新发展：应用数字技能为物流人才提供了强大的创新工具，如利用AI算法优化物流方案、开发新型物流产品等，推动物流行业不断创新发展。

（二）江西物流人才数字技能现状

尽管数字化趋势明显，但江西物流人才在数字技能方面仍存在不足。具体表现为：

技能水平参差不齐：部分物流从业人员对数字化技术了解有限，缺乏必要的数字技能；另一部分人员虽具备一定的数字技能，但整体水平仍有待提高。

培训资源不足：目前市场上针对物流人才的数字技能培训资源相对匮乏，难以满足大量物流从业人员的学习需求。

企业重视程度不够：部分物流企业对数字技能的重要性认识不足，未能给予足够的重视和支持，导致员工数字技能提升缓慢。

（三）数字技能的提升路径

针对江西物流人才数字技能现状，可以从以下几个方面着手提升数字技能：

首先，应明确物流行业所需的数字技能标准，包括信息技术基础、数据分析、供应链管理、智能物流系统操作等方面的技能。这有助于物流从业人员清晰地了解自身技能差距，有针对性地进行学习和提升。

其次，政府、行业协会及企业应加大对物流人才数字技能教育培训的投入力度。通过开设专业课程、举办培训班、提供在线学习资源等方式，为物流从业人员提供系统、全面的数字技能培训。同时，鼓励高校与物流企业合作，共同培养具备数字技能的物流人才。

再次，鼓励物流企业在实际工作中推广应用数字化技术，让物流从业人员在实践中学习和掌握数字技能。通过参与数字化项目、使用数字化工具等方式，物流人员可以更加直观地感受到数字技能带来的好处，从而激发其学习热情。

最后，建立有效的激励机制，鼓励物流从业人员积极提升数字技能。可以通过设立专项奖励基金、提供晋升机会、增加薪酬待遇等方式，对在数字技能提升方面表现突出的个人或团队给予表彰和奖励。

（四）实施策略

为了确保数字技能要求的顺利提升，可以采取以下实施策略：

政府应出台相关政策措施，支持物流人才数字技能的提升。可以设立专项基金用于数字技能培训、教材开发等；加强对物流企业的引导，鼓励其加大在数字化转型方面的投入力度。

深化校企合作机制，共同培养符合市场需求的物流人才。高校应根据物流行业发展趋势和企业实际需求调整课程设置和教学内容；企业应积极参与高校的教学活动和实践环节，为学生提供实习实训机会和就业岗位。

加强物流行业内的交流与合作，共同推动物流人才数字技能的提升。

可以通过举办行业论坛、研讨会等活动促进信息共享和经验交流；鼓励物流企业之间开展合作与联盟共同推进数字化转型进程。

鼓励物流从业人员树立终身学习的理念强化个人自主学习意识。可以通过关注行业动态、参加在线课程、阅读专业书籍等方式，不断提升自身的数字技能水平，以适应行业发展的需求变化。

三、江西跨界融合型物流人才的需求增加

在全球化与数字化转型的双重驱动下，物流行业正经历着前所未有的变革。江西省，作为中国的重要物流枢纽之一，其物流人才需求结构也在发生深刻变化，尤其是跨界融合型物流人才的需求显著增加。

（一）跨界融合型物流人才的定义

跨界融合型物流人才是指具备跨领域知识、技能和经验，能够在物流行业与其他行业（如信息技术、供应链管理、金融、电子商务等）之间进行有效整合与创新的人才。他们不仅要精通物流运作的各个环节，还要具备广泛的知识储备和创新能力，这样才能够在复杂多变的市场环境中，为物流企业提供新的解决方案和发展路径。

（二）江西物流行业的现状

江西省地处华东地区，与沿海经济带紧密相连，具有得天独厚的地理优势。然而，在物流行业快速发展的同时，江西省也面临着一些挑战。一方面，物流基础设施相对薄弱，运输效率和服务质量有待提升；另一方面，物流人才结构不合理，高端物流人才短缺，尤其是跨界融合型物流人才更为稀缺。

（三）跨界融合趋势对物流人才需求的影响

随着市场跨界融合的不断深入，物流行业与其他行业的联系日益紧密。这种趋势对物流人才需求产生了深远影响：

需求多元化：跨界融合要求物流人才不仅具备物流专业知识，还需了解相关行业的运作规律和市场需求，以便提供更加精准和高效的服务。

技能复合化：物流人才需要具备多种技能，如信息技术、数据分析、供应链管理、金融知识等，以适应跨界融合带来的复杂业务需求。

创新能力强：跨界融合型物流人才需要具备较强的创新能力，能够在不同领域之间寻找新的结合点，推动物流服务的创新和发展。

（四）江西跨界融合型物流人才的具体需求

针对江西物流行业的现状和市场跨界融合的趋势，江西跨界融合型物流人才的具体需求主要体现在以下几个方面：

信息技术人才：随着物流信息化的加速推进，江西对具备信息技术能力的物流人才需求迫切。这些人才需要掌握物联网、大数据、云计算等先进技术，才能够推动物流系统的智能化升级。

供应链管理人才：跨界融合要求物流企业与上下游企业形成更加紧密的合作关系。因此，江西需要一批具备供应链管理知识和经验的人才，能够优化供应链流程，降低物流成本，提高供应链整体效率。

金融与物流复合型人才：随着物流金融的兴起，江西省对既懂金融又懂物流的复合型人才需求增加。这些人才不仅需要了解金融产品的特性和风险，还要能够结合物流企业的实际需求设计出合适的金融解决方案。

电子商务与物流整合人才：电子商务的快速发展对物流行业提出了新的机遇和挑战。江西省需要一批能够将电子商务与物流有效整合的人才，推动线上线下融合发展，提升客户体验和服务质量。

跨界创新与策略规划人才：面对复杂多变的市场环境，江西省需要一批具备跨界思维和创新能力的人才，能够洞察市场趋势，制定出符合企业发展需求的战略规划和创新策略。

（五）应对策略

为了满足江西跨界融合型物流人才的需求，政府、企业和教育机构需要采取以下一系列应对策略：

加强人才培养与引进：政府应加大对物流人才培养的投入力度，支持高校开设相关课程和专业，培养符合市场需求的跨界融合型物流人才。同时，通过优惠政策吸引国内外高端物流人才来江西发展。

推动校企合作与产教融合：鼓励高校与物流企业开展深度合作，共同建立实训基地和研发平台，推动"产学研用"一体化发展。通过产教融合的方式，提高物流人才的实践能力和创新能力。

完善政策支持体系：政府应出台相关政策措施，支持物流企业进行数字化转型和跨界融合。通过财政补贴、税收优惠等方式降低企业成本负担；加强对物流企业的监管和服务力度，推动行业健康发展。

加强行业交流与合作：推动物流行业与其他行业的交流与合作，共同探索跨界融合的新模式和新路径。通过行业论坛、研讨会等方式，促进信息共享和经验交流；鼓励物流企业之间开展合作与联盟，共同应对市场机遇和挑战。

提升物流人才自我发展能力：鼓励物流人才树立终身学习的理念不断提升自身素质和技能水平。通过参加培训、自学等方式，掌握新技术和新知识；积极参与行业交流和实践活动，拓展人脉和资源渠道，为自身职业发展打下坚实基础。

四、江西物流人才培训与认证体系的变化

随着全球化和数字化进程的加速推进，物流行业作为现代经济体系的重要组成部分，正面临着前所未有的发展机遇与挑战。江西省，作为中国的重要物流枢纽之一，其物流人才培训与认证体系也在经历着深刻的变革。

（一）当前背景

近年来，江西省物流行业快速发展，物流基础设施不断完善，物流企业数量和服务质量显著增加。然而，物流人才短缺、技能水平参差不齐等问题日益凸显，成为制约行业进一步发展的瓶颈。同时，随着大数据、云计算、人工智能等技术的广泛应用，物流行业对跨界融合型、高素质人才的需求不断增加。因此，建立和完善适应市场需求、科学高效的物流人才培训与认证体系显得尤为重要。

（二）培训与认证体系的变化趋势

传统物流人才培训往往侧重基础知识和技能的传授，难以满足当前市场对跨界融合型、高素质人才的需求。因此，培训内容将更加注重多元化与专业化，涵盖信息技术、供应链管理、金融知识、电子商务等多个领域。同时，企业需要针对不同岗位和职业发展阶段的人才需求，提供分层次、分阶段的培训课程。

随着互联网技术的普及和发展，线上培训成为越来越受欢迎的学习方式。江西省物流人才培训与认证体系将充分利用互联网技术，开发线上学习平台和课程资源，实现随时随地的学习需求。同时，结合线下实训、案例分析、模拟演练等多种方式，提高培训的互动性和实效性。

随着物流行业的国际化进程加速，认证标准的国际化与规范化成为必然趋势。江西省将积极借鉴国际先进经验，结合本地实际情况，制定和完善物流人才认证标准体系。通过与国际权威认证机构合作，开展互认工作，提高江西物流人才在国际市场上的竞争力。

为了增强培训效果和提高认证质量，江西将推动培训与认证的一体化进程。通过建立培训与认证信息共享平台，实现培训成果与认证标准的无缝对接。同时，鼓励企业和培训机构参与认证工作，共同推动物流人才评价与选拔机制的完善。

（三）具体实施策略

政府应出台相关政策措施，加大对物流人才培训与认证工作的支持力度。通过财政补贴、税收优惠等方式降低企业和个人参与培训与认证的成本负担；加大对培训与认证机构的监管和服务力度，确保其合法合规运营。

鼓励高校与物流企业开展深度合作，共同建立实训基地和研发平台。通过校企合作的方式，实现资源共享、优势互补，共同培养符合市场需求的高素质物流人才。同时，推动产教融合进程，将产业需求融入教学内容和课程体系中，提高教育的针对性和实效性。

建立和完善适应市场需求、科学高效的物流人才培训与认证体系。制定和完善培训标准和认证标准体系，开发多元化、专业化的培训课程和资源，建立健全的考核评价和激励机制，加强培训与认证机构的资质管理和能力建设。

充分利用互联网技术、大数据、人工智能等信息化技术手段，提高培训与认证的效率和质量。开发线上学习平台和课程资源，建立培训与认证信息共享平台，推广智能化考核评价和监管系统，加强网络安全和数据保护工作。

积极与国际先进物流企业和认证机构开展交流与合作，借鉴其成功经验和技术成果。通过国际交流的方式，了解国际物流人才市场需求和趋势；通过合作的方式，共同开展物流人才培训与认证工作；通过互认的方式，提高江西物流人才在国际市场上的竞争力。

第三章　江西物流业数字化基础设施建设

第一节　数字化基础设施的重要性

一、数字化基础设施对江西物流效率的提升

在数字经济时代，数字化基础设施已成为推动各行各业转型升级的关键力量。对江西物流行业而言，数字化基础设施的建设与应用不仅极大地提升了物流效率，还促进了物流产业的智能化、绿色化和高质量发展。

（一）数字化基础设施的定义

数字化基础设施是指支撑数字经济运行和发展的基础设施体系，包括信息网络基础设施、数据资源体系、新技术基础设施以及安全保障体系等。在物流领域，数字化基础设施主要包括物联网、大数据、云计算、人工智能等技术的应用平台与设施，以及与之相关的智能仓储系统、智能运输系统、智能配送系统等。

（二）江西物流行业的现状

近年来，江西省物流行业快速发展，物流基础设施不断完善，物流企业数量和服务质量显著提升。然而，面对日益激烈的市场竞争和不断变化的客户需求，江西物流行业仍面临着物流成本高、运输效率低、信息化水平不高等问题。这些问题制约了江西物流行业的进一步发展，也影响了区域经济的整体竞争力。

（三）数字化基础设施对物流效率的提升作用

通过物联网技术的应用，物流过程中的各个环节可以实现信息的实时采集与传输。货物从生产到消费的全过程信息都可以在数字化平台上进行实时共享与监控，大大提高了物流信息的透明度和可追溯性。这不仅有助于货主实时掌握货物动态，也为物流企业提供了更加精准的调度和管理依据，从而有效提升了物流效率。大数据和云计算技术的应用使得物流企业能够对海量数据进行深度挖掘与分析，从而精准预测市场需求、优化物流资源配置和路径规划。通过智能算法对运输路线、装载量、运输时间等因素进行综合考虑，物流企业可以制订出更加科学合理的运输方案，减少空驶率和运输成本，提高物流资源的利用效率。

人工智能技术的应用推动了物流自动化与智能化的发展。通过机器人、自动化立体仓库等设备智能仓储系统实现了货物的快速存取与分拣；通过自动驾驶技术、无人驾驶飞机等，智能运输系统实现了运输工具的自主导航与调度；通过智能快递柜、无人机配送等，智能配送系统方式实现了"最后一公里"的高效配送。这些智能化技术的应用不仅提高了物流效率，还降低了人力成本和安全风险。另外，数字化基础设施的建设与应用还有助于推动物流产业的绿色化发展。通过智能调度系统对运输路线和装载量的优化管理，可以缩短不必要的运输距离和降低空驶率，从而降低能源消耗和碳排放。同时，利用物联网技术对运输车辆进行实时监控与调度，还可以提高车辆的利用率和维护效率，延长车辆使用寿命并减少废弃物的产生。

（四）面临的挑战及应对策略

尽管数字化基础设施的完善对江西物流效率的提升作用显著，但在实际应用过程中仍面临诸多挑战：

数字化基础设施的建设需要投入大量资金和技术支持，对中小物流企业而言难以承受。因此，政府应加大对物流基础设施建设的投入力度，通过财政补贴、税收优惠等方式降低企业成本负担；鼓励社会资本参与物流基础设施建设，形成多元化投资格局。数字化基础设施的应用需要掌握先进的技术知识和技能，而当前物流行业普遍存在技术壁垒和人才短缺问题。因此，政府和企业应加大对物流人才的培养和引进力度，通过校企合作、职业培训等方式，提高物流从业人员的专业素养和技术水平；加强与国际先进企业的交流与合作，引进先进的技术和管理经验。

数字化基础设施的应用涉及大量敏感数据的传输与存储，数据安全与隐私保护问题不容忽视。因此，政府和企业应加大对数据安全的监管和保障力度，建立健全的数据安全管理体系和应急响应机制；加强用户隐私保护意识教育和技术防范措施的应用，确保用户数据的安全性和隐私性。数字化基础设施的建设与应用，需要物流行业内各企业之间的协同合作和标准化建设。然而当前物流行业内存在"信息孤岛"、标准不一等问题，制约了数字化基础设施的应用。因此政府应加大对物流行业的引导和规范力度，制定统一的标准和规范，推动物流行业内各企业之间的信息共享和协同合作；鼓励行业协会等组织发挥桥梁纽带作用，促进物流行业内各企业之间的交流与合作，共同推动数字化基础设施的建设与应用进程。

二、数字化基础设施对江西物流创新的支撑

在当今数字经济蓬勃发展的背景下，数字化基础设施已成为推动各行各业创新转型的重要力量。对江西物流行业而言，数字化基础设施的建设与应用不仅极大地提升了物流效率，也为物流创新提供了强有力的支撑。

（一）数字化基础设施的定义

数字化基础设施是指支撑数字经济运行和发展的基础性设施体系，包括信息网络基础设施、数据资源体系、新技术基础设施以及安全保障体系等。在物流领域，数字化基础设施主要包括物联网、大数据、云计算、人工智能等技术的应用平台与设施，这些技术将共同构建一个高效、智能、互联的物流生态系统。

（二）江西物流创新的现状

近年来，江西省物流行业在数字化浪潮的推动下，积极探索创新路径，取得了显著成效。一方面，物流企业纷纷引入先进的信息技术，优化

物流流程，提升服务质量；另一方面，政府出台了一系列政策措施，鼓励和支持物流创新发展。然而，面对日益激烈的市场竞争和不断变化的客户需求，江西物流创新仍面临诸多挑战，如技术创新能力不足、创新环境不完善、创新人才短缺等。

（三）数字化基础设施对物流创新的支撑作用

数字化基础设施的完善为物流创新提供了强大的技术支持。物联网技术实现了物流全链条的信息采集与传输，为物流企业提供了实时、准确的数据支持；大数据和云计算技术能够对海量数据进行深度挖掘与分析，帮助企业发现潜在的市场机会和运营风险；人工智能技术通过智能算法和模型优化物流资源配置和路径规划，提升物流效率和服务质量。这些技术的应用为物流创新提供了无限可能。数字化基础设施的建设推动了物流模式的创新。传统的物流模式往往依赖人工操作和线下交易，效率低下且成本高昂。数字化基础设施的应用可以使得物流过程更加智能化、自动化和网络化。例如，智能仓储系统通过机器人和自动化设备，实现了货物的快速存取与分拣；智能运输系统利用自动驾驶技术和无人驾驶飞机等，实现了运输工具的自主导航与调度；智能配送系统通过智能快递柜和无人机配送等方式，解决了"最后一公里"的配送难题。这些创新模式不仅提高了物流效率和服务质量，还降低了物流成本和人力成本。

数字化基础设施的应用使得物流服务更加个性化和差异化。通过收集和分析客户的消费行为、偏好和需求等信息，物流企业能够为客户提供更加精准、个性化的物流服务。例如，根据客户的订单信息和地理位置等信息，智能调度系统能够为客户推荐最优的运输路线和配送时间。同时，物流企业还可以利用大数据分析客户的需求变化和市场趋势等信息，及时调整服务策略和产品组合以满足客户的多样化需求。这种个性化的服务模式不仅提高了客户满意度和忠诚度，还增强了物流企业的市场竞争力。数字化基础设施的建设还有助于推动物流产业的绿色化发展。通过智能调度系统和优化算法对运输路线和装载量进行优化管理，可以减少不必要的运输距离和空驶率，从而降低能源消耗和碳排放；利用物联网技术对运输车辆进行实时监控与调度，可以提高车辆的利用率和维护效率，延长车辆使用寿命并减少废弃物产生。这些绿色化的物流措施不仅有助于保护环境，还有助于提升物流企业的社会形象和品牌价值。

三、数字化基础设施对江西物流生态的构建

随着数字经济的迅猛发展，数字化基础设施已成为推动各行各业转型升级的关键要素。在江西物流领域，数字化基础设施的建设不仅极大地提升了物流效率，也可以为构建现代化、智能化、绿色化的物流生态奠定坚实基础。

（一）数字化基础设施的定义

数字化基础设施是指支撑数字经济运行和发展的基础性设施体系，涵盖信息网络、数据资源、新技术应用以及安全保障等多个方面。在物流领域，数字化基础设施主要包括物联网、大数据、云计算、人工智能等技术的集成和应用，这些技术共同作用于物流的各个环节，进而推动物流生态的全面升级。

（二）江西物流生态的现状

近年来，江西省物流行业在政策支持、技术进步和市场需求的共同驱动下，取得了显著发展。然而，传统物流生态仍存在诸多不足，如信息不对称、资源配置不合理、环境污染严重等问题。这些问题不仅制约了物流行业的可持续发展，也影响了区域经济的整体竞争力。因此，构建现代化、智能化、绿色化的物流生态成为江西物流行业发展需要解决的问题。

（三）数字化基础设施对物流生态构建的支撑作用

通过对物联网、大数据等技术的应用，数字化基础设施实现了物流信息的实时采集、传输与共享。这不仅打破了"信息孤岛"现象，促进了物流上下游企业之间的信息互通与协作，还为政府监管提供了有力支持。在信息透明的基础上，物流资源得以更加合理高效地配置，降低了物流成本，提高了物流效率。

数字化基础设施为物流模式的创新提供了无限可能。基于大数据和云计算的智能分析系统能够精准预测市场需求、优化运输路线和库存管理策略；物联网技术实现了货物的全程跟踪与监控，保障了物流安全；人工智能技术的应用推动了自动化仓储、无人配送等新型物流模式的发展。这些创新模式不仅提升了物流服务水平，还增强了物流行业的竞争力。数字化基础设施在推动绿色物流发展方面发挥着重要作用。通过智能调度系统优化运输路线和装载量，减少空驶率和运输距离，从而降低能源消耗和碳排放；物联网技术能够对运输车辆进行实时监控与管理，提高车辆使用效率并减少废弃物产生。此外，应用数字化平台还能促进绿色包装、绿色回收等环保措施的实施，推动物流行业的绿色转型。数字化基础设施的建设提升了物流生态的安全保障能力。通过大数据分析和人工智能技术识别潜在的安全风险与隐患，为物流企业提供了及时预警和应对措施；物联网技术的应用实现了对货物、车辆等物流要素的实时监控与追踪，保障了物流安全；同时，数字化平台的应用还能促进保险、金融等增值服务与物流业务的深度融合，为物流企业提供更加全面的风险保障。

四、数字化基础设施对江西物流竞争力的增强

在数字经济时代，数字化基础设施已成为推动各行各业转型升级、提升竞争力的核心要素。对江西物流行业而言，数字化基础设施的建设与应用不仅重塑了物流运作模式，还在多个维度上显著增强了其市场竞争力。

（一）数字化基础设施的定义与范畴

数字化基础设施是指支撑数字经济运行和发展的基础性设施体系，包括但不限于信息网络、大数据中心、云计算平台、物联网系统、人工智能算法等。在物流领域，这些技术深度融合，形成了高效、智能、协同的物流数字化体系，为物流行业的创新发展提供了强大的技术支撑。

（二）江西物流行业的现状分析

江西作为中部地区的重要省份，物流行业近年来虽发展迅速，但仍面临诸多挑战。一方面，传统物流模式存在效率低下、成本高昂、信息不对

称等问题；另一方面，随着市场竞争的加剧和消费者需求的多样化，物流行业对服务质量和响应速度的要求日益提高。因此，提升物流竞争力成为江西物流行业亟待解决的问题。

（三）数字化基础设施对江西物流竞争力的增强作用

通过物联网、大数据等技术的应用，数字化基础设施实现了物流信息的实时采集、传输与处理，大幅提升了物流作业的自动化和智能化水平。例如，智能仓储系统能够自动完成货物的入库、存储、分拣和出库等环节，显著提高了仓储作业效率；智能运输系统能够根据实时路况和货物需求自动规划最优运输路线，减少空驶率和运输时间。这些技术的应用不仅降低了物流成本，还提升了物流服务的响应速度和准确性，从而增强了江西物流的市场竞争力。通过大数据分析和云计算平台，数字化基础设施实现了物流资源的优化配置和精准管理。物流企业可以基于历史数据和实时信息预测市场需求变化，合理调整库存水平和运输计划；通过客户画像和行为分析，提供更加个性化的物流解决方案和服务体验。这种以客户需求为导向的服务模式不仅提升了客户满意度和忠诚度，还提升了物流企业的品牌影响力和市场竞争力。

随着人们环保意识的增强和绿色经济的发展，绿色物流已成为物流行业的重要发展趋势。数字化基础设施在推动绿色物流发展方面发挥着重要作用。通过智能调度系统和路径优化算法，减少运输距离和空驶率，降低能源消耗和碳排放；通过物联网技术实现包装材料的循环使用和废弃物的有效回收，减少环境污染和资源浪费。这些绿色物流措施不仅有助于提升物流企业的社会责任感和品牌形象，还增强了其在可持续发展方面的竞争力。数字化基础设施的应用为物流行业的创新提供了无限可能。基于大数据和人工智能技术的新型物流模式，如网络货运平台、无人配送机器人等不断涌现为物流行业注入了新的活力。这些创新模式不仅提升了物流服务的智能化水平和便捷性，还拓宽了物流企业的业务范围和市场空间。同时，数字化基础设施还促进了物流与其他产业的深度融合，如制造业、农业、电子商务等，形成了协同发展的新生态，进一步增强了江西物流业的综合竞争力。

第二节　江西物流业数字化基础设施现状

一、江西物流信息化基础设施的布局

江西物流信息化基础设施的布局是一个涉及多方面、多层次的复杂系统，旨在提升物流效率、降低成本并促进经济社会的全面发展。近年来，江西省政府高度重视物流信息化基础设施建设，通过制订一系列政策规划和实施方案，逐步构建起高效、智能、安全的物流信息化体系。

（一）政策背景与总体目标

江西省政府发布《江西省"十四五"新型基础设施建设规划》（以下简称《规划》）以及《江西省加快推进物联网新型基础设施建设实施方案》等文件，为物流信息化基础设施的布局提供了明确的政策指导和总体目标。这些文件强调，到2025年，基本建成高速泛在、智能敏捷、综合集成、安全可信的新型基础设施体系，经济社会各领域数字化、网络化、智能化发展水平大幅提升。在物流领域，江西省政府特别提出要推动物流信息化基础设施建设，实现物流资源的高效整合与优化配置。

（二）物流信息化基础设施的主要布局

江西省在物流信息化基础设施布局中，首先注重数据中心与信息平台的建设。《规划》中提出以南昌为核心，以九江、上饶、赣州、宜春为补充，以抚州、鹰潭为备份的"一核四副两备"数据中心空间布局，形成横纵数据资源集聚、大数据应用协同发展的良好局面。这些数据中心不仅为物流行业提供强大的数据存储和处理能力，还通过建设公共数据资源目录，实现数据资源的开放共享，进而为物流信息化提供坚实的数据支撑。同时，江西省还积极推动省级物流公共信息平台与大型物流企业数据的互联互通，整合分散的社会物流资源，构建县、乡、村三级智慧物流网络。这些信息平台通过集成物联网、大数据、云计算等先进技术，实现物流信息的实时采集、处理、分析和共享，为物流企业提供精准的决策支持，提升了物流运作效率。

在物流信息化基础设施布局中，智能设施与感知终端的部署是关键一环。江西省积极推动物联网、AI、区块链等技术在物流领域的应用，打造规模化的智能设施部署。例如，在仓储环节，推广使用AGV（自动引导车）、无人机、巡检机器人、分拣机器人等智能设备，实现仓储作业的自动化和智能化；在运输环节，通过部署车载GPS定位系统和智能调度系统，实现运输车辆的实时跟踪和智能调度；在末端配送环节，加快智能取件箱的布局，实现城市住宅小区无接触、智能快件箱覆盖率达90%以上。此外，江西省还将推动数据采集终端、表计、控制器等感知终端在农业、制造业、建筑业、生态环境、文旅等行业的应用部署，为物流信息化提供丰富的数据来源。这些感知终端通过实时采集物流过程中的各类数据，为物流信息系统提供全面的数据支持，实现物流过程的可视化、透明化和可追溯。

作为新型信息基础设施的重要组成部分，5G与千兆光网在物流信息化基础设施布局中发挥着重要作用。江西省加快推进5G网络向县城、乡镇和行政村延伸覆盖速度，提升高速公路、高铁、地铁等交通道路沿线的网络覆盖水平。同时，推动千兆光网建设改造，实现产业园区、工厂、学校、医疗机构等重点场所千兆光纤网络覆盖，推动千兆光网逐步向行政村、自然村延伸。这些高速泛在、智能高效的信息基础设施为物流信息化提供了强大的网络支撑，使得物流信息能够实时、准确地传输和处理。

智慧物流与智能仓储是物流信息化基础设施布局的重要方向。江西省加快推动省级物流公共信息平台与大型物流企业数据的互联互通，整合分散的社会物流资源，构建智慧物流网络。同时，推动智慧仓储设施建设，支持京东南昌亚洲一号、苏宁易购电商物流中心等开展基于"信息系统+货架+托盘+叉车"的智能仓储设施建设。这些智慧仓储设施通过集成物联网、大数据、人工智能等先进技术，实现仓储作业的自动化、智能化和精细化管理，提高仓储效率和准确性。

（三）实施路径与保障措施

江西省政府通过制定一系列政策规划和实施方案，明确物流信息化基础设施的布局目标和重点任务。同时，加强部门间协调配合，形成工作合力，确保各项政策措施得到有效落实。

江西省政府通过设立专项资金、引导社会资本投入等方式，加大对物流信息化基础设施建设的投资力度。同时，鼓励金融机构为物流企业提供信贷支持，降低企业融资成本，促进物流信息化基础设施的快速发展。江西省积极推动物联网、大数据、云计算、人工智能等先进技术在物流领域的应用创新，提升物流信息化技术水平。同时，推动物流产业转型升级，培育一批具有核心竞争力的物流企业，形成产业集聚效应，提升整体物流效率和服务水平。物流信息化基础设施的建设离不开高素质的人才支撑。江西省通过加强职业教育和培训体系建设，培养一批适应物流信息化发展需求的专业人才。同时，积极引进国内外优秀物流人才和技术团队，为物流信息化基础设施的建设提供智力支持。

二、江西物流数据中心的建设与运营

江西物流数据中心的建设与运营是推动江西物流行业智能化、信息化转型的关键环节。随着大数据、云计算、物联网等技术的快速发展，物流数据中心在提升物流效率、优化资源配置、降低运营成本等方面发挥着越来越重要的作用。

（一）江西物流数据中心的建设

江西省在物流数据中心的建设过程中，注重科学规划和合理布局。根据《江西省"十四五"新型基础设施建设规划》等文件要求，江西省明确了物流数据中心的建设目标和空间布局。以南昌为核心，九江、上饶、赣州、宜春等城市为补充，形成覆盖全省的物流数据中心网络。这种布局既考虑了数据中心的集中管理和高效运维，又兼顾了区域物流发展的实际需求。

物流数据中心的基础设施建设是保障其稳定运行的基础。江西省在物流数据中心的建设中，注重高标准、高质量的基础设施建设。这包括建设先进的机房设施、配备高性能的服务器和存储设备、营造高速稳定的网络环境等。同时，还注重数据中心的物理安全和环境保障，确保数据中心在恶劣环境下也能正常运行。在物流数据中心的技术选型与集成方面，江西省紧跟时代步伐，积极采用先进的信息技术。例如，采用云计算技术实现资源的弹性扩展和按需分配，利用大数据技术对海量物流数据进行深度挖掘和分析，运用物联网技术实现物流过程的实时监控和智能调度等。这些技术的应用不仅提升了物流数据中心的处理能力和智能化水平，还为物流行业的创新发展提供了有力支撑。

（二）江西物流数据中心的运营

物流数据中心的核心任务是处理物流数据。因此，数据采集与整合是物流数据中心运营的首要环节。江西物流数据中心通过集成各类物流信息系统和数据源，实现物流数据的全面采集和整合。这些数据包括运输数据、仓储数据、订单数据、客户数据等，涵盖了物流行业的各个方面。通过数据采集与整合，物流数据中心能够形成完整的物流数据链条，为后续的数据处理和分析提供坚实基础。在数据采集与整合的基础上，物流数据中心需要对海量物流数据进行高效处理和分析。江西物流数据中心利用大数据技术和人工智能技术，对物流数据进行深度挖掘和分析。通过对物流数据的处理和分析，可以揭示物流行业的内在规律和趋势，为物流企业的决策提供科学依据。同时，企业还可以根据数据分析结果优化物流流程、降低运营成本、提升服务质量等。

物流数据中心的建设与运营不仅服务于单个物流企业，更需要服务于整个物流行业。因此，数据共享与交换是物流数据中心运营的重要环节。江西物流数据中心通过建立公共数据资源目录和交换平台，实现物流数据的开放共享和交换。这不仅有助于打破"信息孤岛"、促进资源整合、提升物流行业的整体效率。还可以推动物流行业与其他行业的融合发展，形成更加完善的产业生态体系。物流数据中心的安全保障和运维管理是确保其稳定运行的关键。江西省物流数据中心不仅要注重建立完善的安全保障体系，包括物理安全、网络安全、数据安全等方面。还要建立专业的运维管理团队，负责数据中心的日常运维管理和应急响应工作。通过加强安全保障和运维管理，确保物流数据中心在面临各种风险和挑战时可以保持稳定运行，为物流行业的持续发展提供有力保障。

（三）江西物流数据中心的发展展望

随着人工智能技术的不断发展，江西物流数据中心将向更加智能化的方向发展。江西省物流数据中心将积极探索人工智能在物流领域的应用场景，如智能调度、智能预测、智能客服等。通过智能化升级，可以进一步提升江西物流数据中心的处理能力和智能化水平，为物流行业的创新发展提供更加有力的支撑。

绿色化发展是当前社会发展的重要趋势之一。江西物流数据中心将积极响应国家节能减排政策要求，推动绿色化发展。通过采用节能设备、优化能源利用、推广绿色物流等方式降低能耗和排放水平；加强废旧设备的回收利用和资源循环利用工作，减少对环境的影响。通过绿色化发展可以实现经济效益和社会效益的双赢局面。融合化发展是物流行业发展的重要趋势之一。江西物流数据中心将积极推动与其他行业的融合发展工作，如与制造业、商贸业、金融业等行业的深度融合发展。通过融合化发展不仅可以实现资源共享、优势互补、互利共赢的局面，也有助于推动物流行业的转型升级和创新发展工作取得更加显著的成效。

三、江西物流网络基础设施的完善程度

江西物流网络基础设施的完善程度是衡量该省物流行业发展水平的重要标志，也是推动经济社会持续健康发展的重要支撑。近年来，江西省政府高度重视物流网络基础设施的建设与完善，通过一系列政策措施和项目实施，不断提升物流网络基础设施的现代化水平，为物流行业的快速发展提供了有力保障。

（一）江西物流网络基础设施的现状

交通运输网络是物流网络基础设施的重要组成部分。江西省在交通运输网络建设方面取得了显著成效，形成了较为完善的公路、铁路、水运和航空运输网络。公路方面，江西省高速公路网络不断完善，实现了县县通高速的目标；铁路方面，京九铁路、沪昆铁路等干线铁路贯穿全境，为货物运输提供了便捷通道；水运方面，依托长江和鄱阳湖等水系资源，发展

内河航运，形成了较为完善的水运网络；航空运输方面，南昌昌北国际机场等机场设施不断完善，为国际货物运输提供了有力支持。

仓储设施是物流网络基础设施中的关键环节。江西省在仓储设施建设方面不断加大投入力度，建设了一批现代化、专业化的仓储设施。这些仓储设施不仅拥有先进的存储设备和管理系统，还注重环保和节能技术的应用，实现了绿色仓储。同时，随着电子商务的快速发展，江西省还积极推动电商仓储设施建设，为电商企业提供更加高效、便捷的仓储服务。物流信息平台是提升物流效率和服务质量的重要手段。另外，江西省在物流信息平台建设方面也取得了积极进展。通过建立省级物流公共信息平台，实现物流信息的共享和交换；鼓励物流企业加强信息化建设，提升物流管理的智能化水平。这些物流信息平台不仅为物流企业提供了便捷的信息服务，还为政府监管部门提供了实时的物流数据支持，有助于加强物流行业的监管和管理。

（三）江西物流网络基础设施的完善程度分析

近年来，江西省物流网络基础设施规模不断扩大。交通运输网络方面，高速公路、铁路和水运设施不断完善；仓储设施方面，现代化、专业化的仓储设施不断涌现；物流信息平台方面，各类物流信息系统和数据平台相继建成。这些基础设施规模的扩大为物流行业的发展提供了有力支撑。随着科技的不断进步，江西省物流网络基础设施的技术水平也在不断提升。在交通运输领域，智能交通系统的应用日益广泛；在仓储设施领域，自动化、智能化仓储设备逐渐普及；在物流信息平台领域，大数据、云计算等先进技术的应用不断深入。这些技术水平的提升不仅提高了物流效率和服务质量，还推动了物流行业的创新发展。

江西省物流网络基础设施的覆盖范围也在不断拓展。从城市到乡村、从省内到省外、从国内到国际，物流网络基础设施的覆盖范围越来越广。特别是在农村地区，"快递进村"工程的实施使得农村地区的物流基础设施得到了显著改善。这些覆盖范围的拓展为物流行业的发展提供了更加广阔的市场空间和发展机遇。物流网络基础设施的协同发展是提升物流效率和服务质量的重要途径。同时江西省在推动物流网络基础设施协同发展方面也取得了积极成效。通过加强不同运输方式之间的衔接和配合、推动仓储设施与运输网络的深度融合、加强物流信息平台与物流企业的互联互通等措施，实现了物流资源的优化配置和高效利用。这些协同发展的措施不仅提高了物流效率和服务质量，还推动了物流行业的转型升级和创新发展。

四、江西物流数字化基础设施存在的短板分析

随着数字经济的蓬勃发展，物流业的数字化转型已成为不可逆转的趋势。江西作为中部地区的重要省份，其物流业虽然在近年来取得了显著进步，但在物流数字化基础设施方面仍面临诸多短板。这些短板不仅制约了江西物流业发展的速度和质量的提高，也影响了其在数字经济时代的竞争力。

（一）信息化水平相对较低

目前，江西物流企业的信息化水平普遍较低，许多企业仍采用传统的纸质单据和人工管理模式，信息化系统建设滞后。这不仅导致物流信息传输效率低下，还增加了出错率和运营成本。同时，由于缺乏统一的信息平台，不同物流企业之间的信息共享困难，难以实现资源的有效整合和优化配置。

在数字经济时代，数据已成为企业的重要资产。然而，江西物流企业在数据处理方面仍存在明显不足。一方面，企业缺乏先进的数据分析工具和算法，难以从海量数据中提取有价值的信息；另一方面，企业对数据安全性和隐私保护的意识不足，容易导致数据泄露和滥用。

（二）智能化技术应用不广泛

自动化和智能化设备是提升物流效率和质量的重要手段。然而，在江西物流业中，这类设备的普及率仍然较低。许多企业仍依赖人工操作完成物流作业，导致作业效率低、成本高且易出错。同时，由于资金和技术投入不足，许多企业难以承担引进智能化设备的成本。

人工智能和物联网技术虽然在物流业中的应用前景广阔，但江西物流

业在这方面的发展相对滞后。目前，仅有少数大型物流企业开始尝试应用这些技术，来提升物流效率和服务质量，而大多数中小企业仍处于观望状态。此外，由于技术门槛较高和人才短缺等问题，这些技术在江西物流业的推广和应用面临诸多挑战。

（三）基础设施建设不完善

交通网络是物流运输的基础设施，其布局合理性直接影响物流效率。然而，江西在交通网络布局方面仍存在不合理之处。例如，一些地区交通设施落后、道路拥堵严重，导致物流运输时间延长、成本增加。此外，由于缺乏统一的规划和协调机制，不同交通方式之间的衔接不畅也制约了物流效率的提升。

仓储设施是物流业的重要组成部分，其现代化水平直接影响物流服务质量。然而，江西的仓储设施普遍较为老旧，现代化水平较低。许多仓库仍采用传统的人工管理模式和落后的设施设备，导致作业效率低、货物损耗大且难以满足现代物流业的需求。同时，由于缺乏先进的仓储管理系统和自动化设备支持，物流企业在仓储作业过程中的信息传递和数据处理效率也较低。

（四）人才短缺与培训不足

数字化人才是推动物流业数字化转型的关键力量。然而，江西在数字化人才方面存在明显短缺。一方面，由于物流行业相对传统且薪资待遇较低等因素的制约，难以吸引和留住高素质的数字化人才；另一方面，由于教育和培训体系不完善等原因导致本地数字化人才培养数量不足。

培训是提升物流从业人员素质和能力的重要途径。然而，江西在物流人才培训方面仍存在机制不健全的问题。一方面，政府和企业对物流人才培训的投入不足导致培训资源匮乏；另一方面，培训内容与实际需求脱节导致培训效果不佳。此外，由于缺乏有效的激励机制和评价体系导致员工参与培训的积极性不高。

（五）政策支持与资金投入不足

政策支持是推动物流业数字化转型的重要保障。然而，江西在物流数字化方面的政策支持还不够全面。一方面，政府对物流数字化的重视程度不够，导致相关政策出台滞后；另一方面，现有政策在执行过程中存在落实不到位、执行力度不足等问题。

资金投入是推动物流业数字化转型的重要动力。然而，江西在物流数字化方面的资金投入相对不足。一方面，由于地方财政压力较大，导致其对物流数字化的投入有限；另一方面，由于社会资本对物流数字化领域的投资意愿不强导致物流企业融资渠道不畅。此外，由于缺乏有效的资金监管和评估机制导致资金使用效率低下。

第三节　数字化基础设施的建设策略

一、政府引导与市场驱动的结合，引领江西数字化基础设施的建设

在数字化时代，数字化基础设施已成为支撑经济社会发展的重要基础。江西省作为中部地区的重要省份，正积极探索政府引导与市场驱动相结合的发展模式，以推动数字化基础设施的全面升级。

（一）政府引导的作用与机制

政府在数字化基础设施建设中的首要任务是进行战略规划与顶层设计。这包括制定符合江西省实际情况的数字化基础设施发展蓝图，明确建设目标、重点任务和实施路径。通过科学的规划，政府能够引导社会资源向关键领域和重点项目倾斜，确保数字化基础设施建设的系统性和协同性。

政府通过出台一系列扶持政策，可以为数字化基础设施建设提供强有力的支持。这些政策可能包括财政补贴、税收优惠、土地优惠、融资支持等，旨在降低企业的投资成本，激发市场活力。同时，政府还可以通过设立专项基金、引导社会资本参与等方式，拓宽资金来源渠道，为数字化基础设施建设提供充足的资金保障。政府在数字化基础设施建设过程中扮演

着监管者的角色。通过建立健全监管体系，政府能够确保项目的合规性、安全性和可持续性。此外，政府还通过制定相关标准和规范，引导企业按照统一的标准进行建设和运营，增加数字化基础设施的互操作性和整体效能。

（二）市场驱动的作用与机制

市场驱动的核心在于通过价格机制和竞争机制实现资源的高效配置。在数字化基础设施建设领域，企业能够根据市场需求变化及时调整投资方向和规模，确保资源得到最合理的利用。同时，市场竞争能够激发企业的创新活力，推动技术进步和产业升级。

与市场相比，政府在决策和执行过程中往往需要考虑更多的因素，导致响应速度相对较慢。企业能够根据市场信号迅速做出反应，调整投资策略和运营方式。这种灵活性使得企业能够更好地适应数字化基础设施建设的快速变化需求。市场竞争是推动企业创新和进步的重要动力。在数字化基础设施建设领域，企业为了在市场上占据有利地位，会不断加大研发投入力度，推动技术创新和产品升级。这种创新不仅提高了数字化基础设施的性能和效率，也为经济社会的发展注入了新的活力。

（三）政府引导与市场驱动的结合机制

在数字化基础设施建设过程中，政府和市场各有其独特的优势和局限性。因此，需要明确各自的分工与合作领域。政府应主要发挥战略规划、政策扶持和监管规范的作用；市场应主要负责资源配置、响应速度和创新竞争等方面的工作。两者通过紧密合作，共同推动数字化基础设施建设的顺利进行。

为确保政府引导与市场驱动的有效结合，需要建立相应的协调机制。这包括成立跨部门协调小组或工作专班，负责统筹协调数字化基础设施建设的相关工作；建立定期沟通机制，及时交流信息、共享资源、解决问题，以及完善法律法规体系，为两者的合作提供制度保障。为促进政府引导与市场驱动的结合，需要强化激励与约束机制。一方面，政府可以通过设立奖励基金、提供税收优惠等方式，激励企业积极参与数字化基础设施建设;另一方面,要加强对企业的监管和约束,确保项目合规、资金安全、质量可靠。同时,对企业违反规定的行为要依法依规进行处罚,维护市场秩序和公平竞争环境。

数字化基础设施建设是一个开放的系统,需要各方共同参与和合作。政府应积极推动开放合作,鼓励国内外企业、科研机构等参与江西数字化基础设施建设。通过加强国际交流与合作,引进先进技术和管理经验;通过加强产学研用合作,推动技术创新和成果转化。这种开放合作不仅有助于提升江西数字化基础设施的水平和竞争力,也有助于促进全省经济社会的高质量发展。

二、统筹规划与分步实施策略的推进,保障江西数字化基础设施的建设

在当今数字化浪潮席卷全球的背景下,数字化基础设施已成为推动经济社会发展的关键力量。江西省作为中部地区的重要省份,积极响应国家号召,致力于构建高效、安全、可持续的数字化基础设施体系。为了确保这一目标的顺利实现,江西省采取了统筹规划与分步实施的策略,通过科学规划、合理布局、有序推进,全力保障数字化基础设施建设的顺利进行。

(一)统筹规划:确保全局性与协同性

江西省在推进数字化基础设施建设之前,首先明确发展目标与定位。通过深入分析国内外数字化基础设施发展趋势和江西省自身发展需求,确定数字化基础设施建设的总体目标、阶段性任务和优先发展领域。这些目标和定位不仅为数字化基础设施建设提供了明确的方向指引,也为后续的政策制定和实施奠定了坚实基础。

在明确发展目标与定位的基础上,江西省制订科学的规划方案。规划方案涵盖了数字化基础设施建设的各个方面,包括信息网络布局、数据中心建设、云计算平台搭建、物联网应用推广等。同时,规划方案还注重与江西省经济社会发展总体规划相衔接,确保数字化基础设施建设与全省经济社会发展需求相协调、相适应。为了确保数字化基础设施建设的全局性

和协同性，江西省加强了顶层设计与统筹协调。成立了由省级领导挂帅的数字化基础设施建设领导小组，负责统筹协调全省数字化基础设施建设工作。同时，建立了跨部门协作机制，加强各部门之间的沟通与协作，确保各项建设任务能够顺利推进、有效落实。

（二）分步实施：注重可操作性与实效性

在分步实施过程中，江西省注重优先推进关键领域与重点项目。这些项目通常具有示范引领作用强、带动效应明显等特点，能够快速提升江西省数字化基础设施的整体水平。例如，优先建设一批高性能数据中心和云计算平台，为全省提供强有力的数据支撑和计算能力；优先推广物联网技术在农业、工业、交通等领域的应用，推动传统产业转型升级。

江西省将数字化基础设施建设分为多个阶段实施。每个阶段都设定了明确的目标、任务和时限要求，确保各项建设任务能够按照既定计划有序推进。同时，在每个阶段结束后都会进行总结评估和经验交流，为后续阶段的策略实施提供借鉴和参考。这种分阶段实施的方式不仅有助于企业降低建设风险和提高建设效率，还有助于其及时发现问题并采取措施加以解决。为了确保数字化基础设施建设的可操作性和实效性，江西省加强了监督管理与绩效评估工作。建立了完善的监督管理体系，对数字化基础设施建设的全过程进行监督和检查；制定科学合理的绩效评估指标体系，对各项建设任务完成情况进行定期评估和考核。通过加强监督管理与绩效评估工作，企业可以及时发现并解决建设过程中存在的问题和不足，确保数字化基础设施建设的质量和效益达到预期目标。

（三）保障措施：确保建设顺利推进

为了保障数字化基础设施建设的顺利推进，江西省加大了政策支持与资金投入力度。制定了一系列优惠政策和激励措施，鼓励社会资本参与数字化基础设施建设。同时加大财政资金投入力度，为关键领域和重点项目提供必要的资金保障。此外，企业还积极争取国家相关部门的支持和帮助，为数字化基础设施建设提供更多的政策和资金支持。

数字化基础设施建设离不开高素质的人才队伍和先进的技术支撑。因此，江西省应加强人才培养与技术创新工作。通过加强与高校、科研机构的合作与交流，培养一批具有创新精神和实践能力的数字化人才；加大技术研发投入力度，推动关键核心技术的突破和创新应用。这些措施为数字化基础设施建设提供了有力的人才和技术保障。数字化基础设施建设涉及信息安全、网络安全等多个方面。为了确保企业在建设过程中的安全性和稳定性，江西省强化了安全保障与风险防控工作。例如，建立完善的信息安全管理体系和网络安全防护体系，加强对重要信息系统和数据资源的保护力度，建立应急响应机制和灾难恢复计划，确保在突发事件发生时能够及时应对和恢复服务。这些措施都可以为数字化基础设施建设提供坚实的安全保障。

三、跨界合作与资源共享的机制，加快江西数字化基础设施的建设

在数字化时代，基础设施的建设不再局限于单一领域或行业，而是需要跨界的合作与资源的深度共享。江西省作为中部地区的重要省份，正积极探索通过跨界合作与资源共享机制，推动数字化基础设施的快速发展。

（一）跨界合作的重要性

不同领域和行业在数字化基础设施建设方面拥有各自的技术优势与专长。通过跨界合作，可以实现技术互补和协同创新，共同攻克关键技术难题，推动技术进步和产业升级。例如，电信运营商拥有丰富的网络资源和运营经验，而互联网企业则在云计算、大数据等方面具有显著优势，双方合作可以共同打造高效、安全的数字化基础设施。

数字化基础设施建设需要大量的资金投入和资源配置。通过跨界合作，可以实现资源的共享和优化配置，避免重复建设和资源浪费。例如，多个行业可以共享同一个数据中心或云计算平台，从而降低各自的建设成本和运营成本。同时，跨界合作还可以促进信息资源的共享，提高数据的使用效率和价值。跨界合作有助于不同领域和行业之间的市场拓展与需求对接。通过合作，可以共同挖掘潜在的市场需求，开发出新的应用场景和服务模式。例如，智慧城市的建设需要整合政府、企业、社会等多方面的资源和服务，通过跨界合作可以实现各方需求的精准对接和高效满足。

（二）资源共享的机制构建

为了促进跨界合作与资源共享，首先需要建立一个合作平台或沟通机制。这个平台可以是一个实体机构、一个网络平台或一个定期召开的联席会议等形式。通过该平台，不同领域和行业可以就数字化基础设施建设的相关问题进行深入交流与讨论，共同制订合作计划和实施方案。

在跨界合作过程中，需要明确资源共享的范围和方式，包括哪些资源可以共享、如何共享以及共享后的权益分配等问题。例如，可以明确哪些数据中心、云计算平台、网络资源等可以对外开放共享，可以制定具体的共享流程和标准，可以协商确定共享费用的分担方式和权益分配机制等。为了确保跨界合作与资源共享的顺利进行，需要加强技术标准与规范的统一。不同领域和行业在数字化基础设施建设方面可能采用不同的技术与标准，这可能导致其在资源共享过程中的兼容性和互操作性问题。因此，需要推动相关技术和标准的统一和兼容，制定统一的技术规范和标准体系，为跨界合作与资源共享提供技术保障。政府在跨界合作与资源共享过程中发挥着重要的引导和支持作用。政府可以通过制定相关政策文件、出台优惠政策和激励措施等方式，鼓励和支持不同领域和行业之间的跨界合作与资源共享。例如，可以设立专项基金支持数字化基础设施建设，可以给予税收优惠和财政补贴等激励措施，可以加强监管和评估工作，确保合作项目的顺利实施和资源的有效利用。

（三）跨界合作与资源共享在江西数字化基础设施建设中的实践

江西省积极推动电信运营商与互联网企业的合作，共同打造高效、安全的数字化基础设施。双方通过共享网络资源、数据中心资源和云计算资源等，实现优势互补和资源共享。同时，双方还共同开发新的应用场景和服务模式，推动了数字化基础设施的广泛应用和普及。

江西省政府积极与企业合作，共同推进数字化基础设施建设。政府通过提供政策支持和资金投入等方式，鼓励企业加大在数字化基础设施方面的投入力度。同时，政府还可以与企业共同制定数字化基础设施建设规划和实施方案，确保建设项目的顺利推进和资源的有效利用。同时江西省还积极推动跨地区的合作与交流，共同推进数字化基础设施建设。通过与周边省份和地区的合作与交流，江西省实现了数字化基础设施的互联互通和资源共享。这不仅有助于提高数字化基础设施的覆盖率和服务水平，还有助于推动区域经济的协调发展和共同繁荣。

四、技术创新与标准制定的协同，规范江西数字化基础设施的建设

在数字经济时代，数字化基础设施已成为支撑经济社会发展的重要基础。江西作为中部地区的重要省份，正面临着加快数字化基础设施建设、推动经济高质量发展的紧迫任务。在这一过程中，技术创新与标准制定的协同作用显得尤为重要。

（一）技术创新：数字化基础设施发展的核心驱动力

技术创新是数字化基础设施发展的核心驱动力。随着云计算、大数据、人工智能、物联网等新一代信息技术的快速发展，数字化基础设施正经历着前所未有的变革。这些技术的创新应用不仅提升了基础设施的运行效率和服务质量，还催生了新的业态和模式，为经济社会发展注入了新的活力。

在江西，技术创新对数字化基础设施建设同样具有至关重要的作用。通过引进和自主研发先进的信息技术，江西可以加快构建高效、智能、安全的数字化基础设施体系，为经济社会发展提供强有力的支撑。然而，技术创新也面临着诸多挑战。一方面，新技术的研发和应用需要投入大量的资金与人力资源；另一方面，新技术的安全性和稳定性需要经过严格的测试和验证。同时，不同技术之间的兼容性和互操作性也是亟待解决的问题。尽管如此，技术创新仍为江西数字化基础设施建设带来了前所未有的机遇。通过把握技术发展趋势，江西可以抢占先机，推动数字化基础设施的跨越式发展。同时，通过加强"产学研用"合作，江西还可以加速科技成果的转化和应用，为经济社会发展注入新的动力。

（二）标准制定：保障数字化基础设施互联互通的关键

标准制定是保障数字化基础设施互联互通的关键。在数字化时代，各

种信息系统和设备之间的互联互通已成为必然趋势。然而，由于不同厂商、不同地区之间的技术标准和规范存在差异，导致"信息孤岛"现象普遍存在，严重影响了数字化基础设施的整体效能。因此，制定统一的技术标准和规范对保障数字化基础设施的互联互通至关重要。通过制定标准，可以明确各种信息系统和设备之间的接口协议、数据格式等关键要素，确保它们能够顺畅地进行信息交换和资源共享。

然而，标准制定也面临着诸多挑战。一方面，不同利益主体之间的利益诉求存在差异，难以达成共识；另一方面，随着技术的快速发展和迭代更新，标准需要不断修订和完善以适应新的发展需求。为了应对这些挑战，江西可以采取以下措施：一是加强政府引导和支持作用，推动相关利益主体积极参与标准制定过程；二是建立灵活高效的标准修订机制，确保标准能够及时反映技术发展的最新成果；三是加强与国际标准的对接和互认工作，提升江西数字化基础设施的国际竞争力。

（三）技术创新与标准制定的协同作用

技术创新与标准制定之间存在着相互促进的关系。一方面，技术创新为标准制定提供了重要依据和支撑；另一方面，标准的制定为技术创新提供了规范和引导。通过加强技术创新与标准制定的协同作用，可以推动数字化基础设施的快速发展和广泛应用。在江西数字化基础设施建设过程中，应充分发挥技术创新与标准制定的协同作用。一方面，应鼓励企业加大研发投入力度，推动新技术、新产品的研发和应用；另一方面，应加快制定和完善相关技术标准和规范体系，确保新技术、新产品能够顺畅地融入数字化基础设施体系中。

以5G网络建设为例，技术创新与标准制定的协同作用得到了充分体现。在5G技术研发过程中，各大通信企业纷纷加大投入力度，推动关键技术的突破和应用。同时，国际标准化组织也积极构建和完善5G相关标准体系，为5G网络的全球部署提供了有力保障。在江西5G网络建设过程中，政府、企业和科研机构紧密合作，共同推动技术创新与标准制定的协同发展。一方面，政府出台了一系列政策措施支持5G技术研发和产业化应用；另一方面，企业积极参与5G标准制定工作，并加快5G网络部署进度。通过加强技术创新与标准制定的协同作用，江西成功构建了覆盖广泛、性能优越的5G网络体系，为数字经济发展提供了强有力的支撑。

（四）推动技术创新与标准制定协同发展的策略建议

政府应出台一系列政策措施，引导和支持技术创新与标准制定的协同发展。例如，可以设立专项基金，支持关键技术研发和标准制定工作；加大知识产权保护力度，激发企业和科研机构的创新活力；推动"产学研用"深度融合，加速科技成果的转化和应用等。建立完善的技术创新与标准制定协同机制是推动两者协同发展的关键。可以建立由政府、企业、科研机构等多方参与的协同工作平台，加强信息共享和沟通协调；制订明确的工作计划和任务分工，确保各项工作有序推进；加强人才队伍建设，培养具备跨学科知识背景和创新能力的人才队伍等。

加强国际合作与交流是推动技术创新与标准制定协同发展的重要途径。可以通过参与国际标准化组织活动，加强与国际同行的交流与合作；引进国外先进技术和标准，提升本土技术水平和标准制定能力；推动本土技术和标准走向国际市场，提升国际竞争力等。加大宣传与推广力度是提高社会认知度和参与度的重要手段。可以通过举办专题论坛、研讨会等活动，加强宣传和推广工作；利用媒体平台扩大宣传覆盖面，提高公众关注度；鼓励企业和科研机构积极展示最新成果和应用案例，吸引更多社会资源和力量参与数字化基础设施建设等。

第四节　数字化基础设施的投资与融资

一、政府对江西物流数字化的投资政策

随着信息技术的飞速发展，物流行业正经历着前所未有的变革，数字化成为提升物流效率、降低成本、增强竞争力的关键手段。江西省作为中部地区的重要省份，积极响应国家号召，致力于推动物流数字化进程。在这一过程中，政府的资金支持政策起到了至关重要的作用。

（一）政策背景

在数字经济时代，物流行业作为连接生产与消费的重要环节，其数字化水平将直接影响到整个供应链的效率和响应速度。江西省作为经济快速发展的地区，对物流数字化的需求日益迫切。通过数字化手段，可以实现物流信息的实时共享、智能调度、精准预测等功能，显著提升物流运作效率和服务质量。

国家高度重视物流数字化发展，出台了一系列政策文件，鼓励和支持物流行业进行数字化转型。江西省积极响应国家战略，结合自身发展实际，制定了符合地方特色的物流数字化发展规划。政府资金的支持政策正是实施这一规划的重要保障。

（二）支持内容

物流数字化需要强大的基础设施作为支撑，包括信息网络、数据中心、智能仓储设施等。政府通过直接投入或引导社会资本投入的方式，为物流基础设施建设提供资金支持。例如，建设智慧物流园区、推广智能仓储系统、优化物流信息网络等，这些都需要大量的资金投入。政府资金的支持可以有效缓解企业资金压力，推动物流基础设施的快速升级。物流数字化涉及众多前沿技术，如大数据、云计算、物联网、人工智能等。为了推动这些技术在物流领域的应用和创新，政府设立了专项研发资金，支持企业开展技术研发和创新项目。这些资金可以用于购买研发设备、引进高端人才、开展技术试验等。通过技术研发与创新资金的支持，可以加速物流数字化技术的成熟和应用推广。

物流数字化的发展离不开高素质的人才队伍。政府通过设立人才培养与引进资金，支持高校、职业院校等教育机构开展物流数字化相关专业的教育和培训；鼓励企业引进国内外优秀人才，提升物流数字化领域的人才竞争力。这些资金可以用于奖学金、培训补贴、人才引进奖励等方面，为物流数字化发展提供坚实的人才保障。为了推广物流数字化示范项目的成功经验，政府设立了示范项目与推广资金。这些资金用于支持具有示范意义的物流数字化项目建设和推广，通过树立标杆和典型，带动整个行业向数字化方向发展。同时，政府还可以通过组织交流会议、展览展示等活动，加强行业内的信息共享和经验交流，推动物流数字化技术的广泛应用。

（三）实施路径

政府在制定资金支持政策时，需要明确支持的方向和重点。结合江西物流行业发展的实际情况和数字化转型的需求，确定优先支持的领域和项目。例如，可以优先支持冷链物流、智慧仓储、智能配送等领域的数字化改造和升级项目。为了确保资金使用的效率和效果，政府需要建立严格的项目管理机制。对申请资金支持的项目进行严格评审和筛选，确保项目符合政策要求和地方发展需求。同时，加强对项目实施过程的监督和检查，确保资金专款专用、按时按质完成项目任务。

政府需要加强对物流数字化支持政策的宣传和引导工作。通过举办政策解读会、培训班等活动，帮助企业了解政策内容和申请流程；通过媒体宣传、案例分享等方式，提高行业内外对物流数字化重要性的认识和理解。这有助于激发企业的积极性和创造性，推动物流数字化进程的加快。政府需要积极推动"政产学研用"合作机制的建设和发展。通过搭建合作平台、组织联合攻关等方式，促进政府、企业、高校、研究机构等各方之间的合作与交流。这有助于汇聚各方资源和优势力量，共同推动物流数字化技术的研发和应用推广。

（四）成效展望

在政府资金的支持下，江西物流数字化进程将不断加快并取得显著成效。一方面，物流基础设施将得到全面升级和完善，为物流数字化提供坚实的物质基础；另一方面，物流数字化技术的应用和推广将不断深入和普及，推动物流行业向智能化、高效化方向发展。此外，随着物流数字化水平的提高和人才队伍的壮大，江西物流行业的竞争力将得到显著提升，为地方经济的高质量发展注入新的动力。

未来，随着技术的不断进步和政策的不断完善，江西物流数字化的发展前景将更加广阔。政府将继续加大支持力度、优化支持政策、完善管理机制等方面的工作，为物流数字化提供更加坚实的保障和支持。同时，企业也需要积极把握机遇、加强自主创新、深化合作交流等方面的工作，共同推动江西物流数字化进程的不断加快，并取得更加丰硕的成果。

二、社会资本对江西物流数字化的投资模式

随着信息技术的迅猛发展，物流行业的数字化转型已成为不可逆转的趋势。江西省作为中部地区的重要省份，其物流业的数字化转型不仅关乎自身发展，也对区域经济一体化和全国物流网络的优化具有重要意义。在这一过程中，社会资本作为重要的资金来源和推动力量，正通过多种投资模式积极推进江西物流数字化的进程。

（一）社会资本投资江西物流数字化的主要模式

在这种模式下，政府通过制定规划和政策，明确物流数字化的发展方向和重点支持领域，同时提供税收优惠、财政补贴等激励措施，引导社会资本向物流数字化领域投资。企业作为投资主体，利用自身资源和优势，在政府的引导下开展物流数字化项目建设和运营。这种模式下，政府主要起到引导和协调作用，确保投资方向与国家战略和地方发展需求相契合；企业负责具体项目的实施和管理，通过市场化运作实现投资回报。

社会资本合作（Public-Private Partnership，PPP）模式是指政府与社会资本建立长期合作关系，共同投资建设公共设施和公共服务项目。在江西物流数字化领域，PPP模式可以应用于智慧物流园区、智能仓储设施、物流信息平台等基础设施的建设和运营。通过PPP模式，政府和社会资本可以共同分担项目风险、共享项目收益，实现资源的优化配置和效益的最大化。此外，PPP模式还有助于引入社会资本的专业管理和运营经验，提升物流数字化项目的建设质量和运营效率。市场化运作模式是指社会资本完全按照市场机制进行投资决策和管理运营。在江西物流数字化领域，市场化运作模式主要表现为物流企业通过自筹资金或引入外部投资进行数字化改造和升级。这些企业通常具有较强的市场竞争力和盈利能力，能够自主承担投资风险并获得投资回报。市场化运作模式有助于激发物流企业的创新活力和发展潜力，推动物流数字化技术的快速应用和普及。股权投资基金是指专门投资于非上市企业股权的基金。在江西物流数字化领域，股权

投资基金可以通过投资具有成长潜力的物流企业或物流数字化项目来获取资本增值收益。这种模式下，股权投资基金不仅可以为物流企业提供资金支持，还可以利用其专业团队和资源网络为企业提供战略规划、市场拓展、人才引进等方面的支持。股权投资基金的参与有助于加速物流企业的成长和物流数字化进程的发展。

（二）社会资本投资江西物流数字化的优势与挑战

1.优势：

社会资本具有雄厚的资金实力，能够为物流数字化项目提供充足的资金支持。引入社会资本中的许多企业和投资机构具有丰富的行业经验与专业知识，能够为物流数字化项目提供专业化的管理和运营支持。社会资本遵循市场机制进行投资决策和管理运营，能够更快地适应市场变化和技术进步的需求。

2.挑战：

物流数字化项目涉及技术复杂、投资周期长、市场不确定性大等因素，导致投资风险较高。引入社会资本需要具备较强的风险识别和管理能力。政策环境的不确定性可能给物流数字化项目的投资决策和运营管理带来一定风险。引入社会资本需要密切关注政策动态并制定相应的应对策略。物流行业涉及众多细分领域和利益主体，行业整合难度较大。引入社会资本在投资物流数字化项目时需要充分考虑行业整合的难度和风险。

三、江西数字化基础设施多元化融资渠道的探索与实践

随着信息技术的飞速发展和数字化转型的深入，数字化基础设施已成为推动经济社会发展的重要支撑。江西作为中部地区的重要省份，积极响应国家号召，大力推进数字基础设施建设，旨在通过科技赋能，促进产业升级和经济高质量发展。然而，数字化基础设施的建设需要大量资金投入，如何有效筹集资金成为企业现在亟待解决的问题。

（一）多元化融资渠道的重要性

数字化基础设施项目通常具有投资规模大、建设周期长、技术更新

快等特点，单一的融资渠道难以满足其资金需求。因此，探索多元化融资渠道对保障项目顺利实施、降低融资成本、提高资金使用效率具有重要意义。多元化融资不仅有助于分散风险，还能吸引更多社会资本参与，形成政府引导、市场主导、社会参与的多元化投资格局。

（二）江西数字化基础设施多元化融资渠道的探索

政府引导基金是江西探索多元化融资渠道的重要手段之一。通过设立专项引导基金，政府可以发挥财政资金的杠杆作用，吸引社会资本共同投资数字化基础设施项目。这些基金通常采取市场化运作方式，注重项目的经济效益和社会效益，进而有效激发市场活力。例如，江西省可以设立"数字基础设施发展基金"，专门用于支持5G网络、数据中心、云计算平台等关键数字基础设施的建设。

银行贷款和债券融资是江西数字化基础设施建设的传统融资渠道。随着金融市场的不断完善，江西积极与国内外银行机构合作，争取更多的信贷支持。同时，鼓励符合条件的企业通过发行企业债券、中期票据等方式筹集资金。这些融资渠道具有成本低、期限长等优势，能够满足数字化基础设施项目长期稳定的资金需求。股权融资和风险投资为江西数字化基础设施建设提供了更为灵活的融资方式。政府可以引导社会资本通过设立产业投资基金、创业投资基金等方式，参与数字化基础设施项目的投资。同时，鼓励具备创新能力和市场潜力的初创企业通过股权融资方式筹集资金，加速其技术研发和市场拓展。风险投资机构的介入不仅为项目提供了资金支持，还带来了先进的管理理念和市场资源。

江西在数字化基础设施建设过程中积极引入PPP模式，通过政府与社会资本共担风险、共享收益的方式推进项目实施。这种模式有助于减轻政府财政压力，提高项目建设和运营效率。例如，在智慧城市、智能交通等领域，江西可以通过PPP模式吸引社会资本参与项目的投资、建设和运营。同时江西还积极探索创新融资工具与平台，为数字化基础设施建设提供更加便捷的融资渠道。例如，"赣金普惠"平台作为江西省地方征信平台，通过整合政务数据、金融数据和企业数据等资源，为中小微企业提供"一站式"综合金融服务。该平台不仅降低了企业的融资成本和时间成本，还提高了融资成功率。此外，江西还可以借鉴其他地区成功经验，探索发行数字基础设施专项债券、绿色债券等创新融资工具。

（三）多元化融资渠道的实践成效

通过多元化融资渠道的探索与实践，江西在数字化基础设施建设方面取得了显著成效。一方面，项目资金得到有效保障，建设进度明显加快；另一方面，社会资本的积极参与促进了市场竞争和技术创新。

通过政府引导基金、银行贷款、债券融资、股权融资等多种渠道筹集资金，有效缓解了数字化基础设施建设资金紧张的问题。据统计，近年来江西在数字基础设施领域的投资规模持续扩大，为项目的顺利实施提供了有力保障。

多元化的融资渠道为数字化基础设施项目提供了稳定的资金来源，使得项目建设进度明显加快。例如，5G网络、数据中心等关键数字基础设施在江西各地迅速铺开，为数字经济发展奠定了坚实基础。社会资本的积极参与不仅带来了资金支持，还带来了先进的管理理念和市场资源。这有助于推动江西数字化基础设施领域的技术创新和产业升级，提高项目的竞争力和可持续发展能力。通过构建多元化融资渠道体系，江西不断优化营商环境，吸引更多企业来赣投资兴业。这不仅促进了当地经济发展，还提高了江西在全国乃至全球范围内的知名度和影响力。

四、江西数字化基础设施风险防范与投资回报的评估

随着数字经济的蓬勃发展，数字化基础设施已成为推动江西经济社会发展的关键力量。然而，在加快数字化基础设施建设的过程中，风险防范与投资回报评估成为不可忽视的重要环节。

（一）江西数字化基础设施的风险防范机制

数字化基础设施的建设与运营往往受到国家政策和法律环境的影响。为了有效应对政策与法律风险，江西应密切关注国家政策动态，及时调整投资策略和运营模式，确保项目合规性。同时，加强与政府部门的沟通与合作，争取更多的政策支持和法律保障。

数字化基础设施建设需要大量的资金投入，资金约束和融资风险是项目推进过程中面临的一大挑战。江西应建立多元化的融资渠道，包括政府资金、社会资本、银行贷款等多种方式，确保项目资金充足。同时，加强财务管理和风险控制，提高资金使用效率，降低融资成本。数字化基础设施的运营管理能力直接关系到项目的成败。为了有效防范运营风险，江西应加强对项目运营团队的专业培训和管理，提高团队的技术水平和运营能力。同时，建立完善的运营监测和预警机制，及时发现并处理运营过程中出现的问题，确保项目稳定运行。

在投资数字化基础设施项目前，必须进行充分的可行性研究和市场需求评估。江西应组建专业的评估团队，对项目的技术可行性、经济可行性、社会可行性等方面进行全面评估。同时，密切关注市场需求变化，及时调整项目规划和运营策略，确保项目能够满足市场需求并获得良好的经济效益。数字化基础设施建设涉及诸多不确定性因素，如土地使用权、环境许可、政府审批等。为了降低不确定性风险，江西应加强与相关部门的沟通协调，确保项目顺利推进。同时，建立完善的应急响应机制，以应对可能出现的突发事件和不确定性因素。

（二）江西数字化基础设施的投资回报评估方法

在进行投资回报评估前，首先需要明确数字化基础设施的投资成本和预期效益。投资成本包括建设成本、运营成本、融资成本等多个方面；预期效益包括经济效益、社会效益等多个方面。通过详细分析和比较投资成本与预期效益，可以初步判断项目的投资回报潜力。

数字化基础设施的投资回报评估应采用科学的方法。常用的评估方法包括净现值法（NPV）、内部收益率法（IRR）、投资回收期法等。这些方法可以综合考虑项目的现金流、折现率等因素，对项目的投资回报进行量化评估。通过比较不同方法的评估结果，可以得出更加全面和准确的投资回报结论。数字化基础设施的投资回报往往具有长期性和可持续性的特点。因此，在进行投资回报评估时，应关注项目的长期效益和可持续发展能力。通过评估项目在未来几年甚至几十年的经济效益和社会效益变化趋势，可以更加准确地判断项目的投资价值和回报潜力。

（三）风险防范与投资回报评估的协同关系

在进行投资回报评估前，必须充分识别和评估项目的各类风险。只有对风险有充分的了解和掌握，才能更加准确地评估项目的投资回报潜力。因此，风险防范是投资回报评估的前提和基础。

投资回报评估结果可以为风险防范提供依据和指导。通过评估项目的投资回报潜力，可以判断项目是否具有可行性和投资价值。如果项目投资回报潜力较低或存在较大的风险隐患，则需要在后续的风险防范工作中加大相关措施和投入力度，以确保项目的顺利实施和运营。风险防范与投资回报评估之间相互促进、共同提升项目的成功率。通过加强风险防范工作，可以降低项目的各类风险隐患并提高项目的成功率；通过科学的投资回报评估方法则可以更加准确地判断项目的投资价值和回报潜力，并为后续的投资决策提供依据和指导。两者相互结合、共同作用可以推动江西数字化基础设施建设的健康发展。

第五节　数字化基础设施的维护与升级

一、江西数字化基础设施的日常维护体系

随着信息技术的迅猛发展，数字化基础设施已成为推动江西经济社会发展的核心动力。这些基础设施，包括电子政务网络平台、数据中心、云计算平台、物联网系统等，不仅支撑着政府的高效运作，还促进了企业的数字化转型和公众服务的便捷化。然而，要确保这些关键基础设施的稳定运行，一个健全的日常维护体系至关重要。

（一）组织架构与职责明确

江西数字化基础设施的日常维护体系首先需要一个清晰的组织架构，明确各级管理机构和运维团队的职责与权限。在省级层面，可以设立专门的数字基础设施运维中心，由省信息中心或类似机构负责牵头，整合政府

内部的技术力量和外部专业服务商资源。同时各设区市及县区也应相应设立运维分支机构或小组，形成上下联动、协同作战的运维网络。

在组织架构的基础上，需要明确各级运维团队的职责范围。省级运维中心主要负责制定全省数字化基础设施的运维策略、标准和规范，指导和监督各市县的运维工作；市级运维团队负责具体执行运维任务，包括日常巡检、故障处理、性能优化等；县级运维小组则侧重本地基础设施的现场维护和用户服务。同时，还应建立跨部门协作机制，确保在重大事件或紧急情况下能够迅速响应和协同处理。

（二）运维流程与标准化管理

江西数字化基础设施的日常维护应遵循一套科学、规范的运维流程。这包括故障报修、问题诊断、处理方案制定、实施修复、验证测试及反馈总结等环节。每个环节都应设定明确的时间节点和质量标准，确保运维工作的高效有序进行。

为提升运维效率和质量，江西应推行运维标准化管理。这包括制定统一的运维操作手册、故障处理指南、性能评估标准等，确保运维人员在不同场景下能够按照统一的标准进行操作。同时，还应建立运维知识库和案例库，便于运维人员快速查找解决方案和借鉴成功经验。

（三）技术支持与资源保障

江西应构建完善的技术支撑体系，为数字化基础设施的日常维护提供强有力的技术支持。这包括建立远程监控平台、自动化运维工具集、应急响应系统等，实现对基础设施的实时监控、预警分析和快速响应。同时，还应加强与国内外先进技术服务商的合作与交流，引入最新的运维技术和解决方案。

为确保运维工作的顺利进行，江西还需采取一系列资源保障措施。这包括为运维团队配备充足的人力、物力和财力资源，建立稳定的备件库和供应商渠道，加强与电信运营商、电力部门等外部单位的沟通协调，确保基础设施所需的基础资源供应稳定可靠。

（四）安全保障与风险防控

数字化基础设施的安全稳定运行直接关系到政府、企业和公众的切身利益。因此，江西应建立健全的安全管理体系，包括制定完善的安全管理制度、操作规程和应急预案，加强安全监测和预警机制建设，定期开展安全风险评估和漏洞扫描工作，强化对运维人员的安全培训和意识教育等。

针对数字化基础设施可能面临的各种风险（如自然灾害、网络攻击、系统故障等），江西应制定有效的风险防控策略。这包括建立多层次的安全防护体系，实施数据备份和容灾恢复计划，加强与公安、网信等部门的合作与联动，定期开展应急演练和模拟攻击测试等。通过这些措施的实施，可以有效降低风险发生的概率和影响程度。

（五）持续优化与创新驱动

随着技术的不断进步和业务需求的不断变化，江西数字化基础设施的日常维护体系也需要持续优化和完善。这包括定期对运维流程进行评估和改进，引入新的运维技术和工具，加强与业务部门的沟通协调等。通过持续优化运维流程，可以进一步提升运维效率和质量。

创新是推动数字化基础设施运维工作不断向前发展的动力源泉。江西应鼓励运维团队积极探索新技术、新方法的应用场景和实践经验，加强与高校、科研院所等机构的合作与交流，建立创新激励机制和容错纠错机制等。通过这些措施的实施，可以激发运维团队的创新活力，推动运维工作不断取得新的突破和进展。

二、江西数字化基础设施的定期评估机制

数字化基础设施作为江西经济社会发展的重要支撑，其稳定性、安全性和效能直接关系到政府治理、经济发展和社会服务的整体水平。为了确保数字化基础设施的持续健康发展，建立一套科学、系统、定期的评估机制显得尤为重要。

（一）评估目标

江西数字化基础设施的定期评估旨在实现以下目标：及时发现并解决潜在的技术故障和安全漏洞，保障基础设施的连续性和可靠性。评估基础设施的性能指标和服务质量，优化资源配置，提升用户体验和满意度。根据评估结果，引导技术创新方向，推动基础设施的技术升级和更新换代。识别潜在风险点，制定风险应对策略，降低风险发生概率和影响程度。

（二）评估内容

评估基础设施的技术架构是否合理，性能指标是否满足业务需求，包括处理能力、存储容量、网络带宽等。检查基础设施的安全防护措施是否到位，是否符合国家相关法律法规和标准要求，包括网络安全、数据保护、隐私合规等方面。评估运维团队的组织架构、人员配备、流程规范等方面，确保运维工作的高效有序进行。分析基础设施的投资回报率、运营成本、资源利用率等经济指标，评估其成本效益是否合理。通过问卷调查、用户访谈等方式收集用户反馈，评估基础设施的服务质量和用户满意度。

（三）评估方法

为确保评估结果的客观性和准确性，江西数字化基础设施的定期评估应采用多种方法相结合的方式进行：利用专业的监测工具和技术手段收集基础设施的性能数据和安全日志等量化指标进行分析评估。通过专家评审、同行评议等方式对基础设施的技术架构、运维管理等方面进行主观评价。组织专业人员对基础设施的物理环境、设备状态等进行实地检查核实。通过问卷调查、用户访谈等方式收集用户对基础设施的意见和建议。

（四）评估周期

江西数字化基础设施的定期评估周期应根据实际情况灵活设定，但一般应遵循以下原则：建议每年至少进行一次全面评估，以全面了解基础设施的运行状况和服务效能。针对特定领域或特定问题的专项评估可根据需要灵活安排周期，如重大活动保障前的安全评估、新技术应用前的性能评估等。在发生突发事件或重大故障时，应立即启动即时评估机制，迅速查明原因并采取措施恢复服务。

（五）结果应用

江西数字化基础设施定期评估的结果应得到充分应用，以推动基础设施的持续改进和优化：针对评估中发现的问题和不足制订整改计划，并跟踪落实，确保问题得到有效解决。根据评估结果调整资源配置方案，提高资源利用效率，降低运营成本。将评估结果作为技术创新和升级的重要依据，引导技术发展方向，推动基础设施的技术进步和更新换代。将评估结果与运维团队的绩效考核挂钩，建立激励机制，激发运维人员的积极性和创造力。根据评估结果调整相关政策和规划，为数字化基础设施的未来发展提供指导和支持。

三、江西数字化基础设施的升级路径规划

随着信息技术的飞速发展和数字化转型的深入推进，江西的数字化基础设施面临着前所未有的机遇与挑战。为了适应新时代的发展需求，提升政府治理能力、促进经济高质量发展、优化公共服务水平，江西必须科学规划数字化基础设施的升级路径。

（一）现状分析

在规划升级路径之前，首先需要对江西当前的数字化基础设施现状进行全面梳理和分析。当前，江西的政务云资源体系已基本建成，政务外网实现了省市县乡村五级全覆盖，构建了全省一体化大数据共享交换体系，并在疫情防控、社会治理等领域发挥了重要作用。然而，仍存在政务外网使用效率不高、部门专网大量存在、政务系统未全面上云、高频政务数据共享不足、新技术应用水平有待提升等问题。此外，随着5G、AI、区块链等新技术的发展，江西的数字化基础设施也面临着技术迭代和模式创新的压力。

（二）升级目标

通过技术升级和扩容改造，提升基础设施的处理能力、存储容量和网络带宽，满足客户日益增长的业务需求。提高资源利用效率，降低运营成本，实现资源的合理配置和高效利用。加强安全防护措施，确保基础设施的安全稳定运行，保护用户数据安全和隐私。引入新技术、新模式，推动基础设施的技术创新和模式变革，提升服务效能和用户体验。打破"信息孤岛"，促进政务数据和社会数据的共享开放，挖掘数据价值，为政府决策和社会治理提供支撑。

（三）关键领域

加快5G网络、千兆光纤网络等新型基础设施建设，实现城市和乡镇的广泛覆盖，提升网络带宽和传输速度。同时，推进IPv6改造和物联网发展，构建高速泛在、天地一体、云网融合的智能化网络体系。优化数据中心布局，推进政务云扩容升级，提升云计算服务能力和资源利用效率。加强数据中心的绿色节能建设，推动绿色低碳发展。完善江西省一体化大数据共享交换体系，建设政务大数据中心，汇聚整合各类政务数据和社会数据。加强数据治理和开发利用，提升数据质量和应用价值。

积极引入AI、区块链、物联网等新技术，推动新技术在数字政府、智慧城市、智能制造等领域的应用创新。加强新技术与传统行业的深度融合，赋能产业升级和数字化转型。构建全方位、多层次的安全防护体系，加强网络安全、数据安全和个人隐私保护。完善安全监测和预警机制，提升应急响应和处置能力。

（四）实施策略

制订科学的升级规划方案，明确升级目标、任务分工和时间节点。加强顶层设计和统筹协调，确保各项升级工作有序推进。根据规划方案，分阶段、分步骤推进升级工作。优先解决当前存在的突出问题，逐步推进技术升级和模式创新。

鼓励技术创新和应用创新，加强与高校、科研院所和企业的合作与交流。引入先进技术和成功经验，推动基础设施的技术进步和模式变革。加强数字化人才队伍建设，培养一批懂技术、懂管理、懂业务的复合型人才。完善人才激励机制和培训体系，吸引和留住优秀人才。加大资金投入力度，确保升级工作的资金需求。积极争取国家政策和资金支持，引入社会资本参与基础设施建设和运营。

（五）保障措施

制定和完善相关政策法规和标准规范，为数字化基础设施升级提供政策支持和制度保障。加强政策宣传和解读工作，提高社会各界对升级工作的认识和支持度。成立专门的领导小组和工作机构，负责升级工作的组织协调和督促检查。明确各级政府和部门的职责分工和任务要求，形成工作合力。

建立健全监督评估机制，定期对升级工作进展情况进行评估和反馈。及时发现问题和不足并采取措施加以改进与完善。加大数字化基础设施升级工作的宣传推广力度，提高社会各界对升级工作的关注度和参与度。通过典型案例和成功经验展示等方式，激发各方积极性和创造力。加强与国际、国内先进地区的交流与合作，借鉴成功经验和技术成果，推动江西数字化基础设施升级工作迈上新台阶。

第四章 江西物流业数字化平台构建

第一节 数字化平台在物流业中的作用

一、数字化平台对江西物流资源整合的作用

随着信息技术的飞速发展和数字化转型的深入推进，数字化平台在物流资源整合中发挥着越来越重要的作用。作为中国的物流大省，江西物流业的发展对促进区域经济增长、优化资源配置具有重要意义。

（一）数字化平台的概念与特点

数字化平台是指利用互联网、大数据、云计算、人工智能等现代信息技术手段，构建的一个集信息展示、交易撮合、数据分析、服务提供等功能于一体的综合性平台。数字化平台能够整合来自不同渠道、不同格式的信息资源，实现信息的集中展示和共享。通过数字化平台，用户可以方便地进行在线交易，降低交易成本，提高交易效率。利用大数据和人工智能技术，企业通过数字化平台可以对海量数据进行深度挖掘与分析，为用户提供有价值的信息和决策支持。根据用户需求和偏好，企业通过数字化平台可以提供个性化的服务方案，提升用户满意度和忠诚度。

（二）江西物流资源现状

江西物流业发展历史悠久，资源丰富，但也面临着一些挑战。一方面，江西拥有较为完善的交通网络和物流基础设施，为物流业的发展提供

了有力支撑；另一方面，物流资源分散、信息不对称、运营效率不高等问题仍然存在，制约了物流业的进一步发展。因此，整合物流资源，提升物流效率，成为江西物流业发展需要解决的问题。

（三）数字化平台对江西物流资源整合的作用

应用数字化平台能够打破"信息孤岛"，实现物流资源的实时共享和互通。通过平台，物流企业可以实时获取货物信息、车辆信息、仓储信息等关键数据，从而做出更加精准的决策。同时，平台还可以为货主和承运人提供高效的匹配服务，降低信息搜索成本和交易成本。数字化平台可以优化物流作业流程，实现各环节之间的无缝衔接和协同作业。通过平台，物流企业可以对订单处理、仓储管理、运输调度等环节进行精细化管理，提高作业效率和准确率。此外，平台还可以促进供应链上下游企业之间的协同合作，形成更加紧密的供应链生态体系。

数字化平台可以利用大数据和人工智能技术，对物流资源进行智能分析和优化配置。通过对历史数据的挖掘和分析，平台可以预测未来物流需求趋势和供应能力变化，为物流企业制订更加合理的资源配置方案。同时，平台还可以实现物流资源的动态调度和灵活配置，提高资源利用效率和服务质量。数字化平台为物流企业提供了更多的服务创新空间。通过平台，物流企业可以开发新的服务模式和服务产品，如智能仓储、无人配送、供应链金融等，满足市场多元化需求。此外，平台还可以推动物流企业的数字化转型和智能化升级，提升企业的核心竞争力和市场影响力。

（四）具体案例分析

以江西省某数字化物流平台为例，该平台通过整合区域内的物流资源，为货主和承运人提供了"一站式"物流服务解决方案。该平台具有以下几个显著成效：

一是平台可以通过实时共享货物信息和车辆信息，实现订单的快速匹配和高效调度。同时，平台还可以利用大数据分析技术预测物流需求趋势和交通拥堵情况，为运输路线的规划提供科学依据。这些措施可以有效提升物流效率和服务质量。

二是平台可以通过整合物流资源和优化作业流程降低物流成本。一方面，平台可以减少信息搜索成本和交易成本；另一方面，平台可以通过智能调度和灵活配置提高资源利用效率和服务质量。这些措施使得物流企业能够在保持竞争力的同时降低运营成本。

三是平台可以促进供应链上下游企业之间的协同合作。通过平台，货主可以实时了解生产进度和库存情况，承运人可以实时掌握运输状态和交货时间，仓储企业可以实时调整库存结构和优化仓储布局。这些措施使得供应链各环节之间更加紧密地联系在一起，形成了一个更加高效的供应链生态体系。

二、数字化平台对江西物流信息透明度的提升

在当今数字经济时代，物流行业的透明度成为衡量其效率和服务质量的重要标准之一。作为中国的物流大省，江西物流业的信息化水平将直接影响到区域经济的竞争力和可持续发展能力。数字化平台作为推动物流信息透明化的重要工具，正逐步在江西物流领域发挥着越来越重要的作用。

（一）数字化平台的特点

数字化平台，依托互联网、大数据、云计算、人工智能等现代信息技术，具有以下几个显著特点，这些特点为提升物流信息透明度提供了有力支持。

数字化平台能够整合来自不同渠道、不同格式的物流信息，实现信息的集中展示和共享，打破了"信息孤岛"，提高了信息的可获取性和利用价值。通过物联网、GPS 等技术，数字化平台可以对物流过程中的货物、车辆等进行实时追踪和监控，确保信息的实时性和准确性。

利用大数据和人工智能技术，数字化平台可以对海量物流数据进行深度挖掘和分析，预测物流趋势，发现潜在问题，为决策提供科学依据。基于数据分析结果，数字化平台可以自动或半自动地进行智能决策，优化物流作业流程，提高资源利用效率和服务质量。

（二）江西物流信息透明度的现状

尽管江西物流业在近年来取得了显著进步，但在物流信息透明度方面仍存在一些不足，主要表现为：

物流过程中涉及多个环节和多个参与方，信息流通不畅，导致信息不对称现象普遍存在，影响了物流效率和服务质量。部分物流企业仍依赖传统手段进行信息管理，信息更新不及时，难以满足客户需求和应对市场变化。

不同物流系统之间缺乏有效连接，信息难以共享，会形成"信息孤岛"，进而会限制物流资源的优化配置和协同作业。

（三）数字化平台对物流信息透明度的提升

数字化平台通过构建统一的信息平台，可以整合来自不同物流环节和参与方的信息资源，实现信息的集中展示和共享。这打破了信息壁垒，进而降低信息获取成本，提高信息的可获取性和利用价值。同时，平台还通过标准化接口和签订协议，促进不同物流系统之间的互联互通，进一步消除了"信息孤岛"现象。数字化平台利用物联网、GPS等技术手段，对物流过程中的货物、车辆等进行实时追踪和监控。这不仅提高了信息的实时性和准确性，还为客户提供了更加便捷、高效的信息查询服务。客户可以随时了解货物的运输状态和位置信息，增强了物流过程的可控性和可预测性。

数字化平台利用大数据和人工智能技术，可以对海量物流数据进行深度挖掘和分析。通过对历史数据的回顾和对未来趋势的预测，平台可以发现物流过程中的潜在问题，并可以优化空间，为物流企业提供有价值的决策支持。同时，平台还可以根据客户需求和市场变化，自动或半自动地调整物流作业流程，提高资源利用效率和服务质量。基于数据分析结果，数字化平台可以进行智能决策和优化。通过对物流资源的优化配置和作业流程的精细管理，可以降低物流成本、提高物流效率和服务质量。例如，平台可以根据实时交通状况和货物需求情况，自动调整运输路线和配送计划；根据仓库库存情况和订单需求情况，自动进行库存调拨和补货操作等。

（四）数字化平台对江西物流信息透明度的具体影响

应用数字化平台使得物流过程中的各个环节和作业细节得以实时展示及监控，提高了物流作业的透明度。这有助于物流企业及时发现和解决问题，优化作业流程，提高作业效率和服务质量。通过提供实时、准确的物流信息查询服务，数字化平台增强了客户对物流企业的信任度。客户可以随时了解货物的运输状态和位置信息，减少了因信息不对称而产生的不确定性和风险。

应用数字化平台通过数据分析和智能决策机制，促进了物流资源的优化配置。平台可以根据实时需求和资源状况自动或半自动地进行资源调度与作业安排，提高了资源利用效率和服务质量。数字化平台的应用推动了物流行业的创新发展。通过引入新技术、新模式和新业态，平台为物流企业提供了更加广阔的发展空间和市场机遇。同时，平台还促进了物流企业与供应链上下游企业之间的协同合作和资源共享，形成了更加紧密的供应链生态体系。

三、数字化平台对江西物流协同效率的提高

随着信息技术的飞速发展，数字化平台已经成为推动各行各业转型升级的重要力量。在物流领域，数字化平台的应用极大地提升了物流协同效率，为江西省物流业的发展注入了新的活力。

（一）数字化平台的概念与特点

数字化平台是指基于数字技术和互联网的平台型应用，通过集成硬件、软件和网络设备，为用户提供各类信息和服务的虚拟空间。

数字化平台通常是开放的，允许第三方开发人员、服务提供商和合作伙伴使用其API和开发工具，快速开发和部署新的应用和服务。通过增加节点、带宽和提升存储容量等方式，数字化平台能够满足不断增长的用户需求。平台能够与其他系统和平台进行交互，实现数据在不同系统间的共享和流通。

提供身份验证、访问控制、数据加密等安全保障措施，确保用户数据和系统的安全。利用大数据和人工智能技术，收集、分析和利用海量数据，为用户提供个性化的服务和推荐，并为企业决策提供支持。

（二）江西物流业发展现状与面临的挑战

近年来，江西省物流业发展迅速，初步形成了由铁路、公路、水运、民航组成的较为完备的物流运输基础设施体系。然而，江西物流业仍面临诸多挑战，如基础设施建设滞后、物流信息化水平低、人才缺乏、企业规模小且竞争激烈等。这些问题制约了江西物流协同效率的提升，影响了江西物流业的整体发展水平。

（三）数字化平台对江西物流协同效率的提升

数字化平台能够为企业提供货物实时资讯、跟踪和监控，促进跨专线之间的信息互通，完善物流企业的流程化管理并对物流的各种资源进行整合再分配。江西省通过加快落实商贸物流产业链制度，推动供应链与产业链融合，技术、人才、供应链的对接，正是利用了数字化平台的信息共享能力。例如，利用GPS和物联网技术，物流企业可以实时掌握运输车辆的位置和状态，优化运输路线，减少空载率，提高运输效率。

数字化平台依托互联网，结合智能通知功能，可以显著减少人工对账、交互手续和沟通的时间。通过对大数据的利用，数字化平台能够迅速对零担物流运输进行拼单集货，并制定高效合理的配送方案和最佳路线。这不仅提高了物流运作效率，还促进了企业的升级转型。例如，江西省的大型连锁企业如步步高、九江联盛等，通过完善自营配送模式，结合数字化平台，形成了线上线下相结合的融合发展新模式，使物流成本不断下降，配送效率逐步提升。数字化物流平台通过对"电子运单"的开发利用，实现大数据云计算和人工智能，取代传统业务流程，减少纸质单据等资源浪费，减少财务等相关人员的工作量，为企业节约开支，降低成本。据统计，江西省近年来商贸物流费用率呈下降趋势，批发和零售企业物流费用率逐年降低，这离不开数字化平台在降低物流成本方面的贡献。

数字化平台成为推动物流信息化建设的重要工具。江西省通过加快物流信息化建设，提高物流信息系统的覆盖率和服务水平，进一步提升了物流运作效率。例如，人工智能和GPRS系统等数字化技术的应用，为物流企业、个体车主、货主提供了数字化信息平台，在满足车源信息、货源信息、专线信息发布、查找、推广等功能的同时，推进了电商与快递的协同发展，降低了企业的运营成本。区块链技术在物流领域的应用，使得商品的生产、运输、销售过程可以实现全方位、全程监管。江西省物流企业通过采用区块链技术，融合政府监管、全程在线交易、跟踪和支付、物流信息发布等功能于一体，使政府和第三方监管更彻底、更透明，促进了全省商贸物流的健康有序发展。这种透明化的监管方式，不仅提高了物流协同效率，还增加了消费者对物流服务的信任度。

四、数字化平台对江西物流服务创新的推动

随着信息技术的飞速发展，数字化平台已成为推动各行各业转型升级的重要力量。在江西物流服务领域，数字化平台的引入不仅极大地提升了物流效率和服务质量，还促进了物流服务的全面创新。

（一）数字化平台对江西物流服务模式的创新

传统物流服务模式往往依赖人工操作和纸质单据，效率低下且易出错。数字化平台的引入，使得物流服务向智慧化、自动化方向转型成为可能。通过物联网、大数据、人工智能等技术的应用，物流企业可以实时监控货物的运输状态，优化运输路线，提高运输效率。同时，智能客服、自助下单等功能的实现，也极大地提升了客户体验。

数字化平台为物流企业提供了丰富的数据资源，使得物流企业能够根据客户的需求提供定制化的物流解决方案。例如，通过分析客户的订单数据、库存数据等，物流企业可以预测客户的未来需求，提前规划运输方案，确保货物按时送达。此外，数字化平台还支持多式联运、跨境电商等新型物流模式的开展，进一步拓宽了物流服务的边界。

（二）数字化平台对江西物流资源配置的优化

数字化平台通过大数据、云计算等技术手段，实现了车货供需信息的

高效匹配。物流企业可以实时发布空车信息，货主则可以根据自身需求选择合适的运输车辆。这种供需双方直接对接的方式，不仅缩短了找车、找货的时间，还降低了空驶率和运输成本。同时，数字化平台还可以根据历史数据和实时路况信息，为司机提供最优的运输路线，进一步提高运输效率。

数字化平台打破了物流资源的地域限制和企业壁垒，促进了物流资源的共享与整合。通过平台化的运作方式，物流企业可以与其他企业共享仓储、运输等资源，实现资源的优化配置和高效利用。此外，数字化平台还支持物流企业与上下游企业的深度协同，共同构建高效的物流供应链体系。

（三）数字化平台对江西物流信息化水平的提升

数字化平台通过物联网、区块链等技术手段，实现了物流信息的实时共享和透明化。物流企业、货主、司机等各方可以实时查看货物的运输状态、位置信息、温度湿度等关键指标，确保货物安全运输。同时，数字化平台还支持物流信息的可追溯性查询，为货主提供更加可靠的服务保障。

数字化平台积累了大量的物流数据资源，通过数据挖掘和分析技术，可以揭示物流行业的运行规律和潜在问题。物流企业可以利用这些数据资源优化运输方案、预测市场需求、评估服务质量等，为企业决策提供有力支持。此外，数字化平台还支持物流数据的可视化展示，使得复杂的数据信息更加直观易懂。

（四）数字化平台对江西物流供应链协同的促进

数字化平台打破了供应链上下游企业之间的信息壁垒，促进了各方之间的紧密协作。通过平台化的运作方式，供应链上下游企业可以实时共享库存信息、生产计划、销售数据等关键信息，实现供应链的高效协同。这种协同作用不仅提高了供应链的响应速度和灵活性，还降低了整个供应链的运营成本。

数字化平台还促进了供应链金融服务的创新。通过平台化的运作方式，金融机构可以更加准确地评估供应链上下游企业的信用状况和经营风险，提供更加个性化的金融服务。例如，基于供应链数据的信用贷款、应收账款融资等产品逐渐兴起，为物流企业和上下游企业提供了更加便捷的融资渠道。

（五）数字化平台对江西物流行业生态的构建

数字化平台促进了物流行业生态系统的形成。在这个生态系统中，物流企业、货主、司机、金融机构、科技公司等多方共同参与其中，形成了一个相互依存、相互促进的有机整体。各方通过平台化的运作方式实现资源共享、优势互补和互利共赢，共同推动物流行业的健康发展。

数字化平台为物流行业的创新提供了广阔的空间和丰富的资源。通过平台化的运作方式，物流企业可以更加便捷地获取新技术、新产品和新模式等，推动自身的创新发展。同时，数字化平台还支持物流企业与科技公司、高校等创新主体的深度合作，共同开展技术研发、人才培养和模式创新等工作，为物流行业的创新发展注入新的活力。

第二节　江西物流数字化平台的现状

一、江西物流数字化平台的类型与功能

随着信息技术的飞速发展和数字经济的蓬勃兴起，物流行业正经历着前所未有的变革。江西省作为物流发展的重要区域，正积极拥抱数字化转型，通过构建多样化的物流数字化平台，提升物流效率，优化资源配置，促进产业升级。

（一）江西物流数字化平台的类型

零担物流平台是江西物流数字化领域的重要组成部分，以江西三志物流为代表。这类平台采用直营或加盟模式，通过统一的品牌管理、标准输出和业务整合，实现资源的高效配置。直营模式建立周期长且稳定，注重长期效益；加盟模式则以其灵活性和快速扩张能力著称，通过品牌统一管

理标准输出和业务整合，迅速扩大业务网络规模。三志物流模式以其业务网点多、成本核算精细等特点，在市场上具有较高的商业价值。

车货匹配信息平台如江西万吉物流，通过整合司机、车辆等运力资源，提供信息、资讯、金融、生活等一系列服务。这类平台结合江西运力资源松散的现状，依托众多司机和车辆会员，通过优化车货匹配结构，降低空驶率，提高运输效率。同时，平台还通过提供金融服务、生活服务等增值服务，增强用户黏性，提升商业价值。随着技术的发展，车货匹配信息平台正逐步向物流供应链服务转型，以智慧物流为手段，实现更高的商业价值。

城市配送平台以江西物流团购城市配送平台为代表，采用第四方服务模式，整合仓储、货车、网点等城市物流资源，为各类商户提供信息化服务。这类平台通过到货港加盟和城市配送直营两种模式，实现城市物流的高效运作。到货港模式以城市物流集散中心为基础，整合城市运力，吸引零担专线运营商入驻，提升物流运作效率；城市配送直营模式则通过与专业市场合作，解决"最后一公里"问题，为电商和各类商户提供低价、高效的物流服务。

物流税收信息平台以中小物流企业为服务对象，以解决中小运输企业开具增值税发票问题为目的。以江西正广通供应链有限公司为载体，这类平台通过提供税务代理、发票开具等服务，帮助个体司机和中小物流企业解决税务难题，提升市场竞争力。同时，平台还利用政策优势，为服务对象提供政策咨询、财务规划等增值服务，进一步增强用户黏性。

随着电子商务的快速发展和人民生活水平的提高，微配送平台如掌上洪城、百度外卖等应运而生。这类平台以解决"最后一百米"配送问题为目标，通过移动互联网技术，为用户提供便捷的配送服务。微配送平台不仅提升了配送效率，还通过精准营销、个性化服务等手段，增强了用户体验，提升了商业价值。

城乡一体化配送平台是江西省推进农村电子商务发展的重要举措之一。这类平台通过整合城乡物流资源，实现城乡物流的无缝对接。平台依托智慧配送信息化技术，不断扩大配送范围和增加配送商品品种，满足农村居民日益增长的消费需求。同时，平台还通过提供农产品上行服务，帮助农民解决销售难题，促进农村经济发展。

（二）江西物流数字化平台的功能

数字化平台通过整合各类物流信息资源，实现信息的实时共享。这有助于物流企业和货主及时掌握货物动态、运输情况等信息，提高物流运作的透明度和可预测性。同时，平台还通过大数据分析等手段，为物流企业和货主提供精准的物流解决方案，降低物流成本，提升物流效率。数字化平台可以通过智能算法和数据分析，对物流资源进行高效配置。平台能够根据货物类型、运输距离、运输成本等因素，自动匹配最优的运输方案和运输工具，降低空驶率和运输成本。同时，平台还可以通过提供仓储、分拣、包装等增值服务，进一步优化物流资源配置，提升物流运作效率。

数字化平台通过提供全方位的物流服务，提升用户满意度和忠诚度。平台不仅可以提供基础的运输服务，还可以提供货物跟踪、信息查询、客户服务等增值服务，满足用户多样化的需求。同时，平台还可以通过引入人工智能技术，实现智能客服、智能调度等功能，提升服务质量和用户体验。数字化平台通过推动物流行业的数字化转型，促进产业升级和发展。平台通过引入新技术、新模式和新业态，推动物流行业向智能化、绿色化、高效化方向发展。同时，平台还可以通过整合产业链上下游资源，实现产业协同和融合发展，提升整个产业链的竞争力。数字化平台可以通过提供数据支持和监管服务，强化政府对物流行业的监管能力。平台可以通过实时采集和传输物流数据，为政府提供决策支持和监管依据。同时，平台还可以通过引入区块链等技术手段，实现对物流信息的全程可追溯和透明化监管，提升政府监管的效率和公信力。

二、江西物流数字化平台的市场占有率

由于物流行业的复杂性和动态性，以及不同数字化平台的市场定位、服务范围和业务模式差异，直接给出江西物流数字化平台的市场占有率数字可能较为困难。不过，我们可以从多个角度探讨江西物流数字化平台的市场表现和发展趋势，以间接反映其市场占有率的情况。

（一）江西物流数字化平台的发展现状

近年来，随着信息技术的快速发展和物流行业的数字化转型加速，江西物流数字化平台得到了显著发展。这些平台通过整合物流资源、优化运输网络、提升服务效率等方式，为物流企业和货主提供了更加便捷、高效、智能的物流服务。同时，政府通过出台一系列政策措施，支持物流行业的数字化转型和高质量发展，为物流数字化平台的发展提供了有力保障。

（二）江西物流数字化平台的市场占有率分析

由于物流数字化平台种类繁多，且各自的市场定位和服务对象不同，因此市场份额的分布相对分散。一些大型的综合性物流数字化平台，如顺丰、京东物流等，在江西市场占有较大的份额，它们凭借强大的品牌影响力和完善的物流网络，吸引了大量客户和合作伙伴。此外，一些专注于特定领域或细分市场的物流数字化平台，如生鲜配送平台、城市配送平台等，在各自领域内拥有一定的市场份额。

江西物流数字化平台市场竞争激烈，不同平台之间通过技术创新、服务优化、市场拓展等方式展开竞争。一些平台通过引入人工智能、大数据、区块链等先进技术，提升物流运作的智能化水平和透明度，降低物流成本，提高服务效率。同时，一些平台还通过拓展增值服务范围、加强品牌宣传等方式，提升客户黏性和增加市场份额。这种竞争态势有助于推动江西物流数字化平台的整体发展，提高市场占有率。政府政策支持和市场需求是推动江西物流数字化平台发展的重要因素。近年来，江西省政府出台了一系列政策措施，支持物流行业的数字化转型和高质量发展，为物流数字化平台提供了良好的发展环境。同时，随着电子商务的快速发展和消费者需求的不断升级，对物流服务的需求也日益增长，这为物流数字化平台提供了广阔的市场空间和发展机遇。

（三）江西物流数字化平台市场占有率的提升策略

为了提升江西物流数字化平台的市场占有率，可以采取以下策略：

技术创新是提升物流数字化平台竞争力的关键。平台应不断引入新技术、新模式和新业态，提升物流运作的智能化水平和透明度，降低物流成本，提高服务效率。同时，平台还应加大研发投入力度，推动技术成果的转化和应用，形成持续的技术创新能力。物流数字化平台应不断拓展增值服务，如仓储、分拣、包装、金融等，以满足客户多样化的需求。同时，平台还应完善服务体系，提升服务质量和用户体验，增强客户黏性和忠诚度。通过提供全方位、"一站式"的物流服务解决方案，提升平台的市场竞争力。

品牌建设和市场推广是提升物流数字化平台知名度与美誉度的重要途径。平台应加强品牌宣传和推广力度，提升品牌影响力和认知度。同时，平台还应通过线上线下相结合的方式，开展多样化的市场推广活动，吸引更多客户和合作伙伴加入平台生态体系。物流数字化平台应深化与产业链上下游企业的合作与协同发展，形成优势互补、资源共享的良好局面。通过与供应商、承运商、货主等企业的紧密合作，共同推动物流行业的数字化转型和高质量发展。同时，平台还应加强与其他物流数字化平台的交流与合作，共同探索新的商业模式和市场机会。

三、江西物流数字化平台的用户反馈

随着物流行业的数字化转型加速，江西物流数字化平台在提升物流效率、优化资源配置、增强用户体验等方面发挥着重要作用。作为衡量平台服务质量的重要指标，用户反馈对平台持续改进和优化具有重要意义。

（一）用户反馈概述

用户反馈通常涵盖多个方面，包括平台的易用性、服务的及时性、信息的透明度、售后服务的满意度等。在江西物流数字化平台的使用过程中，用户会根据自身实际体验，对平台的功能、性能、服务等方面进行评价和反馈。这些反馈意见对平台了解用户需求、优化服务流程、提升服务质量具有重要参考价值。

（二）用户反馈的具体内容

1. 平台易用性

界面友好：许多用户表示，江西物流数字化平台的界面设计简洁明了，操作流程直观易懂，能够快速上手使用。

功能齐全：平台提供了丰富的物流功能，包括货物跟踪、订单管理、数据分析等，满足了用户多样化的需求。

改进建议：部分用户反映，在某些特定场景下，平台的某些功能操作不够便捷，建议进一步优化操作流程和界面设计，提升用户体验。

2.服务及时性

响应迅速：平台在用户提交查询或请求后，能够迅速响应并提供相关服务，有效缩短用户等待时间。

运输高效：通过数字化平台，物流运输效率显著提升，货物能够更快到达目的地，满足用户对时效性的需求。

尽管整体表现良好，但仍有部分用户希望平台能够进一步优化运输路线和调度策略，以进一步提升运输效率和服务及时性水平。

3.信息透明度

信息全面：平台提供详尽的物流信息，包括货物位置、运输状态、预计到达时间等，让用户能够随时掌握货物动态。

实时更新：物流信息能够实时更新，确保用户获取的信息准确无误，增加用户对平台的信任感。

建议平台继续加强信息透明度的建设，特别是在异常情况下（如货物延误、丢失等），能够及时向用户通报并提供解决方案。

4.售后服务满意度

服务态度好：平台客服人员服务态度热情周到，能够耐心解答用户疑问并提供帮助。

问题解决迅速：对用户反馈的问题，平台能够迅速响应并解决，有效保障了用户的权益。

尽管售后服务整体表现良好，但仍有部分用户希望平台能够进一步提升问题解决的速度和效率，特别是在处理复杂问题时能够给予更多指导和支持。

（三）用户反馈的改进措施

针对用户反馈的意见和建议，江西物流数字化平台可以采取以下措施进行改进：

1.优化平台功能设计

根据用户反馈，对平台的界面设计和操作流程进行持续优化，确保用户能够轻松上手并高效使用各项功能。引入更多智能化技术，如AI客服、智能推荐等，提升平台的智能化水平和用户体验。

2.加强运输管理和调度

优化运输路线和调度策略，减少运输时间和成本，提升运输效率和服务及时性。加强与承运商和合作伙伴的沟通协作，确保物流运输的顺畅进行。

3.提升信息透明度

进一步完善物流信息系统建设，确保物流信息的全面性和实时性。在异常情况下及时向用户通报并提供解决方案，增加用户对平台的信任感。

4.完善售后服务体系

加强客服人员培训和管理，提升服务态度和问题解决的能力。建立完善的售后服务流程和机制，确保用户反馈的问题能够得到及时响应和解决。

四、江西物流数字化平台的发展瓶颈

随着信息技术的飞速发展，物流数字化平台已成为推动江西物流业转型升级的重要力量。然而，在快速发展的过程中，江西物流数字化平台也面临着诸多发展瓶颈。

（一）基础设施建设滞后

江西省的交通运输网络虽然近年来得到了显著发展，但仍然存在一些不完善之处。例如，部分地区的道路通行能力不足，铁路和水运设施有待进一步升级，影响了物流运输的效率和成本。物流数字化平台需要依赖高效的交通运输网络来实现货物的快速流转，因此基础设施建设的滞后成为制约其发展的重要因素。

物流数字化平台的建设离不开完善的信息化基础设施支持。然而，江西省在信息化基础设施建设方面还存在不足，如网络带宽不足、数据中心建设滞后等，导致物流信息传输和处理效率低下，难以满足物流数字化平台高效运作的需求。

（二）物流信息化水平不足

目前，江西物流企业普遍面临着信息系统集成度低的问题。不同企业之间的信息系统往往相互独立，难以实现数据的互联互通和共享。这不仅增加了企业的运营成本，也降低了物流服务的整体效率。物流数字化平台需要实现全链条的信息集成和共享，以优化资源配置和提升服务质量，但当前的信息系统现状制约了其发展。

物流数字化平台需要处理大量的实时数据，包括货物位置、运输状态、客户需求等。然而，江西物流企业在数据采集和处理能力方面还存在不足，导致数据质量不高、处理速度慢等问题。这不仅影响了物流服务的准确性和及时性，也限制了物流数字化平台在数据分析、预测和优化等方面的应用。

（三）人才短缺

物流数字化平台的建设和运营需要一批专业化、高素质的物流人才。然而，江西省在物流人才培养方面还存在不足，导致专业化物流人才匮乏。这些人才不仅需要具备物流专业知识，还需要掌握信息技术、数据分析等跨领域技能。当前的人才短缺状况制约了物流数字化平台的发展和创新。

由于经济发展水平、薪酬待遇等因素的限制，江西省在吸引和留住物流人才方面面临较大挑战。一方面，本地培养的优秀人才可能流向发达地区；另一方面，外部引进人才面临诸多困难。这种人才流失与引进的难题进一步加剧了物流数字化平台的人才短缺问题。

（四）企业规模小且竞争激烈

江西省的物流企业普遍规模较小，缺乏具备综合物流服务能力的大型企业。这些小型企业在资金、技术、人才等方面相对薄弱，难以独立承担物流数字化平台的建设和运营成本。因此，它们往往更倾向采用传统的物流服务模式，限制了物流数字化平台的发展。

由于企业规模小且数量众多，江西省的物流市场竞争异常激烈。为了在市场中占据一席之地，企业往往采取价格战等低层次竞争手段，导致行业整体利润率下降。这种竞争环境不仅不利于物流企业的长期发展和创新投入，也制约了物流数字化平台的建设和推广。

（五）数据共享与协同难题

由于信息系统集成度低和数据采集与处理能力有限等原因，江西省的物流企业之间存在严重的"数据孤岛"现象。不同企业之间的数据难以共享和协同，导致物流资源的浪费和效率的降低。物流数字化平台需要打破"数据孤岛"，实现全链条的数据共享和协同，以优化资源配置和提升服务质量。然而，当前的数据共享与协同难题制约了这一目标的实现。

除了"数据孤岛"现象，江西省的物流企业之间还缺乏健全的协同机制。在物流数字化平台的建设和运营过程中，需要各方共同参与和协作，以实现资源的优化配置和效益的最大化。然而，当前的协同机制尚不健全，导致各方在合作过程中存在诸多障碍和困难。

（六）技术创新与应用不足

江西省的物流企业在技术创新方面能力相对较弱。一方面，由于资金、人才等资源的限制，企业难以独立承担高成本的技术研发工作；另一方面，企业对新技术、新模式的认知和接受程度相对较低。这种技术创新能力弱的问题制约了物流数字化平台的技术进步和应用推广。

即使有先进的技术支持，物流企业在实际应用过程中也会面临诸多困难。例如，新技术的引入，需要对企业现有的业务流程和组织架构进行大规模调整与优化。同时，新技术的应用也需要企业员工具备一定的技术素养和操作能力。这些困难导致许多先进的技术难以在物流企业中"落地生根"，制约了物流数字化平台的发展。

（七）政策与法规支持体系不完善

江西省在物流数字化平台发展方面的政策支持尚不完善。虽然政府已经出台了一系列鼓励物流业发展的政策措施，但在具体落实过程中仍存在一些问题。例如，政策执行力度不够、资金支持不足等问题制约了物流数字化平台的建设和运营。

物流数字化平台的发展需要完善的法规体系来保障。然而，江西省在物流领域的法规建设方面还存在不足。例如，关于数据保护、隐私安全等方面的法规尚不完善。同时，对于物流数字化平台运营过程中的一些法律问题也缺乏明确的法律规范，这种法规体系不健全的问题增加了物流数字化平台运营的法律风险和不确定性。

第三节　数字化平台的构建策略与步骤

一、江西数字化平台的定位与目标

在数字经济浪潮的推动下，物流行业正经历着前所未有的变革。作为中部地区的重要省份，江西省积极响应国家关于发展数字经济的号召，致力于打造高效、智能、绿色的物流体系。江西物流数字化平台作为这一战略的重要组成部分，其定位与目标不仅关乎物流行业的转型升级，还与江西省乃至全国的经济社会发展紧密相连。

（一）平台定位

江西物流数字化平台定位是成为创新驱动的物流枢纽，旨在通过数字化技术赋能传统物流产业，推动物流服务的智能化、网络化和标准化。平台将整合全省乃至全国的物流资源，构建高效、协同的物流网络，实现物流信息的实时共享与智能调度，提升物流运作效率和服务质量。

平台致力于提供"一站式"综合物流服务，覆盖仓储、运输、配送、信息处理等物流全链条环节。通过集成化的系统设计，用户可以轻松实现物流需求的提交、跟踪、查询和管理，享受便捷、高效、个性化的物流服务体验。同时，平台还将不断拓展增值服务领域，如金融、保险、数据分析等，为用户提供更加全面的物流解决方案。面对全球气候变化和资源环境约束带来的挑战，江西物流数字化平台将绿色可持续发展作为重要定位之一。平台将积极推广绿色物流理念和技术的应用，如绿色包装、低碳运输、智能仓储等，减少物流活动对环境的影响。同时，平台还将加强与其他绿色物流主体的交流与合作，共同推动物流行业的绿色转型升级。

（二）平台目标

江西物流数字化平台的首要目标是提升物流效率与服务水平。通过数字化技术的应用和物流资源的整合优化，平台将实现物流信息的快速传递与智能处理，缩短物流作业时间，降低物流成本。同时，平台还将注重服务质量的提升，加强客服团队建设和服务流程优化，确保用户能够享受到高效、专业、贴心的物流服务。平台将积极发挥引领作用，推动物流行业的数字化转型。通过提供数字化解决方案和技术支持，帮助传统物流企业实现业务流程的再造和升级。同时，平台还将加强与科研机构、高校等单位的交流与合作，共同探索物流行业数字化转型的新路径和新模式。通过平台的示范带动效应，促进整个物流行业的数字化、智能化发展。

江西物流数字化平台将积极融入区域经济发展大局，促进区域经济协同发展。通过构建跨区域的物流网络和信息平台，加强与其他省份和地区的物流交流与合作，实现物流资源的共享与优化配置。同时，平台还将积极实施国家重大发展战略和区域发展规划，为区域经济发展提供有力的物流支撑和保障。在全球经济一体化的背景下，江西物流数字化平台将致力于增强国际竞争力。通过加强与国际物流企业和机构的交流与合作，引进先进的物流理念和技术标准，提升平台的国际化水平和服务能力。同时，平台还将积极参与国际物流市场的竞争与合作，拓展海外市场和客户资源，为江西省乃至全国的物流行业走向世界提供有力支持。

（三）实现路径与策略

技术创新是实现平台目标的关键。江西物流数字化平台将加大技术创新和研发投入力度，积极引进和培养高端技术人才，加强与科研机构、高校等单位的交流与合作。通过自主研发和引进吸收相结合的方式，推动物流数字化技术的创新与应用，为平台的发展提供坚实的技术支撑。

优化平台功能与用户体验是实现平台目标的重要保障。江西物流数字化平台将注重用户需求的挖掘和分析，不断优化平台功能和操作流程，提升用户体验的满意度和忠诚度。同时，平台还将加强用户反馈机制的建设和完善，及时收集和处理用户反馈意见，不断改进和优化平台服务。

合作与协同发展是实现平台目标的重要途径。江西物流数字化平台将积极加强与政府、企业、行业协会等各方的交流与合作，共同推动物流行业的数字化转型和高质量发展。通过构建开放、共赢的合作生态体系，实现资源共享、优势互补和协同发展。同时，平台还将加强与周边省份和地区物流企业的交流与合作，拓展区域物流市场和发展空间。

安全与稳定运营是实现平台目标的基本要求。江西物流数字化平台将注重信息安全和隐私保护工作的落实与推进。通过加强数据加密、访问控制等安全措施的建设和完善，确保用户信息的安全性和隐私性得到充分保障。同时，平台还将加强系统稳定性和可靠性的监测与维护工作，确保平台能够持续稳定地为用户提供高效、专业的物流服务。

二、江西数字化平台的功能与架构规划

随着信息技术的飞速发展，物流行业正逐步向数字化、智能化转型。江西省作为中部地区的重要物流枢纽，构建高效、智能的物流数字化平台对提升物流效率、优化资源配置、促进区域经济发展具有重要意义。

（一）平台功能规划

1.基础物流服务功能

（1）订单管理：提供全面的订单处理功能，包括订单录入、修改、查询、跟踪等。用户可在线提交订单，平台自动分配运输资源，实时更新订单状态，确保物流过程透明可控。

（2）运输管理：集成多种运输方式（公路、铁路、水路、航空）的调度与管理功能。平台根据货物特性、运输距离、成本效益等因素智能推荐最优运输方案，实现运输资源的优化配置。

（3）仓储管理：提供智能仓储解决方案，包括入库、出库、库存管理、库位优化等功能。通过物联网技术实现对仓库内货物的实时监控与智能调度，提高仓储作业的效率与准确性。

（4）配送管理：支持多种配送模式（如门到门、自提点等），实现配送

路线的智能规划与优化。平台可实时跟踪配送车辆位置与状态，确保货物安全、准时送达目的地。

2.增值服务功能

（1）金融服务：与金融机构合作，为物流企业提供融资、保险、结算等金融服务。通过平台数据分析，降低金融机构的风险评估成本，提高物流企业的融资便利性。

（2）数据分析与预测：利用大数据技术，对物流数据进行深度挖掘与分析，提供货物流量预测、运输成本分析、市场需求洞察等增值服务。帮助企业优化物流策略，提高市场竞争力。

（3）供应链协同：整合上下游企业资源，构建供应链协同平台。实现供应链信息的实时共享与协同作业，降低沟通成本，提高供应链整体运作效率。

（4）客户服务：建立全面的客户服务体系，提供在线咨询、投诉处理、满意度调查等功能。通过智能化客服系统，提高客户服务响应速度与问题解决效率，增强客户满意度与忠诚度。

3.平台扩展功能

（1）绿色物流：推广绿色包装、低碳运输等环保理念与技术，实现物流活动的绿色化。平台可提供绿色物流解决方案咨询、环保材料采购等服务，助力企业实现可持续发展目标。

（2）国际化服务：拓展国际市场，提供跨境物流服务。平台可与国外物流服务商合作，实施国际运输、报关报检、海外仓储等"一站式"跨境物流解决方案。

（3）物联网与人工智能应用：加强物联网、人工智能等前沿技术在物流领域的应用。通过智能设备、算法模型等手段，提高物流作业的自动化与智能化水平，降低人力成本，提高作业效率。

（二）平台架构规划

江西物流数字化平台采用分层架构设计，从上至下依次为应用层、服务层、数据层与基础设施层。各层之间通过标准化接口进行通信与数据交换，确保平台的稳定性、可扩展性与灵活性。

应用层是用户直接交互的界面层，包括PC端、移动端等多种访问方式。应用层提供丰富的功能模块与操作界面，满足用户多样化的需求。同时，应用层还集成智能客服、数据分析等工具，提升用户体验与服务质量。

服务层是平台的核心业务处理层，负责处理各类物流业务请求工作并提供相应的服务支持。服务层包括订单管理、运输管理、仓储管理、配送管理等核心业务模块以及金融服务、数据分析等增值服务模块。各模块之间通过微服务架构进行解耦与协同工作，确保服务的高可用性与可扩展性。

数据层负责存储与管理平台产生的各类数据资源。数据层采用分布式数据库与大数据存储技术，确保数据的海量存储与高效访问。同时，数据层还集成数据清洗、转换、整合等功能模块，实现对多源异构数据的统一管理与利用。通过数据挖掘与分析技术，挖掘数据价值，为平台决策提供有力支持。

基础设施层是平台运行的底层支撑环境，包括云计算资源、网络设施、安全设备等。基础设施层采用云计算技术实现资源的弹性扩展与按需分配，降低运维成本并提高系统的可靠性。同时，基础设施层还可以加强安全防护措施建设，确保平台数据的安全性与隐私性得到充分保障。

（三）关键技术选型与实现策略

采用Hadoop、Spark等大数据技术框架，构建分布式数据存储与处理系统；利用云计算技术，实现资源的弹性扩展与按需分配；通过数据挖掘与分析技术挖掘数据价值，为平台决策提供有力支持。

在仓储、运输等关键环节部署物联网设备，可以实现货物的实时监控与智能调度；利用机器学习、深度学习等人工智能技术，优化运输路线规划、库存管理等业务流程；通过智能客服系统，提高客户服务响应速度与问题解决效率。采用微服务架构将平台业务模块，进行解耦与独立部署；利用Docker容器技术，实现服务的快速部署与弹性扩展；通过持续集成/持续部署（CI/CD）流程，优化软件开发与运维流程；加强自动化测试与监控，确保服务的高可用性与稳定性。

加强数据加密、访问控制等安全措施，建设确保用户数据的安全性；利用区块链技术实现数据的不可篡改与可追溯性，建立完善的用户隐私保护机制，确保用户隐私得到充分尊重与保护。

三、江西数字化平台的技术选型与服务商选择

在构建江西物流数字化平台的过程中，技术选型与服务商的选择至关重要。这不仅关系到平台的性能、稳定性与可扩展性，还直接影响到平台的服务质量、用户体验以及未来的发展前景。

（一）技术选型原则

选择行业内领先的技术框架与解决方案，确保平台在功能、性能、安全性等方面具备竞争优势。同时，关注新技术的发展趋势，适时引入前沿技术提升平台创新能力。

优先考虑经过市场验证、具有广泛应用案例的技术产品。成熟的技术产品往往具备更高的稳定性、可靠性和易用性，能够降低项目实施风险。选择支持开放标准、易于集成与扩展的技术平台。这有助于平台与其他系统、平台实现互联互通，提升整体物流生态系统的协同效率。

物流数据涉及企业商业秘密与个人隐私信息，因此技术选型时必须高度重视安全性。选择具备完善安全防护机制、通过权威安全认证的技术产品。在保障性能与稳定性的前提下，合理控制技术选型成本。综合考虑技术产品的价格、实施难度、维护费用等因素，选择性价比最优的技术方案。

（二）关键技术选型

选择阿里云、腾讯云、华为云等国内领先的云计算服务商，利用其提供的弹性计算、存储、网络等资源构建物流数字化平台的基础设施层。这些服务商具备丰富的行业经验、完善的服务体系以及强大的技术支持能力，能够满足平台对资源弹性扩展、高可用性与安全性的需求。采用Hadoop、Spark等大数据技术框架构建分布式数据存储与处理系统。这些技术框架具备处理海量数据的能力，支持复杂的数据分析与挖掘任务。同

时，考虑引入Kafka、Flume等数据流处理工具，实现物流数据的实时采集、传输与处理。

在仓储、运输等关键环节部署物联网设备（如RFID、GPS、传感器等），实现货物的实时监控与智能调度。选择具备丰富物联网问题解决方案经验的服务商（如华为、中兴等），提供设备选型、网络部署、平台对接等"一站式"服务。利用机器学习、深度学习等人工智能技术优化运输路线规划、库存管理等业务流程。选择百度、腾讯、科大讯飞等国内领先的人工智能服务商，利用其提供的算法模型、开发工具与训练平台，加速人工智能技术在物流领域的应用落地。采用Spring Cloud、Dubbo等微服务框架将平台业务模块进行解耦与独立部署。应用微服务架构有助于提高系统的可维护性、可扩展性与灵活性。选择具备微服务实施经验的服务商（如华为软开云、阿里云微服务引擎等），可以提供微服务设计、开发、部署与运维等全方位服务。

（三）服务商选择策略

优先选择具备丰富物流行业数字化解决方案实施经验的服务商。这些服务商对物流业务流程、痛点与需求有深入理解，能够提供更贴合客户实际需求的解决方案。

考察服务商的技术团队规模、技术储备与创新能力。选择拥有强大技术实力、能够持续提供技术支持与升级服务的服务商。同时，关注服务商在云计算、大数据、物联网、人工智能等领域的技术积累与应用案例。评估服务商的服务体系完善程度与服务质量，包括售前咨询、方案设计、项目实施、售后支持等各个环节的服务能力。选择能够提供"一站式"服务、响应迅速、解决问题的服务商。

了解服务商在物流领域的合作案例与成功案例。通过案例分析评估服务商的解决方案效果、客户满意度与市场口碑。优先选择具有广泛合作基础与良好市场声誉的服务商。综合考虑服务商的报价、项目周期、实施难度等因素，评估项目成本与效益。选择性价比最优的服务商，确保项目在预算范围内顺利实施并取得预期效果。

（四）具体服务商推荐

1. 云计算服务商

阿里云：作为国内领先的云计算服务商，阿里云提供丰富的云计算产品与服务，包括弹性计算、数据库、存储、网络等。其物流行业解决方案已广泛应用于多个领域，具备较高的市场认可度。

华为云：华为云依托华为在通信领域的深厚积累，提供高性能、高可靠的云计算服务。其在物联网、人工智能等领域的技术优势有助于提升物流数字化平台的智能化水平。

2. 大数据服务商

星环科技：星环科技是国内领先的大数据基础软件供应商，提供Hadoop发行版、分布式数据库、实时分析引擎等产品。其大数据技术框架在物流领域具有广泛应用案例。

永中软件：永中软件提供大数据分析与挖掘解决方案，支持物流数据的深度分析与价值挖掘。其产品在易用性、性能与稳定性方面表现优异。

3. 物联网服务商

华为：华为在物联网领域具备丰富的解决方案经验与技术积累。其物联网设备、平台与解决方案在物流仓储、运输等环节具有广泛的应用前景。

中兴：中兴作为全球领先的通信解决方案提供商，在物联网领域同样具备强大实力。其物联网解决方案支持多种通信协议与设备接入方式，满足物流场景下的多样化需求。

4. 人工智能服务商

百度AI：百度AI提供全面的人工智能技术与解决方案，包括机器学习、深度学习、自然语言处理等。其AI技术已应用于物流领域的多个环节，如智能客服、路线规划等。

腾讯云AI：腾讯云AI依托腾讯在社交、游戏等领域的海量数据与算法积累，可以提供强大的人工智能服务。其在图像识别、语音识别等方面的技术优势有助于提升物流数字化平台的智能化水平。

5. 微服务架构服务商

华为软开云：华为软开云提供微服务架构设计、开发、部署与运维等全方位服务。其DevOps平台支持持续集成/持续部署（CI/CD），提高软件开发与运维效率。

阿里云微服务引擎：阿里云微服务引擎提供轻量级、易用的微服务解决方案，支持Spring Cloud、Dubbo等多种微服务框架。其丰富的生态体系与强大的技术支持能力有助于加速物流数字化平台的微服务化进程。

四、江西数字化平台的开发与上线策略的实施

随着信息技术的飞速发展，数字化平台已成为推动各行各业转型升级的重要力量。在江西，实施数字化平台的开发与上线策略对提升物流效率、优化资源配置、促进产业升级具有重要意义。

（一）规划与设计

在开发数字化平台之前，首先需要明确平台的目标与定位。江西数字化平台应聚焦提升物流效率、优化资源配置、促进产业升级等核心目标，同时结合江西物流业的实际情况和发展需求，明确平台的定位和功能模块。

在明确目标与定位的基础上，制订详细的开发规划。规划内容应包括平台的技术架构、功能模块、数据流程、安全策略等方面。同时，还需要考虑平台的可扩展性和可维护性，确保平台能够随着业务的发展而不断升级和完善。

（二）基础设施建设

交通运输网络是数字化平台运行的基础。江西需要进一步完善公路、铁路、水运等多种运输方式的基础设施建设，提升运输网络的通达性和承载能力。同时，还要加强物流枢纽节点的建设，形成覆盖全省的物流网络体系。

信息化基础设施是数字化平台运行的关键。江西需要加大投入力度，提升网络带宽、数据中心等信息化基础设施的建设水平。确保平台能够高效、稳定地运行，并满足大数据处理、云计算等先进技术的应用需求。

（三）系统集成与数据共享

在开发数字化平台时，需要充分考虑与现有信息系统的集成问题。通过接口对接、数据交换等方式，实现平台与物流企业、政府监管部门等各方信息系统的互联互通。确保数据能够顺畅流动，为平台提供全面、准确的信息支持。

数据共享与协同是数字化平台发挥效能的关键。江西需要建立健全数据共享机制，推动物流企业、政府监管部门等各方共享物流数据资源。通过数据共享和协同，优化物流资源配置，提升物流效率和服务质量。

（四）技术创新与应用

技术创新是推动数字化平台发展的关键。江西需要加大对人工智能、大数据、云计算等先进技术的研发投入力度，推动技术创新和应用。通过技术创新提升平台的智能化水平和服务能力，为用户提供更加便捷、高效的物流服务体验。

在技术创新的基础上，积极推广先进技术在数字化平台中的应用。例如，利用人工智能技术实现智能调度和路径优化，利用大数据技术进行物流数据分析和预测，利用云计算技术提升平台的计算能力和存储能力等。通过先进技术的应用，提升平台的整体效能和服务水平。

（五）人才培养与引进

人才是数字化平台发展的核心驱动力。江西需要加大物流数字化人才的培养力度，通过高校教育、职业培训等方式提升人才的专业素养和技能水平。同时，鼓励企业建立内部培训机制，提升员工对数字化技术的理解和应用能力。

在加强人才培养的同时，积极引进国内外优秀的物流数字化人才。通过提供优厚的薪酬待遇和良好的工作环境吸引人才落户江西。同时，加强与高校、科研机构等的交流与合作，共同培养具有国际视野和创新能力的物流数字化人才。

（六）政策与法规支持

政府需要制定一系列支持数字化平台发展的政策措施。例如，提供财政补贴、税收优惠等经济激励措施，加强知识产权保护力度，鼓励企业加大研发投入和技术创新力度等。通过政策支持为数字化平台的发展创造良好的外部环境。

完善法规体系是保障数字化平台健康发展的重要保障。江西需要建立健全与数字化平台相关的法律法规体系，明确平台的法律地位和责任边界。同时，加大对平台运营过程的监管力度，确保平台合法合规运营并保障用户权益。

（七）市场推广与运营

市场推广是数字化平台成功上线的关键。江西需要通过多种渠道加大数字化平台的宣传推广力度。例如，利用媒体宣传、行业展会等方式，提高平台的知名度和影响力；与物流企业、政府监管部门等建立合作关系，共同推广平台等；通过市场推广，吸引更多用户关注和使用平台。

在市场推广的同时需要不断优化平台的运营策略。例如，根据用户需求和市场变化，调整平台的功能模块和服务内容；建立与用户的沟通和反馈机制，及时改进平台存在的问题；提高平台的安全管理和风险防控能力等。通过优化运营策略，提升平台的用户满意度和忠诚度。

第四节 数字化平台的数据安全与隐私保护

一、江西数字化平台的数据安全管理体系

随着信息技术的飞速发展，数据安全已成为企业在数字化转型过程中的核心议题。江西数字化平台作为推动江西经济社会发展的重要基础设施，其数据安全管理体系的构建显得尤为重要。

（一）框架构建

数据安全管理体系是保障数字化平台数据安全的重要基础，其框架设计应遵循系统性、全面性和前瞻性原则。江西数字化平台的数据安全管理体系框架主要包括以下几个方面：

明确数据安全管理的总体目标、基本原则、适用范围和责任主体，制订数据安全中长期规划，确保数据安全管理工作有章可循、有序开展。同时，结合业务发展需求和技术发展趋势，动态调整数据安全策略，保持管理体系的灵活性和适应性。

建立健全数据安全管理组织架构，明确各级管理部门的职责和权限，形成上下联动、横向协同的工作机制。设立专门的数据安全管理机构，负责数据安全策略的制定、实施、监督和评估工作，确保数据安全管理工作的有效开展。

制定和完善数据安全相关的制度规范，包括数据分类分级制度、访问控制制度、数据加密与备份制度、应急响应制度等。通过制度规范明确数据安全管理的具体要求和操作流程，为数据安全管理工作提供有力支撑。采用先进的数据安全技术和工具，如身份认证、访问控制、数据加密、数据脱敏、安全审计等，构建全方位的数据安全防护体系。同时，加强数据安全监测和预警能力，及时发现并处置潜在的安全威胁。定期开展数据安全培训和意识提升活动，提高全体员工的数据安全意识和技能水平。通过案例分析、模拟演练等方式，增强员工对数据安全重要性的认识，培养员工在日常工作中自觉遵守数据安全规范的习惯。

（二）实施路径

在构建数据安全管理体系之前，首先需要对江西数字化平台的数据安全需求进行全面分析。了解平台的数据资产分布、数据流动情况、潜在的安全威胁等因素，为制定针对性的数据安全策略提供依据。

根据数据安全需求分析结果，制定符合江西数字化平台特点的数据安全策略。明确数据分类分级标准、访问控制规则、数据加密要求等关键要素，为数据安全管理体系的实施提供方向性指导。围绕数据安全策略，制定和完善相关的制度。确保制度具有可操作性、可检查性和可追溯性，为数据安全管理工作提供明确的指导。根据数据安全管理制度的要求，部署相应的数据安全技术和工具。这包括身份认证系统、访问控制系统、数据加密设备、安全审计平台等，确保数据安全防护体系的有效运行。

建立数据安全监测和预警机制，实时监控平台的数据安全状况。通过日志分析、流量监测等手段，及时发现并预警潜在的安全威胁，为应急响应工作提供有力支持。定期对数据安全管理体系进行评估和审计，检查各项制度和措施的执行情况。针对发现的问题和不足，及时制定改进措施并予以落实，不断提升数据安全管理体系的效能和水平。

（三）关键技术措施

根据数据的重要性、敏感性等因素，对数据进行分类分级管理。明确不同级别数据的保护要求和访问权限，确保敏感数据得到重点保护。

采用多因素认证、单点登录等身份认证技术，确保用户身份的真实性和可靠性。同时，实施严格的访问控制策略，根据用户角色和权限分配相应的数据访问权限，防止未经授权的访问行为。对敏感数据进行加密存储和传输，确保数据在存储和传输过程中的机密性。同时，对敏感数据进行脱敏处理，降低数据泄露风险。在数据共享和交换过程中，采用安全的数据交换协议和技术手段，确保数据的安全传输。

建立全面的安全审计和日志管理机制，记录用户操作行为、系统运行状态等关键信息。通过日志分析发现异常行为和潜在的安全威胁，为应急响应和事后追责提供依据。制订完善的应急响应预案和灾难恢复计划，明确应急响应流程和责任人。定期组织应急演练和培训活动，提高应对突发事件的能力和效率。同时，建立数据备份和恢复机制，确保在数据丢失或损坏时能够迅速恢复业务运行。

（四）保障机制

政府应加大对江西数字化平台数据安全管理体系建设的政策支持力度，提供必要的资金保障。鼓励企业加大在数据安全领域的研发投入和技术创新力度，推动数据安全产业的快速发展。加强数据安全领域的人才培养和引进工作，建立一支高素质的数据安全专业人才队伍。通过举办培训班、研讨会等形式提高现有人才的技能水平，积极引进国内外优秀人才，为江西数字化平台的数据安全管理体系建设贡献力量。

加强与国内外相关机构和组织的交流与合作，学习借鉴先进的数据安全管理经验和技术手段。通过参与国际标准制定、技术论坛等活动提升江西数字化平台在国际数据安全领域的影响力和增加话语权。建立健全数据安全管理体系的监督与评估机制，定期对管理体系的实施情况进行检查和评估。对发现的问题和不足及时提出整改意见并督促落实整改措施，总结推广好的经验和做法，推动数据安全管理体系的不断完善。

二、江西数字化平台的隐私保护政策与措施

随着信息技术的飞速发展，数字化平台已成为现代社会不可或缺的一部分，它们在促进经济发展、提升社会治理效能和便捷民众生活方面发挥着重要作用。然而，在享受数字化带来的便利的同时，个人隐私保护问题也日益凸显。江西数字化平台作为推动江西经济社会发展的重要力量，其隐私保护政策与措施的制定与实施显得尤为重要。

（一）隐私保护政策框架

1.政策制定原则

江西数字化平台在制定隐私保护政策时，应遵循以下原则：

合法合规：确保所有隐私保护活动符合国家法律法规要求，如《个人信息保护法》《网络安全法》等。

透明公开：明确告知用户个人信息收集、使用、存储、共享的目的、范围、方式及安全保障措施。

最小必要：仅收集实现服务目标所必需的最少个人信息，避免过度收集。

用户同意：在收集、使用、共享个人信息前，必须获得用户的明确同意。

安全保障：采取合理的技术和管理措施，确保个人信息的安全，防止泄露、毁损或丢失。

2.政策内容

隐私保护政策应详细阐述以下内容：

信息收集范围：明确平台将收集哪些类型的个人信息，以及这些信息将用于何种目的。

信息使用方式：说明平台如何使用个人信息，包括自动化决策、个性化推荐等场景下的使用规则。

信息共享与转让：规定个人信息在何种情况下会与第三方共享或转让，以及接收方的资质要求。

用户权利：赋予用户查询、更正、删除个人信息，以及撤回同意等权利，并提供便捷的行使渠道。

安全保障措施：介绍平台采取的技术和管理措施，以保障个人信息的安全。

（二）具体措施

1.加强用户隐私教育

通过官方网站、App、社交媒体等多种渠道，加强对用户的隐私教育，提高用户的隐私保护意识。这包括但不限于发布隐私保护指南、案例警示、在线问答等形式，帮助用户了解个人信息的重要性及如何有效保护自己的隐私。

2.完善隐私设置功能

优化平台的隐私设置功能，让用户能够方便地控制自己的个人信息公开范围。例如，提供精细化的隐私选项，允许用户根据个人需求调整位置信息、通讯录、相册等敏感权限的开放程度。

3.实施数据分类分级管理

根据个人信息的重要性和敏感度，实施数据分类分级管理。对高敏感度的个人信息采取更严格的保护措施，如加密存储、访问控制等，确保这些信息不被未经授权的第三方获取。

4.强化技术保障

加密技术：采用先进的加密技术对个人信息进行加密存储和传输，确保数据在传输过程中不被窃取或篡改。

访问控制：建立完善的访问控制机制，确保只有经过授权的人员才能访问个人信息。

安全审计：实施全面的安全审计，记录个人信息处理活动的全过程，以便在发生安全事件时进行追溯和调查。

5.建立应急响应机制

制定个人信息泄露应急预案，明确应急响应流程、责任部门和人员分工。一旦发生个人信息泄露事件，立即启动应急预案，迅速采取补救措施，最大限度减少损失。

（三）技术保障

通过探索应用区块链技术来增强个人信息的透明度和不可篡改性。通过区块链技术记录个人信息的流转过程，确保每一步操作都有据可查，提高用户对个人信息处理的信任度。

应用隐私计算技术能够在保护数据隐私的前提下实现数据的共享和计算。江西数字化平台积极引入隐私计算技术，如多方安全计算、联邦学习等，以实现个人信息的安全利用和价值挖掘。

利用人工智能和机器学习技术提升隐私保护的智能化水平。例如，通过智能分析用户行为模式来识别潜在的隐私泄露风险，并及时采取相应措施进行防范。

（四）监督机制

建立专门的隐私保护监督部门或岗位，负责定期对平台的隐私保护政策执行情况进行监督和检查，发现问题及时整改并追究相关责任人的责任。

加强与政府监管部门、行业协会及第三方审计机构的交流与合作，接受外部监督与审计。通过公开透明的方式接受社会监督，提高平台的公信力和用户信任度。建立健全的用户反馈机制，鼓励用户积极反馈在平台使用过程中遇到的隐私保护问题。平台对用户的反馈和建议要认真处理并及时回复，不断改进平台的隐私保护工作。

三、江西数字化平台的数据备份与恢复机制

随着信息技术的迅猛发展，数字化平台已成为推动经济社会发展的重要力量。在江西，各类数字化平台承载着海量数据，这些数据不仅是政府决策、企业运营、公共服务的基础，也是保障社会稳定和经济发展的关键资源。因此，建立完善的数据备份与恢复机制，确保数据的安全性和可用性，对江西数字化平台至关重要。

（一）备份策略

江西数字化平台的数据种类繁多，包括政务数据、企业数据、公共服务数据等。在制定备份策略时，首先需要明确备份的数据范围，确保重要数据得到全面覆盖。同时，根据数据的更新频率和业务需求，确定合理的备份频率。对高频更新的数据，如交易记录、用户行为日志等，应采用实时或准实时备份策略；对低频更新的数据，如政策法规、静态文档等，则可采用定期备份策略。

备份媒介的选择直接关系到数据的安全性和可恢复性。江西数字化平台应优先考虑采用可靠性高、容量大、易于管理的备份媒介，如硬盘、磁带库、云存储等。同时，为了降低单一存储介质的风险，平台应采用多介质备份策略，将备份数据存储在多种不同类型的媒介上。此外，平台还应考虑备份数据的异地存储，以防止本地灾难性事件导致的数据丢失。全量备份是指备份所有数据，而增量备份则是只备份自上次备份以来发生变化的数据。江西数字化平台应根据数据的重要性和恢复需求，灵活采用全量与增量备份相结合的方式。对关键业务数据和核心系统数据，应定期进行全量备份，以确保数据的完整性和可恢复性；对非关键业务数据和辅助系统数据，可采用增量备份策略，以节省存储空间和备份时间。

（二）恢复模式

全盘恢复模式是最直接、最全面的恢复方式，适用于所有原始数据都需要恢复的场景。然而，由于恢复数据量大、耗时长，全盘恢复通常需要在系统瘫痪或数据全面丢失的情况下使用。江西数字化平台应定期进行全盘恢复模式的演练，确保在紧急情况下能够迅速启动恢复流程。针对邮件

系统和数据库系统，江西数字化平台应建立专门的恢复机制。邮件系统恢复主要关注邮件数据的完整性和可访问性，而数据库系统恢复则更注重数据的一致性和业务连续性。这两种恢复模式需要技术人员具备专业的操作技能，能够迅速定位问题、评估损失并启动恢复流程。

重定向恢复模式具有较高的选择性和灵活性，适用于部分数据或特定系统需要恢复的场景。通过将数据备份文件恢复到另一台服务器或系统中，可以实现数据的快速恢复和业务的不间断运行。江西数字化平台应建立完善的重定向恢复预案，确保在特定情况下能够迅速切换系统并恢复业务运行。对单个文件或少量数据的丢失，江西数字化平台应提供便捷的个别文件恢复功能。通过与网络数据备份系统相结合，用户可以自行申请恢复特定文件或数据，提高数据恢复的效率和用户满意度。

（三）技术实现

为了节省存储空间和保障数据安全，江西数字化平台在数据备份过程中应采用数据压缩和加密技术。数据压缩技术可以将备份数据压缩为更小的文件，减少存储空间和传输开销；应用数据加密技术可以对备份数据进行加密处理，防止未经授权的访问和泄露。

对大规模数据集，江西数字化平台可以采用数据分片技术将数据分解为多个部分，并在多个存储设备上进行备份。这不仅可以提高备份效率和可靠性，还可以实现数据的并行处理和快速恢复。同时，结合分布式存储技术，可以将备份数据分散存储在多个地理位置上，降低单一存储介质的风险。为了实现高效的数据备份与恢复，江西数字化平台应建立自动化备份系统并集成监控功能。自动化备份系统可以根据预设的备份策略自动执行备份任务并记录备份日志；监控功能可以对备份过程和备份数据进行实时监测和报警处理，确保备份任务的顺利进行和数据的安全性。

（四）管理机制

江西数字化平台应制定完善的备份与恢复管理制度和规范，明确备份与恢复工作的流程、责任人员、操作规范等内容。通过制度的约束和规范的指导，确保备份与恢复工作的有序开展和高效执行。

为了保障备份与恢复工作的专业性和有效性，江西数字化平台应指定专门的备份与恢复管理人员负责备份与恢复工作的实施和执行。这些人员应具备专业的技术背景和丰富的实践经验，能够熟练掌握备份与恢复技术和流程。为了提高相关人员的备份与恢复意识和技能水平，江西数字化平台应定期组织培训和宣传活动。培训内容可以包括备份与恢复技术、操作流程、常见问题处理等方面；宣传活动可以通过内部网站、宣传栏、邮件通知等方式进行旨在提高全体员工的备份与恢复意识和参与度。数据备份并不意味着数据一定能够完整恢复。因此江西数字化平台应定期验证备份数据的完整性，确保备份数据没有损坏或丢失并且可以正确恢复。验证过程可以包括数据一致性检查、恢复测试等方面，确保备份数据的有效性和可用性。

第五章　江西物流业智能化技术应用

第一节　智能化技术在物流业中的应用现状

一、江西自动化仓储与分拣系统的应用

随着信息技术的飞速发展和物流行业的不断壮大，自动化仓储与分拣系统已成为现代仓储物流领域的重要组成部分。在江西，这一技术的应用不仅极大地提高了仓储管理的效率和准确性，还为企业降低了运营成本，增强了市场竞争力。

（一）基本概念

自动化仓储与分拣系统是指利用先进的自动化技术和智能设备，对仓库内的货物进行高效、精准的存储、管理和分拣的系统。该系统集成了物联网、大数据、人工智能等多种先进技术，实现了仓储物流作业的自动化、信息化和智能化。通过自动化设备的精确操作和信息系统的智能调度，江西自动化仓储与分拣系统能够显著提升仓库的作业效率和准确性，降低人力成本，优化资源配置。

（二）技术构成

江西自动化仓储与分拣系统的主要自动化设备包括自动堆垛机、自动导引车（AGV）、自动分拣线等。自动堆垛机能够按照指令自动完成货物的存取作业，大幅提高仓库的存储密度和存取效率；AGV能够在无人

干预的情况下，沿预设路径自动搬运货物，实现仓库内的灵活调度；自动分拣线通过高速、精准的识别技术，将货物按照指定规则快速分拣到指定位置。

信息系统是江西自动化仓储与分拣系统的核心组成部分。该系统通过集成仓储管理系统（WMS）、运输管理系统（TMS）等先进的信息技术，实现对仓库内货物信息的实时监控和智能调度。WMS能够全面管理仓库的入库、出库、库存盘点等作业流程，确保货物信息的准确性和及时性；TMS能够根据订单信息自动规划最优配送路径，提高物流运输的效率。识别技术是江西自动化仓储与分拣系统实现精准操作的关键。该系统广泛采用RFID（无线射频识别）、条形码、二维码等识别技术，对货物进行唯一标识和实时追踪。通过这些技术，系统能够迅速识别货物的种类、数量、位置等信息，为自动化设备的精确操作提供有力支持。

（三）应用优势

通过自动化设备和信息系统的协同作业，江西自动化仓储与分拣系统实现了仓库内货物的快速存取和精准分拣。与传统的人工操作相比，该系统能够显著提高作业效率，缩短货物处理时间，降低人力成本。

自动化设备和识别技术的应用，使得江西自动化仓储与分拣系统在货物处理过程中能够保持高度的准确性和一致性。通过减少人为因素的干扰，该系统能够显著降低货物错发、漏发等错误率，提高客户满意度。信息系统通过对仓库内货物信息的实时监控和智能调度，能够优化仓库的资源配置。系统能够根据货物的种类、数量、存储位置等信息，自动规划最佳的存储和分拣方案，提高仓库的空间利用率和作业效率。同时江西自动化仓储与分拣系统的应用还促进了企业管理水平的提升。通过集成化的信息系统和智能化的决策支持功能，企业能够实时掌握仓库的运营情况，及时发现并解决问题，提高管理的科学性和有效性。

（四）实施要点

在实施江西自动化仓储与分拣系统之前，企业需要明确自身的需求与目标。这包括确定仓库的存储容量、处理速度、作业精度等关键指标，以及分析企业当前存在的痛点和问题。只有明确了需求与目标，才能有针对性地选择合适的系统和设备。

企业根据自己的需求与目标，选用合适的自动化仓储与分拣系统和设备至关重要。这需要考虑系统的稳定性、可靠性、易用性等因素，以及设备的性能、成本、维护难度等指标。同时，还需要关注系统与设备之间的兼容性和可扩展性，确保其未来能够随着企业的发展进行升级和扩展。制订详细的实施方案是确保江西自动化仓储与分拣系统顺利实施的关键。这包括确定系统的安装位置、布局方式、网络拓扑等物理因素，以及制定系统的操作流程、管理制度和制订培训计划等软性因素。通过制订详细的实施方案，可以确保系统的安装、调试和运行过程顺利进行。自动化仓储与分拣系统的应用离不开专业人员的支持。因此，在实施过程中需要加强人员培训与管理。这包括对新员工进行系统的操作培训和管理制度的宣传，以及对老员工进行技能提升和观念转变的培训。通过加强人员培训与管理，可以提高员工的专业素质和工作效率，确保系统的稳定运行和高效应用。

二、江西智能运输与配送系统的实践

随着信息技术的飞速发展和物流行业的日益繁荣，智能运输与配送系统已成为推动现代物流体系转型升级的重要力量。在江西这片充满活力的土地上，智能运输与配送系统的实践不仅深刻改变了传统物流运作模式，还极大地提升了物流效率和服务质量，为地方经济发展注入了新的活力。

（一）建设背景

江西省位于中国中部地区，具有承东启西、连南接北的区位优势，是长江经济带和海上丝绸之路的重要节点。近年来，随着电子商务的蓬勃发展和消费者对物流时效性的不断提升，江西物流行业面临着前所未有的机遇与挑战。为了抓住机遇并应对这些挑战，江西积极引入智能运输与配送系统，旨在通过技术创新推动物流行业的转型升级，提高物流效率和服务水平，促进地方经济的高质量发展。

（二）技术架构

江西智能运输与配送系统的技术架构主要包括感知层、网络层、平台层和应用层四个部分。

感知层是智能运输与配送系统的基础，主要负责采集物流运输过程中的各类数据。在江西，感知层主要依托物联网技术，通过RFID标签、GPS定位器、传感器等设备，对货物、车辆、驾驶员等物流要素进行实时监控和数据采集。这些数据为后续的智能调度和决策提供了有力支持。

网络层负责将感知层采集的数据传输到平台层进行处理和分析。在江西智能运输与配送系统中，网络层采用了先进的通信技术和数据传输协议，确保数据的实时性、准确性和安全性。同时，通过构建覆盖全省的物流信息网络，实现了物流资源的互联互通和共享利用。

平台层是智能运输与配送系统的核心，主要负责数据的处理、分析和决策支持。在江西，平台层集成了大数据、云计算、人工智能等先进技术，通过对海量数据的深度挖掘和分析，为物流运输提供了智能化的调度和决策方案。同时，平台层还提供了丰富的接口和API，支持与其他物流信息系统的集成和互操作。

应用层是智能运输与配送系统面向用户的最终界面，主要负责实现具体的物流运输和配送服务。在江西，应用层涵盖智能调度系统、路径优化系统、货物追踪系统等多个功能模块，为物流企业、运输车辆和终端客户提供了全方位的物流解决方案。通过这些功能模块的应用，实现了物流运输的智能化、高效化和个性化。

（三）实践应用

江西智能运输与配送系统通过智能调度系统实现了对运输车辆的精准调度和优化配置。系统根据货物的种类、数量、目的地等信息，结合实时交通路况和车辆状态数据，自动生成最优的运输方案。这不仅提高了运输效率，还降低了运输成本。路径优化系统利用先进的算法和模型可以对运输路径进行智能规划与优化。在江西的实践中，该系统综合考虑了道路状况、交通流量、天气因素等多个变量，为运输车辆提供了最优的行驶路线。这不仅缩短了运输时间，还减少了交通拥堵和排放污染。

货物追踪系统通过RFID标签、GPS定位器等设备对货物进行实时追踪和监控。在江西，该系统广泛应用于电商物流、冷链物流等领域，为货主和终端客户提供了实时的货物位置和状态信息。这不仅提高了物流透明度和服务质量，还增强了客户的信任度和满意度。同时江西还积极推动多式联运系统的发展，通过整合公路、铁路、水路等多种运输方式，实现了货物的无缝衔接和高效转运。在多式联运系统中，智能运输与配送系统发挥着重要作用，通过信息共享和协同作业，提高了联运效率和降低了联运成本。

（四）成效评估

江西智能运输与配送系统的实践取得了显著成效。一方面，系统的应用提高了物流运输的效率和准确性，降低了运输成本和能耗；另一方面，系统的智能化和个性化服务提升了物流企业的竞争力与客户满意度。此外，智能运输与配送系统的发展还带动了相关产业链的发展和创新，为地方经济注入了新的增长点。

三、江西物流机器人的研发与应用

在21世纪的科技浪潮中，物流行业正经历着前所未有的变革。随着智能制造、人工智能、物联网等技术的飞速发展，物流机器人作为智能物流系统的核心组成部分，正逐步成为推动物流行业转型升级的重要力量。江西省，作为中国中部的重要省份，近年来在物流机器人的研发与应用方面取得了显著成就，不仅提升了物流效率，还促进了地方经济的繁荣发展。

（一）研发背景

随着电子商务的蓬勃发展和消费者对物流时效性的不断提升，传统物流模式面临着巨大挑战。人工分拣、搬运等作业环节不仅效率低下，而且成本高昂，难以满足消费者日益增长的市场需求。因此，研发高效、智能的物流机器人成为物流行业转型升级的迫切需求。江西省凭借其优越的地理位置、丰富的产业资源和良好的政策环境，积极投身于物流机器人的研发与应用之中，旨在通过技术创新提升物流效率和服务质量，推动地方经济的高质量发展。

（二）技术特点

江西物流机器人在研发过程中，充分融合物联网、人工智能、机器视觉、运动控制等多种先进技术，形成了独具特色的技术体系。

物流机器人需要具备在复杂环境中自主导航和定位的能力。江西物流机器人采用先进的SLAM（即时定位与地图构建）技术和多传感器融合技术，能够实时感知周围环境，精确规划路径，确保在仓库、分拣中心等复杂场景中稳定运行。智能识别与分拣是物流机器人的核心功能之一。江西物流机器人配备了高清摄像头、激光雷达等传感器，结合深度学习算法，能够快速准确地识别货物种类、数量、尺寸等信息，并根据预设规则进行智能分拣，大幅提高了分拣效率和准确性。

物流机器人需要具备柔性搬运能力，以适应不同形状、重量和尺寸的货物。江西物流机器人通过优化机械臂设计、增强驱动力等方式，实现了对货物的精准抓取和稳定搬运。同时，机器人之间还能通过无线通信技术实现信息共享和协同作业，共同完成复杂物流任务。为了确保物流机器人的稳定运行，江西还研发了远程监控与维护系统。该系统能够实时监测机器人的运行状态、电池电量、故障信息等关键参数，并通过云端平台提供远程故障诊断、软件升级等维护服务，降低了运维成本和停机时间。

（三）应用实践

在仓储领域，江西物流机器人广泛应用于货物的入库、存储、出库等环节。机器人通过自主导航和智能识别技术，能够自动完成货物的搬运、堆垛和分拣工作，大幅提高了仓储作业效率和准确性。同时，机器人还具备24小时不间断作业能力，有效缓解了人力资源紧张问题。

在分拣中心，江西物流机器人与自动化分拣线紧密结合，形成了高效、智能的分拣系统。机器人能够根据订单信息自动规划分拣路径，将货物快速准确地投放到指定分拣口。这一应用不仅提高了分拣效率，还降低了分拣错误率，提升了客户满意度。同时在末端配送领域，江西物流机器人也在不断探索新的应用场景。例如，利用自动驾驶技术开发的无人配送车，能够在校园、社区等封闭或半封闭区域内实现货物的自动配送；利用无人机技术开发的空中配送系统，能够在偏远山区或交通不便地区实现快速配送服务。这些创新应用不仅丰富了配送方式，还提高了配送效率和扩大了覆盖范围。

（四）成效评估

江西物流机器人的研发与应用取得了显著成效。一方面，机器人的引入大幅提高了物流作业效率和准确性，降低了人力成本和运营成本；另一方面，机器人的智能化和自动化服务提升了物流企业的竞争力与客户满意度。此外，物流机器人的发展还带动了相关产业链的发展和创新，为地方经济发展注入了新的增长点。

第二节　江西物流业智能化技术的发展趋势

一、智能化技术向江西物流全链条的渗透

在数字经济与智能科技蓬勃发展的今天，物流行业作为连接生产与消费的关键环节，正经历着深刻的变革。智能化技术的广泛应用，不仅重塑了物流作业模式，还推动了物流全链条的优化与升级。江西省，作为中国中部的重要省份，近年来积极响应国家号召，大力推动智能化技术在物流全链条的渗透与应用，取得了显著成效，为地方经济的高质量发展注入了新的活力。

（一）智能化技术在江西物流全链条的渗透路径

仓储是物流全链条的起点，也是智能化技术应用的重要领域。在江西，众多物流企业通过引入自动化立体仓库、智能仓储管理系统（WMS）等智能化设备与系统，实现了仓储作业的自动化、智能化管理。自动化立体仓库利用堆垛机、穿梭车等自动化设备，实现了货物的快速存取与高效

堆垛；智能仓储管理系统通过集成物联网、大数据等技术，对仓储作业进行实时监控与智能调度，提高了仓储作业的准确性和效率。

分拣与包装是物流作业中的关键环节，也是智能化技术应用的重要场景。江西物流企业通过引入智能分拣机器人、自动化包装线等设备，实现了分拣与包装的智能化改造。智能分拣机器人利用机器视觉、深度学习等技术，能够快速准确地识别货物信息，并按照预设规则进行自动分拣；自动化包装线通过集成传感器、控制器等设备，实现了包装作业的自动化、标准化生产，提高了包装效率和质量。

运输与配送是物流全链条中连接仓储与终端客户的桥梁，也是智能化技术应用的重要领域。江西物流企业通过引入智能运输调度系统、自动驾驶货车、无人机配送等智能化技术，实现了运输与配送的智能化优化。智能运输调度系统利用大数据、云计算等技术，对运输车辆进行实时监控与智能调度，提高了运输效率和准确性；自动驾驶货车通过集成传感器、雷达等设备，实现了无人驾驶与自动避障功能，降低了运输成本和安全风险；无人机配送利用无人机的高空飞行能力，实现了偏远地区或在紧急情况下的快速配送服务。

信息与数据是物流全链条的核心要素，也是智能化技术应用的重要基础。江西物流企业通过构建物流信息平台、应用区块链技术等手段，实现了信息与数据的智能化整合。物流信息平台通过集成物联网、云计算等技术，实现了物流信息的实时采集、传输与共享；区块链技术通过其去中心化、不可篡改的特性，保障了物流数据的真实性与安全性，为物流全链条的透明化与可追溯性提供了有力支持。

（二）智能化技术渗透江西物流全链条的成效评估

智能化技术的应用显著提高了江西物流全链条的作业效率和服务质量。自动化、智能化的仓储作业减少了人工干预和错误率，智能分拣与包装提高了分拣速度与包装质量，智能运输与配送缩短了配送时间与成本，信息与数据的智能化整合提升了物流全链条的透明度和可追溯性。这些变化共同推动了江西物流行业的整体服务水平提升。

智能化技术的应用有助于降低江西物流全链条的成本与能耗。自动化仓储减少了人力成本，智能调度系统优化了运输路线与车辆配载，自动驾驶货车降低了燃油消耗与排放，无人机配送减少了地面交通压力与物流成本。这些变化共同促进了江西物流行业的可持续发展。智能化技术的应用显著增强了江西物流企业的竞争力。通过引入先进技术与设备，物流企业提高了作业效率和服务质量；通过构建物流信息平台与区块链技术，物流企业提升了信息透明度和数据安全性；通过优化运输与配送网络，物流企业降低了成本与能耗。这些变化共同提升了江西物流企业在市场中的竞争力与影响力。

二、智能化技术与江西绿色物流的结合

在全球化与可持续发展的背景下，物流行业正面临着前所未有的转型压力。作为连接生产与消费的重要纽带，物流不仅关乎经济效率，还直接影响到生态环境。江西省，作为中国中部的重要省份，近年来积极响应国家绿色发展号召，积极探索智能化技术与绿色物流的深度融合，旨在打造高效、环保、可持续的现代物流体系。

（一）智能化技术与江西绿色物流的结合路径

在仓储环节，智能化技术通过自动化立体仓库、智能仓储管理系统（WMS）等设备与系统的应用，实现了仓储作业的自动化、智能化管理。这不仅提高了仓储效率，还减少了人工操作带来的误差和浪费。同时，江西物流企业积极推广绿色包装材料，如可降解塑料、重复使用的包装箱等，减少了一次性包装的使用量，降低了环境污染。智能仓储与绿色包装的结合，既提升了仓储效率，又促进了资源的循环利用。分拣与配送是物流作业中的关键环节。智能化技术的应用，如智能分拣机器人、自动化分拣线等，大幅提高了分拣效率和准确性。在此基础上，江西物流企业积极推广绿色配送模式，如使用新能源车辆进行配送、优化配送路线减少空驶率等。这些措施不仅降低了配送成本，还减少了碳排放和空气污染。智能分拣与绿色配送的结合，实现了物流作业的高效与环保。

物联网技术通过传感器、RFID标签等设备的应用，实现了对物流全链条的实时监控与数据采集。江西物流企业利用物联网技术构建绿色供

应链管理体系，对供应商、生产商、分销商等各环节进行绿色评估与监管。通过信息共享与协同作业，物流企业能够及时发现并解决供应链中的环境问题，推动供应链整体的绿色转型。物联网技术与绿色供应链管理的结合，提升了物流全链条的环保意识和责任感。人工智能技术的应用为物流企业的绿色决策提供了有力支持。通过大数据分析、机器学习等技术手段，物流企业能够精准预测市场需求、优化库存布局、调整运输方案等。这些智能决策不仅提高了物流效率和服务质量，还促进了资源的合理配置和节能减排。例如，基于历史数据和实时信息的智能调度系统能够优化运输路线和车辆配载方案，减少空驶率和碳排放。人工智能与绿色决策支持的结合，推动了物流企业的绿色化运营和可持续发展。

（二）智能化技术与江西绿色物流结合的成效评估

智能化技术的应用显著提高了江西物流行业的效率与环保效益。自动化仓储、智能分拣等技术的应用降低了人工成本和错误率；绿色包装、新能源车辆等环保措施减少了资源消耗和环境污染。这些变化共同推动了江西物流行业的绿色转型和可持续发展。

智能化技术与绿色物流的结合促进了江西物流企业的转型升级。通过引入新技术、新设备和新模式，物流企业提升了自身的核心竞争力和市场地位。同时，绿色转型也增强了物流企业的社会责任感和品牌形象，为企业赢得了更多消费者的信任和支持。智能化技术与江西绿色物流的结合不仅促进了物流行业的绿色转型和可持续发展，还推动了地方经济的绿色发展。物流作为连接生产与消费的重要纽带，其绿色转型将带动上下游产业的绿色协同发展。同时，物流行业的绿色发展也将为地方经济发展注入新的动力。

三、智能化技术驱动的江西物流服务模式创新

在数字化浪潮的推动下，智能化技术正以前所未有的速度重塑各行各业，物流行业也不例外。江西省，作为中国中部的重要物流枢纽，积极响应时代号召，充分利用智能化技术，推动物流服务模式创新，旨在提升物流效率、降低成本、增强客户体验，并促进物流行业的可持续发展。

（一）智能化技术驱动的江西物流服务模式创新路径

智慧物流平台是智能化技术驱动物流服务模式创新的核心载体。江西省通过建设集仓储、运输、配送、信息服务于一体的智慧物流平台，实现了物流资源的优化配置和高效协同。该平台利用大数据、云计算等技术对物流数据进行深度挖掘和分析，为物流企业提供精准的市场预测、库存优化、运输调度等决策支持。同时，平台还提供了在线下单、货物追踪、电子签收等便捷服务，提升了客户体验。

自动化仓储与智能分拣系统是提升物流效率的关键环节。江西省物流企业积极引入自动化立体仓库、堆垛机、穿梭车、智能分拣机器人等设备与系统，实现了仓储作业的自动化和智能化。自动化仓储系统通过集成物联网、传感器等技术，实现了对货物的实时监控和精准管理；智能分拣系统利用机器视觉、深度学习等技术，实现了对货物的快速准确分拣。这些系统的应用显著提高了仓储和分拣效率，降低了人力成本和错误率。无人机配送与自动驾驶技术是物流服务模式创新的亮点之一。江西省部分物流企业开始尝试无人机配送服务，特别是在偏远地区或紧急情况下，无人机能够快速准确地将货物送达目的地。同时，自动驾驶技术也在物流运输领域得到应用，自动驾驶货车通过集成传感器、雷达等设备实现了无人驾驶和自动避障功能，降低了运输成本和安全风险。这些技术的应用不仅拓展了物流服务的范围和边界，还提升了物流服务的灵活性和响应速度。

绿色物流是物流行业可持续发展的重要方向。江西省物流企业积极响应国家绿色发展号召，推广绿色包装材料、使用新能源车辆、优化运输路线等环保措施。同时，智能化技术的应用也为绿色物流提供了有力支持。例如，通过智能调度系统优化运输路线和车辆配载方案，减少空驶率和碳排放；通过物联网技术实现对物流全链条的实时监控和数据采集，为绿色供应链管理提供决策支持。这些绿色物流解决方案的推广不仅促进了物流行业的可持续发展，还提升了物流企业的社会责任感和品牌形象。

（二）智能化技术驱动的江西物流服务模式创新成效评估

智能化技术的应用显著提升了江西物流行业的效率。自动化仓储、智能分拣等系统的应用，降低了人力成本和错误率；智慧物流平台的建设与应用，实现了物流资源的优化配置和高效协同；无人机配送和自动驾驶技术的应用，拓展了物流服务的范围与边界，提升了物流服务的灵活性和响应速度。这些变化共同推动了江西物流行业的效率革命。

智能化技术的引入有助于降低江西物流行业的成本。自动化仓储和智能分拣系统减少了人工操作带来的浪费和损耗，智慧物流平台通过优化运输路线和车辆配载方案降低了运输成本，绿色物流解决方案的推广减少了资源消耗和环境污染，从而降低了企业的环保成本。这些成本降低措施为物流企业带来了更强的市场竞争力。智能化技术驱动的物流服务模式创新还带来了客户体验的提升。智慧物流平台提供的在线下单、货物追踪、电子签收等便捷服务，提升了客户的满意度和忠诚度；无人机配送和自动驾驶技术的应用，为客户提供了更加灵活和快速的物流服务选择；绿色物流解决方案的推广，增强了客户对物流企业的信任和认可。这些优化措施为物流企业赢得了更多市场份额和口碑效应。

第三节　智能化技术带来的效率提升与成本降低

一、智能化技术对江西物流作业效率的提升

在数字经济与智能化技术迅猛发展的今天，作为国民经济的重要支柱，物流行业正经历着前所未有的变革。江西省，作为中国中部的重要物流枢纽，积极响应时代潮流，充分利用智能化技术，对物流作业进行全面升级，进而提升物流作业效率。

（一）智能化技术在江西物流作业中的应用

智能仓储系统是智能化技术在物流作业中的典型应用。江西省的物流企业通过引入自动化立体仓库、堆垛机、穿梭车等设备，结合物联网、传感器等技术，实现了仓储作业的自动化、智能化管理。智能仓储系统能够实时监控库存状态，自动完成货物的入库、存储、出库等操作，大幅提高

了仓储作业的效率和准确性。同时，通过数据分析，系统还能为仓库管理员提供最优的库存布局和补货策略，进一步降低库存成本。

智能分拣系统是提升物流作业效率的又一关键环节。江西省的物流企业采用智能分拣机器人、高速分拣线等设备，结合机器视觉、深度学习等技术，实现了对货物的快速、准确分拣。智能分拣系统能够自动识别货物信息，根据预设的分拣规则将货物自动分拨到相应的运输线路上，极大地提高了分拣效率和准确性。此外，智能分拣系统还能与仓储系统无缝对接，实现库存信息的实时更新和共享，为物流作业的协同作业提供有力支持。智能运输调度系统是优化物流运输环节的重要手段。江西省的物流企业通过引入智能运输调度系统，结合大数据分析、云计算等技术，实现了对运输资源的优化配置和高效调度。系统能够根据货物的种类、数量、目的地等信息，自动规划最优的运输路线和车辆配载方案，减少空驶率和运输成本。同时，系统还能实时监控运输状态，及时调整运输计划以应对突发情况，确保货物按时、安全送达目的地。物联网和区块链技术的融合应用为物流作业提供了更加透明、可信的数据支持。江西省的物流企业通过部署物联网设备，实现了对货物在运输过程中的实时监控和追踪。区块链技术通过分布式账本记录货物的流转信息，确保数据的不可篡改性和可追溯性。这两项技术的结合应用不仅提高了物流作业的透明度，还为供应链金融等增值服务提供了可靠的数据基础。

（二）智能化技术对江西物流作业效率的提升

智能化技术的应用显著减少了物流作业中的人工干预环节。自动化立体仓库、智能分拣机器人等设备的引入，使得仓储和分拣作业实现了高度自动化。这不仅降低了人力成本，还减少了人为错误的发生，提高了作业的准确性和效率。

智能运输调度系统通过大数据分析和云计算技术，实现了对运输资源的优化配置。系统能够根据实时数据自动调整运输计划，减少空驶率和运输成本。同时，智能仓储系统通过优化库存布局和补货策略，降低了库存成本。这些措施共同作用于物流作业的全链条，有效降低了企业的运营成本。智能化技术的应用使得物流作业更加灵活、高效。智能分拣系统能够快速、准确地完成货物分拣任务；智能运输调度系统根据客户需求实时调整运输计划。这些变化使得物流企业能够更快地响应市场需求变化，提高客户满意度和忠诚度，从而增强市场竞争力。物联网和区块链技术的应用提高了物流作业中的数据共享与协同作业能力。通过物联网设备实时采集的运输数据可以被区块链技术安全地记录和共享给供应链上的各个环节。这种透明、可信的数据共享机制使得供应链上的各方能够更加紧密地协作配合，进而提高整个供应链的运作效率和响应速度。

二、智能化技术对江西物流运营成本的降低

随着科技的飞速发展，智能化技术正以前所未有的速度渗透到各行各业，物流行业也不例外。江西省，作为中国中部地区的物流枢纽，积极拥抱智能化技术，致力于通过技术创新来优化物流运营流程，降低运营成本，提升整体竞争力。

（一）智能化技术在江西物流运营中的应用

自动化仓储系统是智能化技术在物流运营中的重要应用之一。通过引入自动化立体仓库、堆垛机、穿梭车等设备，结合物联网、传感器等技术，实现了仓储作业的自动化、智能化管理。自动化仓储系统能够大幅度减少人工操作，提高仓储作业效率，降低人力成本。同时，通过优化库存布局和补货策略，减少库存积压和浪费，进一步降低仓储成本。智能分拣系统是提升物流运营效率、降低分拣成本的关键。江西物流企业采用智能分拣机器人、高速分拣线等设备，结合机器视觉、深度学习等技术，实现了对货物的快速、准确分拣。智能分拣系统能够自动识别货物信息，根据预设的分拣规则将货物自动分拨到相应的运输线路上，大大提高了分拣效率和准确性。相比传统人工分拣方式，智能分拣系统能够显著减少分拣错误和漏拣现象，降低因分拣错误而产生的额外成本和客户投诉风险。

智能运输调度系统是优化运输资源、降低运输成本的重要工具。通过引入大数据分析、云计算等技术，智能运输调度系统能够实时获取运输过程中的各种数据，包括车辆位置、货物状态、路况信息等，并根据这些数据自动规划最优的运输路线和车辆配载方案。智能运输调度系统能够有效

减少空驶率和运输成本，提高运输效率和客户满意度。同时，通过实时监控运输状态，及时调整运输计划以应对突发情况，确保货物按时、安全送达目的地。物联网和区块链技术的融合应用为物流运营提供了更加透明、高效的数据支持。物联网技术通过部署在货物、车辆上的传感器和RFID标签等设备，实现了对物流全链条的实时监控和追踪。区块链技术通过分布式账本记录货物的流转信息，确保数据的不可篡改性和可追溯性。这两项技术的结合应用不仅提高了物流运营的透明度，还为供应链金融等增值服务提供了可靠的数据基础。通过物联网和区块链技术，物流企业能够更好地管理库存、优化运输计划、降低损耗和欺诈风险，从而降低整体运营成本。

（二）智能化技术对江西物流运营成本的降低效应

智能化技术的应用显著减少了物流运营中的人工干预环节。自动化仓储系统、智能分拣系统等设备的引入，使得仓储和分拣作业实现了高度自动化，降低了对人工的依赖程度。这不仅减少了人力成本支出，还提高了作业效率和准确性。此外，智能运输调度系统通过优化运输计划，减少了司机和调度员的工作量，进一步降低了人力成本。智能仓储系统通过优化库存布局和补货策略，减少了库存积压和浪费现象。系统能够实时监控库存状态，根据销售预测和实际需求自动调整补货计划，确保库存水平保持在合理范围内。这不仅降低了库存成本占用资金的机会成本，还减少了因库存积压而产生的仓储费用和管理成本。

通过大数据分析和云计算技术，智能运输调度系统实现了对运输资源的优化配置和高效调度。系统能够根据实时数据自动规划最优的运输路线和车辆配载方案，减少空驶率和运输成本。同时，通过实时监控运输状态，及时调整运输计划以应对突发情况，确保货物按时、安全送达目的地。这些措施共同作用于运输环节，有效降低了运输成本。物联网和区块链技术的应用提高了物流运营的透明度和可追溯性。通过实时监控货物的流转状态和信息记录，物流企业能够更好地管理库存、防止货物丢失和损坏现象的发生。同时，区块链技术的不可篡改性可以确保数据的真实性和可靠性，降低了欺诈风险的发生概率。这些措施共同作用于物流全链条，降低了因损耗和欺诈而产生的额外成本。

三、智能化技术对江西物流错误率的减少

随着科技的飞速发展，智能化技术在物流行业的应用日益广泛，为提升物流运营效率、降低运营成本、减少错误率等方面带来了显著成效。江西省，作为中国中部地区的重要物流枢纽，积极引入智能化技术，对物流作业进行全面优化，尤其是在减少错误率方面取得了显著成果。

（一）智能化技术在江西物流中的应用

智能仓储系统是减少物流错误率的重要工具。通过引入自动化立体仓库、智能搬运机器人、RFID标签等设备和技术，智能仓储系统实现了货物的自动识别、精准定位、快速存取等功能。这些技术不仅提高了仓储作业的效率，还显著降低了因人为操作失误而导致的错误率。例如，RFID标签能够实时记录货物的位置、数量、状态等信息，并通过无线传输技术将这些信息实时反馈给系统，减少了人工盘点和记录的错误。智能分拣系统是减少分拣错误率的关键。江西物流企业采用智能分拣机器人、高速分拣线等设备，结合机器视觉、深度学习等技术，实现了对货物的快速、准确分拣。智能分拣系统能够自动识别货物信息，根据预设的分拣规则将货物自动分拨到相应的运输线路上。相比传统人工分拣方式，智能分拣系统能够大幅度提高分拣效率和准确性，降低分拣错误率。

通过大数据分析和云计算技术，智能运输调度系统实现了对运输资源的优化配置和高效调度。系统能够实时获取运输过程中的各种数据，包括车辆位置、货物状态、路况信息等，并根据这些数据自动规划最优的运输路线和车辆配载方案。智能运输调度系统的应用，减少了因人为判断失误或信息滞后而导致的运输错误，提高了运输的准确性和可靠性。物联网和区块链技术的融合应用为物流作业提供了更加透明、可信的数据支持。物联网技术通过部署在货物、车辆上的传感器和RFID标签等设备，实现了对物流全链条的实时监控和追踪。区块链技术通过分布式账本记录货物的流转信息，确保数据的不可篡改性和可追溯性。这两项技术的结合应用，提高了物流作业的透明度和可追溯性，减少了因信息不透明或数据篡改而

导致出现的错误。

（二）智能化技术对江西物流错误率减少的影响

智能化技术的应用显著提高了物流作业的准确性。智能仓储系统、智能分拣系统等设备和技术通过自动化、数字化手段实现了对货物的精准识别、定位和管理，减少了人为操作失误的可能性。同时，通过大数据分析和云计算技术优化了运输计划，智能运输调度系统降低了因人为判断失误而导致的运输错误。物联网和区块链技术的应用增强了物流作业的信息透明度。通过实时监控和记录货物的流转信息，物流企业能够随时掌握货物的位置、状态等关键信息，减少了因信息滞后或不对称而导致出现的错误。同时，区块链技术的不可篡改性可以确保数据的真实性和可靠性，为物流作业的准确性和可追溯性提供了有力保障。

智能化技术的应用促进了物流作业流程的优化。通过自动化、数字化手段简化作业流程，减少冗余环节和人为干预，降低了因流程烦琐或操作不当而导致的错误。例如，智能分拣系统通过自动化分拣作业简化了分拣流程，减少了人工分拣环节中的错误；智能运输调度系统通过实时数据分析和动态调度优化了运输计划，降低了因运输计划不合理而导致出现的错误。同时智能化技术的应用还促进了物流企业员工素质与技能的提升。随着智能化设备的引入和技术的普及，物流企业员工需要不断学习和掌握新的知识和技能以适应新的工作环境。这种学习和提升的过程不仅提高了员工的个人素质和能力水平，还增强了他们对物流作业的理解和掌控能力，从而减少了因员工素质不足而导致出现的错误。

第六章　江西物流业绿色化发展

第一节　绿色物流的定义与重要性

一、绿色物流的概念与内涵

随着全球对环境保护意识的增强，作为一种新兴的物流模式，绿色物流正逐渐成为物流业发展的重要方向。江西省，作为中国的重要省份之一，也在积极推动绿色物流的发展，旨在实现物流业的可持续发展。

（一）绿色物流的概念

绿色物流，简而言之，是指在物流过程中通过采用环保、节能、低碳的技术和措施，减少对环境的影响，提高资源利用效率，实现可持续发展的物流模式。这一概念强调在物流活动的各个环节，包括运输、储存、装卸、搬运、包装、配送加工、配送、信息处理等，都要注重环境保护和资源节约。江西绿色物流作为这一理念在地方层面的实践，其核心在于将绿色、环保的理念融入物流业的每一个环节，推动物流业与生态环境的和谐共生。

（二）绿色物流的内涵

集约资源是绿色物流的本质内容，也是物流业发展的主要指导思想之一。江西绿色物流通过整合现有资源，优化资源配置，提高资源利用效率，减少资源浪费。在运输环节，通过合理规划运输线路，提高车辆装载率，减少空驶率，从而节省能源和减少排放。在仓储环节，通过科学布局仓储设施，提高仓储面积利用率，降低仓储成本。这种集约化的资源利用方式，不仅有助于降低物流成本，还能有效减少对环境的影响。运输过程中的燃油消耗和尾气排放是物流活动造成环境污染的主要原因之一。江西绿色物流在运输方面采取了多项措施，如推广使用清洁能源车辆，如电动汽车、氢能源汽车等，减少对化石能源的依赖；采用节能技术，如智能控制系统、能源回收系统等，降低能源消耗；加强对运输车辆的养护，确保车辆处于最佳运行状态，减少不必要的排放。此外，江西还注重运输线路的合理规划，通过缩短运输距离、提高运输效率等方式，进一步降低碳排放。

绿色仓储是绿色物流的重要组成部分。江西绿色物流在仓储方面强调仓库选址的合理性和仓储布局的科学性。一方面，仓库选址要考虑交通便利性和环境适宜性，以减少运输成本和环境污染；另一方面，仓储布局要充分考虑货物的存储需求和作业流程，实现仓储面积的最大化利用，降低仓储成本。同时，仓库内部还应采用环保材料和设备，如使用LED照明、安装节能空调等，以降低能耗和减少排放。包装是物流活动中的一个重要环节。传统包装材料往往难以降解，会对环境造成较大污染。江西绿色物流倡导使用可降解材料、再生材料等环保材料进行包装，以提高包装材料的回收利用率，有效控制资源消耗和环境污染。同时，江西还鼓励企业采用简约包装、适度包装的方式，减少包装材料的浪费。此外，江西还加强了对包装废弃物的回收和处理工作，确保废弃物得到妥善处理，避免对环境造成二次污染。

废弃物物流是指在经济活动中失去原有价值的物品，根据实际需要对其进行搜集、分类、加工、包装、搬运、储存等，然后分送到专门处理场所后形成的物品流动活动。江西绿色物流注重废弃物的资源化利用，通过建立完善的废弃物回收体系和处理机制，将废弃物转化为可再生资源或能源。这不仅有助于减少废弃物的排放和环境污染，还能为企业带来额外的经济效益。

（三）绿色物流的实践探索

近年来，江西省在推动绿色物流发展方面取得了显著成效。一方面，政府加大了对绿色物流的支持力度，出台了一系列政策措施，鼓励企业采用环保技术和设备，推动物流业绿色转型；另一方面，企业积极响应政府号召，加强技术创新和管理创新，不断提高绿色物流水平。

在运输方面，江西省积极推进绿色运输体系建设，通过推广清洁能源车辆、优化运输线路、提高车辆装载率等措施，有效降低了运输过程中的能耗和排放。同时，还加强了对运输车辆的监管和维护工作，确保车辆处于良好运行状态。在仓储方面，江西省注重仓储设施的现代化建设和科学管理。通过引入先进的仓储管理系统和自动化设备，提高了仓储作业效率和准确性，加强了对仓储环境的监测和控制工作，确保仓储环境符合环保要求。

在包装方面，江西省鼓励企业采用环保包装材料和简约包装方式，减少包装材料的浪费和环境污染。同时，还加强了对包装废弃物的回收和处理工作，确保废弃物得到妥善处理。在废弃物物流方面，江西省建立了完善的废弃物回收体系和处理机制。通过加强宣传教育、推广分类回收等措施，提高了公众对废弃物回收的认识和参与度，加强了对废弃物处理企业的监管和指导工作，确保废弃物得到资源化利用和无害化处理。

二、江西绿色物流对可持续发展的贡献

在当今全球经济快速发展的背景下，物流业作为支撑经济发展的重要支柱之一，其绿色转型与可持续发展日益受到关注。江西省，作为中部地区的重要省份，近年来在推动绿色物流方面取得了显著成效，为区域经济的可持续发展做出了重要贡献。

（一）促进节能减排，降低环境压力

绿色物流的核心在于减少物流活动对环境的负面影响，实现节能减排。江西省在绿色物流发展中，通过一系列有效措施，显著降低了物流过程中的能耗和排放。

首先，江西省积极推广新能源运输工具，如电动货车、氢燃料电池车辆等，这些新型运输工具相比传统燃油车辆，具有更低的能耗和更少的排放。同时，江西省还鼓励物流企业优化运输路线，提高运输效率，减少

空驶率和里程，进一步降低能耗。此外，通过引入物联网、大数据等现代信息技术，实现物流运输的智能化管理，提高车辆的利用率和能源利用效率，也是江西省绿色物流发展的重要方向。其次，在仓储和包装环节，江西省物流企业积极采用环保材料和绿色包装技术，减少一次性塑料包装的使用，推广可降解、可循环利用的包装材料。这不仅降低了包装废弃物对环境的污染，还节约了资源，促进了资源的循环利用。

（二）推动产业升级，促进经济高质量发展

绿色物流不仅是环境保护的需要，也是推动产业升级、促进经济高质量发展的有效途径。江西省通过发展绿色物流，有效促进了物流产业的转型升级和现代化发展。

一方面，绿色物流的发展推动了物流技术的创新和应用。江西省鼓励物流企业加大研发投入力度，引进先进技术和设备，提高物流作业的自动化、智能化水平。这不仅提高了物流效率和服务质量，还降低了物流成本，增强了物流企业的市场竞争力。另一方面，绿色物流的发展促进了物流与其他产业的深度融合。江西省积极推动物流业与制造业、农业、电子商务等产业的协同发展，构建绿色供应链体系。通过加强供应链上下游企业的合作，实现物流、信息流、资金流的高效协同，提高了整个供应链的运作效率和响应速度，促进了经济的高质量发展。

（三）优化资源配置，提高资源利用效率

绿色物流强调资源的节约和循环利用，通过优化资源配置，提高资源利用效率，实现可持续发展。江西省在绿色物流发展中，注重从源头控制资源消耗，提高资源利用效率。

在仓储环节，江西省物流企业通过科学规划仓储布局，优化仓储资源配置，减少仓储空间浪费和无效搬运。同时，通过引入先进的仓储管理系统和自动化设备，提高仓储作业的效率和准确性，降低仓储成本。

在运输环节，江西省通过推广多式联运、甩挂运输等先进运输组织方式，提高运输效率，减少运输过程中的能耗和排放。同时，通过加强物流节点的建设和管理，提高货物的集散能力和中转效率，降低运输成本和时

间成本。

（四）增强社会责任意识，促进生态文明建设

绿色物流的发展不仅有助于环境保护和经济发展，还有助于增强企业的社会责任意识，推动生态文明建设。江西省在绿色物流发展中，注重培养物流企业的社会责任意识，引导企业积极参与环保行动。

一方面，江西省政府通过制定相关政策和标准，规范物流企业的环保行为。例如，加强对物流企业的排污许可制度监管，要求企业按照环保要求进行排放；建立物流企业环境保护监测体系，定期对物流企业的环境污染状况进行检测和评估。这些措施有效提高了物流企业的环保意识和责任感。另一方面，江西省鼓励物流企业积极参与环保公益活动，如植树造林、垃圾分类等。通过参与这些活动，物流企业不仅能够履行社会责任，还能够提升企业形象和品牌价值。同时，这些活动也有助于增强公众的环保意识和参与度，推动生态文明建设。

（五）促进区域协调发展，实现共同富裕

绿色物流的发展不仅有助于单个企业的可持续发展，还有助于促进区域协调发展，实现共同富裕。通过发展绿色物流，江西省加强了与周边地区的经济合作和交流，推动了区域经济的协调发展。

一方面，通过建设绿色物流园区和冷链物流基地等基础设施，江西省提高了物流服务的覆盖率和便利性。这些基础设施的建设不仅促进了本地物流产业的发展，还吸引了周边地区的物流资源和需求向江西集聚，推动了区域经济的协调发展。另一方面，江西省通过加强与其他地区的合作与交流，共同推动绿色物流的发展。例如，与长三角、珠三角等发达地区建立物流合作关系，实现资源共享和优势互补；与周边省份共同推进跨区域物流通道建设，提高物流运输的效率和便利性。这些交流与合作不仅促进了区域物流产业的发展，还有助于实现共同富裕的目标。

三、绿色物流在江西的紧迫性与机遇

在当今全球气候变化和资源环境约束日益加剧的背景下，绿色物流作

为实现可持续发展的重要途径，正逐渐成为各国和地区关注的焦点。江西省，作为中国中部的重要省份，其物流业的绿色转型不仅关乎自身经济的可持续发展，也对全国绿色物流体系的构建具有重要意义。

（一）绿色物流在江西的紧迫性

随着经济的快速发展和城市化进程的加速，江西省物流业规模不断扩大，但同时也带来了严峻的环境问题。传统物流模式依赖大量的化石燃料消耗和一次性包装材料，导致能源消耗剧增、温室气体排放增加以及固体废弃物污染严重。这些问题不仅加剧了环境压力，也制约了经济的可持续发展。因此，推动绿色物流发展，减少物流活动对环境的影响，已成为江西省环境保护的迫切需求。

物流活动涉及大量的资源消耗，包括土地、能源、水等。传统物流模式下，资源的利用效率低下，浪费现象普遍。同时，物流包装废弃物、运输工具废弃物等也未能得到有效处理和循环利用。这不仅加剧了资源短缺的矛盾，也增加了环境治理的成本。因此，推动绿色物流发展，提高资源利用效率，实现资源的节约与循环利用，是江西省物流业可持续发展的必然选择。近年来，国家和地方政府出台了一系列政策法规，推动绿色物流的发展。例如，《江西省塑料污染治理2024年重点工作清单》《吉安市塑料污染治理2024年重点工作清单》等，明确要求加强快递包装绿色转型，推广可循环包装材料，减少一次性塑料包装的使用。这些政策法规的出台，为江西省绿色物流的发展提供了有力的制度保障，同时也对物流企业提出了更高的环保要求。因此，物流企业必须执行并遵守政策及法规，加快绿色转型步伐。

（二）绿色物流在江西的机遇

随着物联网、大数据、人工智能等现代信息技术的发展和应用，绿色物流迎来了前所未有的技术创新机遇。江西省可以充分利用这些先进技术，推动物流业的智能化、绿色化发展。例如，通过物联网技术实现物流信息的实时追踪和智能调度，提高运输效率和减少空驶率；通过大数据技术分析物流需求预测和路径优化，降低能耗和排放；通过人工智能技术实现自动化仓储和智能分拣，提高作业效率和减少人力成本。这些技术创新的应用将为江西省绿色物流的发展提供强有力的支撑。随着消费者环保意识的提高和绿色消费观念的普及，市场对绿色物流的需求不断增长。越来越多的企业和消费者开始关注物流活动的环保性能，倾向选择那些能够提供绿色物流服务的供应商。这为江西省物流企业提供了广阔的市场空间和发展机遇。通过提供绿色包装、绿色运输等增值服务，物流企业可以吸引更多注重环保的客户群体，提升自身品牌形象和市场竞争力。

为了推动绿色物流的发展，国家和地方政府出台了一系列政策支持和资金扶持措施。例如，对采用新能源运输工具、推广可循环包装材料的企业，给予税收减免、补贴奖励等优惠政策；对绿色物流示范项目，给予专项资金支持和技术指导等。这些政策支持和资金扶持措施，为江西省物流企业开展绿色转型提供了有力的保障。同时，政府还可以通过建立绿色物流评价体系和认证机制等方式，引导物流企业加大环保管理和技术创新投入力度。江西省地处中部地区，具有承东启西、连南接北的区位优势。随着区域经济一体化和长江经济带等国家战略的深入实施，江西省与周边地区的交流和经济合作日益频繁。这为江西省绿色物流的发展提供了广阔的协同发展空间和机遇。通过加强与周边地区的物流合作与信息共享机制建设，江西省可以推动跨区域物流通道的建设和优化布局；通过共同推进绿色物流标准和规范的制定与实施工作，促进区域绿色物流体系的协同发展和完善；通过联合开展绿色物流技术创新和示范项目推广等活动，提升区域绿色物流的整体水平和竞争力。

第二节　江西物流业绿色化发展的现状

一、江西绿色物流的政策环境与支持

在可持续发展的全球大背景下，作为推动经济与环境和谐共生的关键领域，绿色物流正受到越来越多的关注。江西省作为中国中部的重要省份，近年来积极响应国家生态文明建设号召，通过一系列政策制定与实施，为绿色物流的发展营造了良好的政策环境，提供了全方位的支持。

（一）政策环境

近年来，国家层面出台了一系列关于绿色物流发展的政策文件，为地方实践提供了宏观指导和方向。例如，《关于加快推进生态文明建设的意见》《关于促进快递业发展的若干意见》等，均强调了绿色物流的重要性，提出了推广绿色包装、减少污染排放、提高资源利用效率等具体要求。这些国家层面的政策文件，为江西省绿色物流的发展提供了有力的政策依据和支撑。

江西省在贯彻落实国家政策的同时，结合本省实际，制定了一系列具有地方特色的绿色物流发展政策。例如，《江西省塑料污染治理2024年重点工作清单》《江西省碳达峰实施方案》等，明确了绿色物流的具体目标和任务，提出了加快培育可循环快递包装新模式、推广使用绿色包装材料、加强物流运输环节的节能减排等具体措施。此外，江西省还出台了《江西省"快递进村"三年行动计划（2024—2026年）》和《江西省打造国家生态文明建设高地三年行动计划（2024—2026年）》等文件，进一步细化了绿色物流在农村地区和生态文明建设中的具体路径与策略。

（二）支持措施

江西省通过设立专项基金、提供财政补贴、税收减免等方式，对绿色物流项目给予资金支持。例如，对采用新能源运输工具、推广可循环包装材料的企业给予一定的财政补贴；对符合绿色物流标准的仓储设施、配送中心建设给予税收减免优惠。这些财政资金支持措施，有效降低了企业绿色转型的成本和风险，激发了企业参与绿色物流的积极性。江西省积极鼓励和支持物流企业进行技术创新与研发活动，推动绿色物流技术的研发和应用。例如，支持物流企业与高校、科研机构建立"产学研"合作机制，共同开展绿色包装材料、智能物流装备等关键技术的研发；鼓励企业引进和消化吸收国外先进绿色物流技术与管理经验。同时，江西省还通过举办绿色物流技术交流会、展览会等活动，促进绿色物流技术的推广和普及。

　　江西省加大物流基础设施建设力度，推动物流园区、配送中心等设施的绿色化、智能化升级。例如，支持建设多式联运型和干支衔接型货运枢纽（物流园区），增加水路、铁路货运量和集装箱铁水联运量；推广使用新能源运输工具，建设充电站、加氢站等配套设施；鼓励物流企业采用自动化、智能化仓储设备和管理系统，提高物流作业效率和准确性。这些基础设施建设和升级措施，为绿色物流的发展提供了有力保障。江西省通过建立健全绿色物流相关法规标准和监管体系，规范物流企业的环保行为和市场秩序。例如，制定和完善绿色包装、绿色运输等方面的标准与规范；加大对物流企业的环保监管和执法力度，对违反环保法律法规的行为进行严厉查处；建立绿色物流信用评价体系和奖惩机制，激励企业积极履行环保责任。这些法规标准和监管体系建设措施，为绿色物流的健康发展提供了有力保障。

二、江西绿色物流发展面临的挑战与瓶颈

　　随着全球对可持续发展的重视日益增强，绿色物流作为现代物流业的重要发展方向，在江西省也逐渐受到关注与推动。然而，在江西绿色物流的发展过程中，仍面临着诸多挑战与瓶颈，这些问题不仅制约了绿色物流的快速发展，也对江西省经济的可持续性产生了影响。

（一）市场需求不足与消费者认知局限

　　绿色物流的推广首先需要市场的广泛认可与需求。然而，在江西省乃至全国范围内，绿色物流的市场需求仍然相对较低。这主要是由于大多数消费者对绿色物流的概念、价值及重要性缺乏足够的了解。消费者在购买商品时，往往更关注价格、品质和服务等传统因素，而对商品在物流过程中的环保性能关注较少。因此，在没有足够市场需求驱动的情况下，物流企业缺乏足够的动力去投入绿色物流的建设与运营。

　　此外，消费者对绿色物流的认知局限也制约了其市场需求的形成。许多消费者对于绿色物流的理解还停留在表面阶段，认为绿色物流只是简单地使用环保包装材料或采用新能源运输工具。实际上，绿色物流涉及物流系统的各个环节，包括包装、运输、仓储、配送等多个方面，需要全面的

绿色化改造和升级。由于消费者对绿色物流缺乏深入的了解，导致其在选择物流服务时难以做出基于环保因素的决策。

（二）技术设备更新换代的压力

绿色物流的发展离不开先进技术和设备的支持。然而，对许多物流企业而言，技术设备的更新换代是一个巨大的挑战。一方面，绿色物流需要采用智能物流、绿色能源等先进技术和设备，这些技术和设备往往具有较高的成本投入与较长的回报周期。对资金实力较弱的中小物流企业而言，难以承担如此巨大的投入。另一方面，技术设备的更新换代需要物流企业具备相应的技术能力和人才储备。然而，在江西省乃至全国范围内，物流行业的人才短缺问题依然突出，特别是缺乏既懂物流又懂技术的复合型人才。这使得物流企业在技术设备更新换代过程中面临诸多困难。

（三）高成本投入与资金瓶颈

绿色物流的建设与运营需要大量的资金投入。这包括绿色包装材料的研发与生产、新能源运输工具的购置与维护、智能物流系统的建设与管理等多个方面。相比传统物流模式，绿色物流的成本投入更高。然而，在市场竞争激烈的环境下，物流企业往往难以通过提高服务价格来弥补绿色物流带来的额外成本。因此，高成本投入成为制约绿色物流发展的一个重要瓶颈。

此外，资金瓶颈也是物流企业面临的一个现实问题。由于绿色物流的投入周期较长且回报不确定，许多金融机构对绿色物流项目的融资持谨慎态度。这使得物流企业在筹集资金时面临诸多困难。特别是在中小物流企业中，由于规模较小、信用评级较低等原因，更难以获得金融机构的资金支持。

（四）政策支持不明确与监管体系不完善

绿色物流的发展离不开政府的政策支持和监管体系的保障。然而，在江西省乃至全国范围内，绿色物流的政策支持体系尚不完善。一方面，政策支持不明确导致物流企业在绿色转型过程中缺乏明确的指导方向和预期目标；另一方面，监管体系的不完善使得物流企业在绿色物流实践过程中难以获得有效的监管和保障。

具体来说，政策支持不明确主要体现在政策文件缺乏具体操作性、政策执行力度不够等方面。这使得物流企业在绿色转型过程中面临诸多不确定性和风险。同时，监管体系的不完善也导致物流企业在绿色物流实践过程中难以获得及时有效的指导和帮助。例如，在绿色包装材料、新能源运输工具等方面缺乏统一的标准和规范，在物流运输过程中的碳排放、能源消耗等方面缺乏有效的监管和考核机制等。

（五）环保意识薄弱与参与不足

绿色物流的发展需要全社会的共同参与和支持。然而，在江西省乃至全国范围内，环保意识仍然相对薄弱且参与不足。一方面，许多物流企业和从业人员对环保问题缺乏足够的认识与重视；另一方面，消费者和社会公众在绿色消费与环保行动方面缺乏足够的参与和贡献。

具体来说，物流企业和从业人员在环保意识方面的薄弱，主要体现在对环保法律法规的遵守不够严格、对环保技术的投入不足等方面。这使得物流企业在日常运营过程中难以做到真正的绿色化改造和升级。同时，消费者和社会公众在绿色消费与环保行动方面的参与不足也制约了绿色物流的发展。例如，许多消费者在购买商品时仍然更关注价格、品质等传统因素而忽略环保性能，社会公众在参与环保行动时往往缺乏足够的积极性和组织性。

（六）基础设施建设滞后与信息化水平低

绿色物流的发展需要完善的基础设施和较高的信息化水平作为支撑。然而，在江西省乃至全国范围内，物流基础设施建设和信息化水平仍然存在滞后现象。一方面，物流基础设施建设滞后导致在物流运输过程中的效率低下和成本上升；另一方面，信息化水平低制约了物流企业在绿色物流实践过程中的智能化和协同化发展。

具体来说，物流基础设施建设滞后主要体现在道路、港口、机场等设施的不完善以及物流园区、配送中心等设施的缺乏等方面。这使得物流企业在运输过程中面临诸多不便和障碍。同时，信息化水平低也导致物流企业在数据采集、处理和分析等方面存在不足。这使得物流企业难以实现对物流过程的全面监控和优化管理，进而制约了绿色物流的发展。

三、江西绿色物流的市场需求与潜力

随着全球对环境保护和可持续发展的重视日益加深，作为现代物流业的重要发展趋势，绿色物流正逐渐成为推动经济转型升级和高质量发展的重要力量。江西省作为中国中部的重要省份，拥有丰富的自然资源和良好的经济基础，绿色物流在江西的发展不仅顺应了时代潮流，也展现了巨大的市场需求与潜力。

随着人们生活水平的提高和环保意识的增强，绿色消费逐渐成为社会主流趋势。消费者在购买商品时，不仅关注产品的品质、价格和服务，还越来越注重产品从生产到消费全过程的环保性能。这种绿色消费观念的转变，直接驱动了市场对绿色物流的需求。在江西，随着消费者对环保问题的关注度不断提升，绿色包装、绿色运输等绿色物流服务逐渐成为消费者选择物流服务的重要考量因素。企业为了满足市场需求，提升品牌形象和竞争力，也纷纷开始寻求绿色物流解决方案。政府政策的引导和支持是绿色物流发展的重要推动力。近年来，江西省政府积极响应国家生态文明建设号召，出台了一系列促进绿色物流发展的政策措施。这些政策不仅明确了绿色物流的发展方向和目标，还通过财政补贴、税收优惠、融资支持等方式激励企业加大绿色物流投入力度。例如，《江西省塑料污染治理2024年重点工作清单》中明确提出要执行《快递循环包装箱》国家标准，加快培育可循环快递包装新模式，引导电商企业和快递企业合作减少包装用量等。这些政策的实施为江西绿色物流的发展提供了良好的政策环境和制度保障。

技术进步是推动绿色物流发展的重要驱动力。随着物联网、大数据、人工智能等现代信息技术的快速发展和广泛应用，绿色物流的智能化、自动化水平不断提高。在江西，许多物流企业已经开始利用这些先进技术对物流系统进行绿色化改造和升级。例如，通过智能调度系统优化运输路线减少空驶率，通过大数据分析预测物流需求提前调配资源，通过自动化仓储设备提高仓储效率降低能耗等。这些技术创新不仅提高了物流效率和服务质量，还显著降低了物流过程中的能源消耗和环境污染。随着居民收入水平的提高和消费结构的升级，人们对生活品质的追求也越来越高。高品质生活不仅体现在物质生活的丰富多样上，还体现在对生态环境和健康的关注上。因此，在消费升级的背景下，绿色物流成为满足人们高品质生活需求的重要保障。在江西，随着消费者对健康食品和有机农产品的需求不断增加，绿色冷链物流成为连接产地与消费者的重要桥梁。同时随着跨境电商和海外购物的兴起，国际物流的绿色化也成为满足消费者需求的重要方向。这些消费升级的趋势为江西绿色物流的发展提供了广阔的市场空间和发展机遇。

区域一体化是推动绿色物流发展的重要因素之一。江西省地处中国中部地区，是连接东南沿海与中部内陆的重要枢纽。随着长江经济带、中部崛起等国家战略的深入实施，江西省与周边省份的区域合作不断加强，这为江西绿色物流的发展提供了良好的区域协同机遇。通过构建跨区域的绿色物流网络，实现资源共享和优势互补，可以显著降低物流成本，提高物流效率。同时区域协同还有助于推动绿色物流标准的统一和互认，促进绿色物流服务的规范化和标准化发展。在江西，各级政府和企业正积极加强区域合作共同推进绿色物流网络的建设与完善。当然在江西绿色物流的发展过程中也面临着一些挑战和问题，如市场需求尚未完全释放、技术投入成本较高、人才短缺等。因此需要政府、企业和社会各界共同努力，加强政策引导和支持，加大技术研发投入力度，培养专业人才，推动绿色物流市场的健康发展。只有这样，才能充分应对和挖掘江西绿色物流的市场需求与潜力，为江西经济的转型升级和高质量发展做出更大贡献。

第三节　数字经济助力绿色物流的实现路径

一、数字化技术优化物流资源配置

随着信息技术的飞速发展，数字化技术已经渗透到社会经济的各个领域，物流行业也不例外。数字化技术不仅改变了物流行业的运营模式，还极大地优化了物流资源的配置，提高了物流效率和服务质量。

（一）数字化技术对物流资源配置的影响

通过物联网、大数据、云计算等手段，数字化技术实现了物流信息的实时采集、处理和分析。这使得物流过程中的各种资源，如车辆、仓库、货物等，都能够被准确地追踪和定位。信息的透明度和准确性的提升，有助于物流企业更好地掌握资源状况，从而做出更合理的资源配置决策。

借助先进的算法和模型，数字化技术能够对物流资源进行智能分配和调度。例如，通过优化算法，可以计算出最优的运输路线和配送计划，从而减少空驶率，提高运输效率。同时，数字化技术还能够预测物流需求，提前调配资源，避免资源闲置或浪费。数字化技术通过优化物流资源配置，降低了物流成本。一方面，通过减少资源闲置和浪费，降低了物流企业的运营成本；另一方面，通过提高物流效率和服务质量，提升了客户满意度，从而增加了企业的市场竞争力。

（二）数字化技术在物流资源配置中的实践应用

智能仓储系统是数字化技术在物流资源配置中的重要应用之一。通过引入自动化设备和智能管理系统，仓储作业实现了自动化和智能化。例如，自动化立体仓库能够自动完成货物的入库、存储、出库等作业，大大提高了仓储效率。同时，智能管理系统能够实时监控仓库内的货物状况和资源使用情况，有助于物流企业更好地进行资源配置。

智能运输系统是数字化技术在物流资源配置中的另一重要应用。通过引入车载终端、GPS定位、无线通信等技术手段，对运输过程实现了实时监控和智能调度。例如，物流企业可以通过智能运输系统实时掌握车辆的位置、速度、载重等信息，从而合理安排运输计划和路线。同时，系统还能够预测交通状况、天气变化等因素对运输的影响，提前做出调整，确保运输的准时和安全。物流信息平台是数字化技术在物流资源配置中的综合应用。通过整合各种物流信息资源，物流信息平台能够为物流企业提供一个全面、准确、实时的物流信息环境。在这个环境下，物流企业可以更加便捷地进行资源配置决策和优化。例如，通过物流信息平台，物流企业可以实时掌握各地的货物需求状况、运输资源状况、仓储资源状况等信息，从而制订出更加合理的物流计划和资源配置方案。

（三）数字化技术优化物流资源配置面临的挑战

虽然数字化技术为物流资源配置带来了诸多优势，但其应用也面临着一些挑战。首先，数字化技术的应用需要一定的技术基础和投入成本。对一些小型或传统的物流企业来说，可能难以承担高昂的技术研发和引入成本。

随着数字化技术在物流领域的广泛应用，物流数据的安全性和隐私保护问题也日益凸显。物流数据涉及企业的商业秘密和客户的个人信息等敏感内容，一旦泄露或被恶意利用，将给企业和客户带来严重的损失和风险。数字化技术的应用需要专业的技术人才和团队来支撑。然而，目前物流行业的人才结构还相对单一，缺乏既懂物流又懂技术的复合型人才。因此，如何培养和引进这类人才，成为物流企业面临的一个难题。

二、数字化技术减少物流碳排放

在全球气候变化的严峻背景下，低碳发展已成为各国经济转型的核心议题。物流行业作为支撑国民经济发展的基础性、战略性、先导性产业，其碳排放量占比较大，减少物流碳排放对一个国家实现全球碳中和目标至关重要。近年来，随着数字化技术的飞速发展，其在优化物流流程、提高运营效率、降低碳排放方面的潜力逐渐显现。

（一）数字化技术减少物流碳排放的路径

通过大数据分析，数字化技术能够精准预测货物需求分布，优化物流网络布局，减少不必要的运输距离和节点，从而降低运输过程中的碳排放。例如，利用智能调度系统对运输车辆进行实时调度和路径规划，避免空驶和重复运输，提高运输效率。此外，通过物联网技术实现货物的实时追踪与监控，确保运输过程的安全与高效，进一步减少碳排放。

仓储与配送环节是物流碳排放的重要来源之一。

通过引入自动化仓储系统和智能配送算法，应用数字化技术显著提高了仓储与配送效率。自动化仓储系统利用机器人和自动化设备进行货物存取和分拣，减少了人工操作的错误率和时间成本，同时降低了仓储过程中的能源消耗和碳排放。智能配送算法则根据订单信息和实时交通状况，为配送车辆规划最优路径，减少配送时间和距离，从而降低碳排放。包装是物流过程中不可忽视的碳排放源。数字化技术通过引入智能包装系统和电子面单等绿色包装解决方案，有效减少了包装材料的浪费和碳排放。智能包装系统利用传感器和物联网技术，对包装材料进行实时监控和管理，确保包装材料的使用效率和回收率。电子面单替代了传统的纸质面单，减少了纸张的使用量和相应的碳排放。此外，通过推广可降解包装材料和建立包装回收体系，可以进一步降低物流包装环节的碳排放。

新能源与清洁能源的应用是减少物流碳排放的重要途径之一。数字化技术通过构建新能源充电网络和清洁能源供应体系，为物流车辆提供清洁、高效的能源支持。例如，利用大数据和物联网技术，优化充电站布局和充电调度策略，提高充电效率和服务质量；通过智能电网技术，实现清洁能源的供需平衡和高效利用。同时，鼓励物流企业使用电动或氢能源等清洁能源车辆替代传统燃油车辆，从根本上降低其在物流运输过程中的碳排放。

（二）数字化技术减少物流碳排放的实践案例

满帮集团作为国内领先的互联网货运平台，通过大数据和人工智能技术优化物流运输过程，显著降低了碳排放。该平台利用智能推荐算法帮助货车司机快速找到货物，降低车辆空驶率和燃料消耗。据统计，2020年满帮集团通过该平台已减少了33万吨的碳排放。此外，满帮集团还积极推动新能源车辆的推广和使用，助力行业碳达峰和碳中和目标的实现。

菜鸟网络作为阿里巴巴旗下的物流平台，积极响应国家"双碳"目标，推出了一系列绿色物流解决方案。通过仓内装箱算法、原箱发货、电子面单、可降解塑料包装等标准化减碳服务，菜鸟网络为每个包裹提供了从仓储到配送、回收的全链路绿色减碳方案。据统计，单个包裹通过菜鸟网络的绿色物流解决方案可减碳约182克。此外，菜鸟网络还致力于推广绿色环保包装使用和建立包装回收体系，进一步降低物流包装环节的碳排放。

能链科技作为能源数字化的开路先锋，通过数字化技术提高能源使用效率并降低碳排放。在物流运输场景中，能链科技利用数字化技术实现运输车辆的远程叫号、异地排队、车队预约等功能，大幅缩短提油过程的等待时间，并减少车辆未熄火干烧情况的发生。此外，能链科技还积极促进新能源汽车替代燃油车进程，通过构建覆盖全国的充电服务网络，并实现绿色电力消纳，为新能源替代按下"加速键"。据统计，仅2022年能链科技就实现全年碳减排215.9万吨，较2023年显著提升。

三、数字化技术推动绿色物流创新

在全球气候变化和环境保护意识日益增强的背景下，绿色物流作为可持续发展的关键组成部分，正受到越来越多的关注。数字化技术，以其独特的优势和创新力，正成为推动绿色物流创新的重要力量。

（一）数字化技术推动绿色物流创新的现状

通过大数据分析和机器学习算法数字化技术，可以对物流网络进行深度优化。通过对历史数据的挖掘和分析，可以预测货物需求分布，优化物流节点的布局，减少不必要的运输距离和转运次数，从而降低物流过程中的碳排放。同时，应用智能调度系统能够实时调度运输车辆，规划最优路径，避免拥堵和空驶，进一步提高运输效率，减少能源消耗。

自动化仓储系统和智能配送算法的应用，显著提升了仓储与配送环节的效率和准确性。自动化仓储系统利用机器人、自动化分拣设备和物联网技术，实现了货物的快速存取和精准分拣，减少了人工操作的错误率和时间成本，同时降低了仓储过程中的能源消耗。智能配送算法则根据订单信息和实时交通状况，为配送车辆规划最优路径，确保配送的及时性和准确性，同时减少配送过程中的碳排放。数字化技术推动了绿色包装和电子面单的广泛应用。通过引入智能包装系统和可降解包装材料，减少了包装材料的浪费和环境污染。电子面单替代了传统的纸质面单，减少了纸张的使用量和相应的碳排放。此外，一些物流企业还建立了包装回收体系，鼓励客户参与包装回收，进一步降低了物流包装环节的碳排放。数字化技术在推动新能源与清洁能源在物流领域的应用方面发挥着重要作用。通过构建新能源充电网络和清洁能源供应体系，为物流车辆提供了清洁、高效的能源支持。智能电网技术和充电优化算法的应用，提高了充电效率和服务质量，降低了新能源车辆的使用成本。同时，一些物流企业还积极推广使用电动或氢能源等清洁能源车辆，替代传统燃油车辆，从根本上减少物流运输过程中的碳排放。

（二）数字化技术推动绿色物流创新面临的挑战

尽管数字化技术在推动绿色物流创新方面取得了显著成效，但仍面临一些挑战。

数字化技术的应用需要大量的资金投入，包括硬件设备的购置、软件系统的开发和维护等。对一些规模较小的物流企业来说，高昂的技术投入成本可能成为其难以逾越的障碍。数字化技术的应用涉及大量的数据交换和存储，如何确保数据的安全性和隐私性成为一个重要问题。物流企业在应用数字化技术时，需要建立完善的数据安全管理体系，防止数据泄露和滥用。目前，绿色物流领域尚未形成统一的行业标准和规范，导致不同企业在应用数字化技术时存在差异化和碎片化现象。这不利于数字化技术在绿色物流领域的广泛应用和深入发展。

（三）数字化技术推动绿色物流创新的前景展望

尽管面临一些挑战，但数字化技术推动绿色物流创新的前景仍然广阔。

随着物联网、大数据、人工智能等技术的不断发展和融合，数字化技术在绿色物流领域的应用将更加广泛和深入。未来，我们将看到更多创新的数字化解决方案涌现，为绿色物流带来更高的效率和更低的碳排放。政府在推动绿色物流发展方面发挥着重要作用。未来，政府将继续出台相关政策和措施，引导和支持物流企业应用数字化技术，推动绿色物流创新。同时，政府还将加大对新能源和清洁能源在物流领域应用的支持力度，降低新能源车辆的使用成本，推动绿色物流的快速发展。

绿色物流的发展需要整个行业的共同努力。未来，我们将看到更多的物流企业、科研机构和技术提供商之间的合作与共享，共同推动数字化技术在绿色物流领域的应用和创新。通过行业协作和共享，可以降低技术投入成本，提高技术应用效率，推动绿色物流的快速发展。随着消费者对环保和可持续发展的关注度不断提高，他们对绿色物流的需求也将不断增加。未来，消费者将更加倾向选择那些应用数字化技术、实现绿色物流的物流企业。同时，消费者还将积极参与绿色物流的实践，如使用可降解包装材料、参与包装回收等，共同推动绿色物流的发展。

第七章　江西物流业供应链优化

第一节　供应链优化的定义与重要性

一、供应链优化的概念目标与实现路径

供应链优化是现代企业管理中的重要组成部分，旨在通过科学的方法和先进的技术手段，对供应链中的各个环节进行有效管理和优化，以提高整体效率、降低成本、增强客户满意度，并应对日益复杂的市场环境。

（一）供应链优化的概念

供应链是指从原材料采购开始，经过生产制造、物流配送，最终将产品送达消费者手中的一系列相互关联的活动和过程。供应链管理是通过有效的管理和协调，将供应链中的各个环节紧密衔接，形成一个高效、协同的运作体系，以实现企业的战略目标。

供应链优化是指在有约束条件或资源有限的情况下，通过科学的方法和先进的技术手段，对供应链中的各个环节进行分析、调整和优化，以寻求最佳解决方案的过程。优化目标是提高供应链的整体效率、降低成本、增强客户满意度，并提升企业的市场竞争力。供应链优化问题通常由决策变量、目标函数和约束条件三个部分组成。决策变量是需要在优化过程中做出决策的因素，如订购原材料的时间、数量、生产计划的安排等；目标函数是优化所要达到的目标，如利润最大化、成本最小化、客户满意度提升等；约束条件是决策变量必须满足的条件，如供应商的生产能力、生产

线的负荷限制、库存容量等。

（二）供应链优化的目标

成本最小化是供应链优化的首要目标之一。通过优化采购、生产、物流等各个环节的成本，企业可以显著提高盈利能力。具体措施包括与供应商建立长期合作关系，以获得更优惠的采购价格、优化生产流程和加强库存管理，以降低生产成本和库存成本、采用先进的物流技术和设备，以提高运输效率等。

减少从订单到交付的时间，提高客户满意度，同时这也是供应链优化的重要目标。通过优化生产计划和物流配送流程，企业可以缩短订单处理时间、提高配送效率，从而更快地响应市场需求和客户需求。此外，采用先进的库存管理系统和需求预测模型，可以帮助企业更好地管理库存，减少缺货和积压的风险。确保产品和服务的质量满足客户期望是供应链优化的另一重要目标。通过优化供应商的质量管理、物流配送和售后服务等环节，企业可以提高产品质量和客户满意度。具体措施包括建立严格的质量管理体系、加强物流配送过程中的质量控制、提供及时有效的售后服务等。

识别潜在的风险并制定应对策略，以减少中断和损失的风险，是供应链优化的重要内容。在复杂多变的市场环境中，企业面临着多种风险，如供应商破产、自然灾害、市场需求波动等。通过加强风险管理和应急响应能力，企业可以更好地应对这些风险，确保供应链的稳定运行。快速响应市场变化和客户需求是企业获得竞争优势的关键。通过优化供应链的灵活性和适应性，企业可以更快地调整生产计划和物流配送方案，以应对市场需求的变化。此外，采用先进的信息技术和数据分析工具，可以帮助企业更好地预测市场趋势和客户需求，从而制定更加精准的市场策略。另外，提高供应链各环节的可见性，以便更好地监控和控制，也是供应链优化的重要目标之一。通过采用供应链管理软件和ERP系统，企业可以实现供应链各环节的信息共享和协同工作，提高信息流的速度和准确性。同时，加强与供应商和分销商的合作关系，共享需求预测、库存水平和运输计划等信息，可以进一步提高供应链的透明度和协同效率。

（三）供应链优化的实现路径

信息技术是实现供应链优化的关键。通过采用先进的供应链管理软件和ERP系统，企业可以实现供应链各环节的信息共享和协同工作，提高整体效率。同时，利用大数据和人工智能技术进行分析和预测，可以帮助企业更好地把握市场趋势和客户需求，制订更加精准的市场策略和生产计划。

建立紧密的合作伙伴关系是实现供应链优化的重要途径之一。通过与供应商、生产商、分销商和客户等各个环节建立长期合作关系，企业可以共同优化供应链的资源配置和流程协调，实现共赢发展。具体措施包括签订长期采购合同、共同研发新产品和服务、共享信息和资源等。流程优化和标准化是提高供应链效率的重要手段。通过对采购、生产、物流等环节的流程进行优化和标准化处理，企业可以降低运营成本、提高服务质量和客户满意度。具体措施包括简化流程步骤、明确职责分工、制定操作规范等。性能评估是实现供应链持续改进的重要保障。通过对供应链各环节的性能进行评估和监控，企业可以及时发现问题并加以解决。同时，建立持续改进机制，鼓励员工提出改进意见和建议，不断推动供应链的优化和创新发展。

二、供应链优化对企业竞争力的提升

在当今全球化的商业环境中，企业面临着日益激烈的市场竞争和不断变化的消费者需求。为了在这种环境中脱颖而出，企业必须不断优化其供应链，以提高效率、降低成本、增强客户满意度，并最终提升其市场竞争力。

（一）供应链优化的重要性

供应链优化是指企业在有限的资源条件下，通过科学的方法和先进的技术手段，对供应链中的各个环节进行分析、调整和优化，以寻求最佳解决方案的过程。其目标是提高供应链的整体效率、降低成本、增强客户满意度，并提升企业的市场竞争力。

供应链优化对企业的重要性不言而喻。一个高效、协同的供应链可以帮助企业更好地应对市场变化，快速响应消费者需求，提高产品质量和服务水平，从而赢得更多的市场份额和客户信任。同时，通过优化供应链，企业还可以降低运营成本，提高盈利能力，为企业的可持续发展奠定坚实基础。

（二）供应链优化对企业竞争力的提升作用

供应链优化可以帮助企业提高整体运营效率，包括采购、生产、物流等各个环节。通过优化流程、减少浪费、提高资源利用率，企业可以显著降低运营成本，提高盈利能力。同时，高效的供应链还可以帮助企业更快地响应市场变化，抓住商机，从而进一步提升市场竞争力。

供应链优化不仅可以提高企业内部运营效率，还可以帮助企业更好地满足客户需求。通过优化物流配送、提高产品质量和服务水平，企业可以为客户提供更加优质、便捷的服务体验，从而增强客户满意度和忠诚度。在市场竞争日益激烈的今天，客户满意度已经成为企业赢得市场份额的关键因素之一。供应链优化可以促进企业的创新与发展。通过优化供应链，企业可以更好地整合内外部资源，加大研发和创新投入力度，推出更多符合市场需求的新产品和服务。同时，高效的供应链还可以帮助企业更快地将新产品推向市场，抢占先机，从而赢得更多的市场份额和利润。在复杂多变的市场环境中，企业面临着多种风险，如供应商破产、自然灾害、市场需求波动等。通过供应链优化，企业可以建立更加稳健、灵活的供应链体系，提高风险抵御能力。例如，通过建立多元化的供应商体系、加强库存管理和物流配送能力，企业可以更好地应对突发事件和市场需求变化，确保业务的连续性和稳定性。

（三）供应链优化的实现路径与关键要素

1. 实现路径

（1）信息技术应用：信息技术是实现供应链优化的关键。企业可以通过采用先进的供应链管理软件和ERP系统，实现供应链各环节的信息共享和协同工作，提高整体效率。

（2）合作伙伴关系建立：建立紧密的合作伙伴关系是实现供应链优化的重要途径之一。企业可以与供应商、生产商、分销商等建立长期合作关系，共同优化供应链的资源配置和流程协调。

（3）流程优化与标准化：通过对采购、生产、物流等环节的流程进行优化和标准化处理，企业可以降低运营成本、提高服务质量和客户满意度。

（4）性能评估与持续改进：对供应链各环节的性能进行评估和监控，及时发现问题并采取有效措施加以解决。同时，建立持续改进机制，鼓励员工提出改进意见和建议。

2.关键要素

（1）领导层支持：供应链优化需要企业领导层的大力支持和推动。领导层应该制定明确的供应链优化战略和目标，并提供必要的资源和支持。

（2）跨部门协作：供应链优化涉及企业内部的多个部门和环节，需要各部门之间的紧密协作和配合。企业应该建立跨部门协作机制，确保各部门之间的信息共享和协同工作。

（3）员工培训与激励：员工是供应链优化的重要执行者。企业应该加强对员工的培训和教育，提高员工的供应链意识和技能水平。同时，建立激励机制，鼓励员工积极参与供应链优化工作。

（4）持续创新与学习：供应链优化是一个持续的过程，需要企业不断创新和学习。企业应该关注行业动态和最新技术发展趋势，不断引进和应用新技术、新方法，提高供应链的竞争力和效率。

第二节　江西物流业供应链的现状与存在的问题

一、江西物流供应链的结构与特点

江西，作为中国的重要省份之一，其物流供应链的发展对促进地方经济、提升产业竞争力具有重要意义。

（一）江西物流供应链的结构

江西的物流供应链由多个行业共同构成，包括运输业、仓储业、物流咨询业等。这些行业相互关联、相互依存，共同构成江西物流供应链的完整体系。运输业是物流供应链的核心环节，负责将货物从生产地运送到消费地；仓储业提供货物的存储和管理服务，确保货物在运输过程中的安全和完整；物流咨询业为企业提供物流方案设计、流程优化等咨询服务，帮助企业提升物流效率。

在江西，物流产业呈现出明显的产业集群效应。众多物流企业及相关支撑机构在空间上集聚，形成了多个物流园区和产业集群。这些产业集群通过资源共享、信息互通、协同合作等方式，提高了物流资源的利用效率，降低了运营成本，增强了整体竞争力。同时，产业集群还吸引了更多的物流企业和相关机构入驻，进一步促进了物流产业的发展壮大。江西物流供应链注重协同机制的建立。通过加强与供应商、生产商、分销商等供应链上下游企业的合作与沟通，实现了供应链各环节的紧密衔接和高效协同。这种协同机制不仅提高了供应链的响应速度和灵活性，还降低了库存成本和运输成本，提升了整体运营效率。

（二）江西物流供应链的特点

在江西的物流市场中，国有企业占据主导地位。这些国有企业大多由原运输、仓储、航空、铁路、水运等部门转变而来，拥有庞大的规模和丰富的资源。它们凭借自身的优势在市场中占据较大份额，为江西物流供应链的稳定运行提供了有力保障。然而，这也导致市场竞争不够充分，民营物流企业的发展空间受限。

目前，江西大部分物流企业的服务产品主要集中在低端领域，如仓储、运输、分拣、理货、配送等基本物流服务。这些服务产品虽然能够满足一般物流需求，但在高端物流服务领域，如供应链管理、物流金融、冷链物流等方面的发展相对滞后。这种服务产品低端化的现象限制了江西物流供应链增值能力和竞争力的提升。随着信息技术的不断发展，江西物流企业在技术应用方面也取得了一定的进展。一些领先的物流企业已经引入了先进的物流管理系统和智能化设备，提高了物流运营效率和服务质量。然而，仍有大量中小型物流企业由于资金、技术等方面的限制，技术应用水平较低，难以实现物流信息化和智能化。这种技术应用水平参差不齐的现象影响了江西物流供应链的整体发展水平。

冷链物流是物流供应链中的重要组成部分，对保障易腐食品的品质和安全具有重要意义。然而，在江西，冷链物流的发展相对滞后。由于建设投资大、系统庞大复杂、时效性要求高以及高成本性等特点，冷链物流的发展面临诸多挑战。这使得江西在农产品等易腐食品的物流运输方面存在较大的瓶颈和短板。近年来，江西积极探索"互联网+第四方物流"模式，通过利用互联网云计算和大数据技术建立共享人、仓、车集配物流体系，为快递、快消品、农产品、农资企业提供统一仓储、统一分拣、统一配送服务。这种模式有效解决了农产品上行"最先一公里"和农民生活、生产资料下行"最后一公里"问题，推动了县域物流快递资源和传统商流的深度整合，提高了物流效率和服务质量。然而，该模式在推广过程中仍面临诸多挑战，如信息共享机制不健全、利益分配机制不完善等。

（三）江西物流供应链的发展建议

政府应加大对物流产业的政策引导和支持力度，制定有利于物流产业发展的政策措施和规划方案。通过财政补贴、税收优惠等方式，鼓励物流企业加大投入力度，提升服务水平和竞争力。同时，加强基础设施建设和完善相关法律法规体系，为物流产业的健康发展提供有力保障。鼓励物流企业加大技术创新和应用力度，引入先进的物流管理系统和智能化设备，提高物流运营效率和服务质量。同时加强与高校、科研机构等的交流与合作，推动"产学研用"深度融合，促进物流技术的创新与发展。

鼓励物流企业拓展高端物流服务领域，如供应链管理、物流金融、冷链物流等，提升物流供应链的增值能力和竞争力。通过提供定制化、差异化的服务，满足客户的多元化需求，可以赢得更多市场份额和客户信任。加强供应链上下游企业之间的协同合作，建立紧密的合作关系，实现供应链各环节的紧密衔接和高效协同。通过信息共享、资源共享等方式，降低运营成本，提高整体运营效率，增强供应链的整体竞争力。加大对冷链物流的投资力度，完善冷链物流体系，提高冷链物流的运作效率和服务质量。通过引进先进技术和设备，加强冷链物流的管理和监控，确保易腐食品的品质和安全满足市场需求。

二、江西物流供应链面临的主要问题与挑战

江西作为中国中部的重要省份，其物流供应链的发展对推动地方经济、提升产业竞争力具有重要意义。然而，在快速发展的同时，江西物流供应链也面临着诸多问题和挑战。

尽管江西的道路基础建设较为完善，但物流基础设施的整体水平仍相对滞后。这主要体现在冷链物流设施、仓储设施、信息化平台等方面。冷链物流设施是保障农产品等易腐商品品质的关键，但江西的冷链物流体系尚未健全，冷库容量不足、分布不均，且技术水平较低，难以满足日益增长的市场需求。同时，仓储设施也存在老旧、容量有限等问题，影响了物流效率和服务质量。此外，信息化平台的建设滞后，使得物流信息的传递和处理不够及时、准确，影响了供应链的协同效率。江西物流企业在技术应用方面普遍存在水平不高的问题。许多企业仍采用传统的物流管理模式，缺乏先进的物流管理系统和智能化设备。这导致物流作业效率低下、成本高昂，且难以实现对物流过程的精准控制和优化。同时，对大数据、云计算、物联网等新技术的应用也处于起步阶段，尚未形成规模化应用效应。技术水平的落后不仅限制了物流企业的发展空间，也影响了整个物流供应链的竞争力。

物流行业的快速发展虽然对人才的需求日益迫切，但江西物流人才短缺的问题却日益凸显。一方面，物流从业人员的整体素质有待提高，许多从业人员缺乏专业的物流知识和技能，难以适应现代物流业的发展需求。另一方面，高端物流人才更是稀缺，如供应链管理专家、物流信息化人才等。人才的短缺不仅限制了物流企业的创新能力和服务水平提升，也影响了整个物流供应链的协同效率和竞争力。江西物流供应链中出现的物流成本问题不容忽视。由于物流基础设施不完善、技术水平不高以及管理不善

等原因，导致物流成本居高不下。这不仅增加了企业的运营成本负担，也影响了产品的市场竞争力。物流成本的高企还使得一些企业不得不放弃或限制物流服务的提供范围和质量水平，进一步制约了物流供应链的发展空间。

江西物流供应链中的协同难度也是一个不容忽视的问题。由于供应链上下游企业之间的信息共享机制不健全、利益分配机制不完善等原因，导致供应链协同效率低下、成本高企。同时，不同企业之间的文化差异、管理风格差异等也增加了供应链协同的难度。协同难度的增加不仅影响了供应链的响应速度和灵活性，也降低了整体运营效率和服务质量水平。随着全球环保意识的提高和各国政府对环保政策的收紧，江西物流供应链也面临着越来越大的环保压力。物流行业作为能源消耗和排放大户之一，在推动绿色物流发展方面任重道远。然而，目前江西物流企业在环保方面的投入和意识仍显不足，许多企业尚未建立完善的环保管理体系和节能减排措施。这不仅增加了企业的环保风险和成本负担，也影响了整个物流供应链的可持续发展能力。

随着物流市场的不断开放和国内外物流企业的纷纷涌入，江西物流市场竞争日益激烈。国内外物流企业在资金实力、技术水平、管理经验等方面具有明显优势，对本土物流企业构成了巨大威胁。本土物流企业要想在激烈的市场竞争中立足并取得发展优势，就必须不断提升自身的竞争力和服务水平。然而，由于上述问题的存在使得本土物流企业在提升竞争力和服务水平方面面临诸多困难与挑战。

三、江西物流供应链与先进地区之间的差距

在中国经济发展的版图中，物流供应链作为连接生产、分配、消费的关键环节，其发展水平直接影响到区域经济的竞争力。江西，作为中国中部的重要省份，近年来在物流供应链建设上取得了显著进步，但与经济发达地区相比，仍存在不小的差距。

（一）基础设施建设方面的差距

经济发达地区如长三角、珠三角等，物流网络覆盖广泛且密度高，形

成了多层次、立体化的物流体系。这些地区不仅拥有发达的公路、铁路、水路和航空运输网络，还构建了密集的物流节点和园区，为物流供应链的高效运作提供了坚实基础。相比之下，江西的物流网络虽然也在逐步完善，但整体覆盖范围和密度仍有待扩大，特别是在偏远地区和农村地区，物流设施相对匮乏，影响了物流服务的普及和效率。

冷链物流作为保障食品、医药等特殊商品品质保证的重要环节，在经济发达地区得到了高度重视和大力发展。这些地区不仅建设了大规模的冷库和冷藏车队，还引入了先进的温控技术和信息管理系统，确保冷链物流的高效、安全、可追溯。江西在冷链物流方面的发展相对滞后，冷库容量不足、分布不均，且技术水平较低，难以满足日益增长的市场需求。

（二）技术应用方面的差距

经济发达地区的物流供应链普遍实现了高度信息化和智能化，通过大数据、云计算、物联网等先进技术，实现了物流信息的实时共享、智能调度和精准控制。这些技术的应用不仅提高了物流作业的效率和准确性，还降低了运营成本和风险。相比之下，江西物流供应链的信息化和智能化水平仍有待提高，许多企业仍采用传统的物流管理模式，缺乏先进的物流管理系统和智能化设备支持。

在经济发达地区的物流中心和仓库中，自动化分拣线、搬运机器人等自动化设备得到了广泛应用，极大地提高了物流作业的自动化程度和效率。然而，在江西的物流行业中，自动化和机器人技术的应用相对有限，许多企业仍依赖人工操作完成物流作业，导致作业效率低下且成本高昂。

（三）人才储备方面的差距

经济发达地区不仅拥有庞大的物流从业人员队伍，还汇聚了大量高素质、专业化的物流人才。这些人才具备丰富的物流管理经验、深厚的专业知识和技能，能够为企业提供高质量的物流服务和创新解决方案。相比之下，江西在物流人才储备方面存在明显不足，高素质、专业化的物流人才短缺现象较为普遍，制约了物流供应链的创新和发展。

经济发达地区注重物流人才的培养和引进工作，通过建立校企合作机制、设立专项基金等方式，吸引和培养了一大批优秀物流人才。同时，这些地区还提供了良好的职业发展平台和福利待遇，留住了大量高素质物流人才。江西在物流人才培养和引进方面仍需加强，需要建立健全的人才培养体系和人才引进机制，提高物流人才的供给质量和数量。

（四）服务创新方面的差距

经济发达地区的物流企业注重服务模式和产品的创新，通过提供定制化、差异化的物流服务满足客户的多元化需求。这些企业不仅提供传统的运输、仓储等基础物流服务，还拓展了供应链金融、物流咨询等增值服务领域，提高了物流服务的附加值和竞争力。相比之下，江西物流企业在服务模式和产品创新方面相对保守，缺乏创新意识和动力，难以满足市场日益增长的个性化需求。

经济发达地区积极响应全球环保趋势，推动绿色物流实践的发展。这些地区通过采用环保材料、优化运输路线、提高能源利用效率等方式，降低物流过程中的碳排放和环境污染。同时，还加强了对绿色物流技术的研发和应用推广力度。江西在绿色物流实践方面仍处于起步阶段，需要进一步加强环保意识和技术创新力度推动绿色物流的发展。

（五）政策环境方面的差距

经济发达地区政府高度重视物流供应链的发展，出台了多项扶持政策，为物流企业提供税收减免、资金补贴等优惠政策，降低了企业的运营成本，提高了市场竞争力。相比之下，江西虽然也出台了一系列扶持政策，但在政策支持力度和覆盖面方面仍有待加强，以确保物流企业能够享受到更加公平、透明、有力的政策支持。

经济发达地区建立了完善的物流法规和标准体系，为物流行业的规范发展提供有力保障。这些法规和标准涵盖了物流服务的各个环节，包括运输、仓储、配送等，并明确了相关责任和义务，确保物流服务的质量和安全。江西在物流法规和标准体系建设方面仍需完善，以确保物流行业的健康有序发展。

第三节　数字经济在供应链优化中的应用

一、应用数字化技术提升江西物流供应链透明度

在全球化与信息化交织的今天，供应链的高透明度已成为企业竞争力的重要体现。江西，作为中国中部的重要省份，其供应链体系的发展对推动地方经济、提升产业竞争力具有重要意义。数字化技术的迅猛发展为提升江西供应链透明度提供了强有力的支持。

（一）数字化技术在供应链透明度提升中的作用

数字化技术通过物联网、GPS、RFID等技术手段，实现了对供应链各环节的实时监控和数据采集。这些数据包括物流信息、库存状态、生产进度、销售数据等，为企业提供了全面的供应链视图。通过对这些数据的深入分析，企业可以及时发现供应链中的问题和瓶颈，优化资源配置，提高运营效率。

数字化平台打破了传统供应链中的"信息孤岛"现象，实现了供应链上下游企业之间的信息共享和协同作业。供应商、制造商、分销商、零售商等各环节企业可以通过数字化平台实时交换信息，协同制定生产计划、物流方案和销售策略等，从而提高供应链的响应速度和灵活性。同时数字化技术还通过大数据分析和人工智能算法，为企业提供智能化的决策支持。通过对历史数据的挖掘和分析，企业可以预测市场趋势、评估供应链风险、优化库存管理策略等。这些智能化决策支持工具帮助企业做出更加精准、高效的决策，提升供应链的整体绩效。

（二）江西物流供应链透明度现状

尽管江西在物流基础设施建设、物流企业发展等方面取得了一定成绩，但供应链透明度方面仍存在不少问题。主要表现为以下几个方面：

由于历史原因和技术限制，江西供应链各环节企业之间的信息系统往

往相互独立，难以实现信息共享。这导致供应链中的信息流动不畅，各个企业难以获得全面的供应链视图，影响了供应链的协同效率和透明度。江西部分物流企业和生产企业在数据采集和处理方面存在不足。一方面，由于缺乏先进的数据采集设备和技术手段，企业难以获取全面、准确的供应链数据；另一方面，由于数据处理能力不足，企业难以对海量数据进行有效分析和利用，从而无法充分挖掘供应链中的潜在价值。

江西供应链体系中的标准化程度相对较低，各企业之间的业务流程、数据格式、接口标准等存在差异。这导致企业在信息共享和协同作业时面临诸多障碍，增加了供应链的复杂性和不确定性。

（三）数字化技术的应用路径

针对江西供应链透明度现状中存在的问题，应用数字化技术可以从以下几个方面入手提升供应链透明度：

江西应积极推动构建数字化供应链平台，整合供应链各环节企业的信息系统和数据资源。通过平台化的方式实现信息共享和协同作业，打破"信息孤岛"现象，提高供应链的透明度和协同效率。平台应具备数据采集、处理、分析、可视化等功能，为企业提供全面的供应链视图和智能化的决策支持。江西物流企业和生产企业应加大对数据采集设备和技术的投入力度，提高数据采集的准确性和全面性。同时，加强数据处理能力建设，引入先进的数据分析工具和算法模型，对海量数据进行深入挖掘和分析。通过数据驱动的方式优化供应链管理流程，提高供应链的透明度和运营效率。江西应积极推进供应链标准化建设制定统一的业务流程、数据格式、接口标准等规范。通过标准化手段降低供应链各企业之间的协同成本，提高信息共享的效率和准确性。政府、行业协会和企业应共同参与标准化建设工作，并形成合力推动供应链标准化的深入实施。

（四）面临的挑战及应对策略

在推进数字化技术提升江西供应链透明度的过程中难免会遇到一些挑战。

数字化技术的应用需要企业具备一定的技术实力和人才储备。对中小企业而言，可能面临技术应用门槛高的问题。应对策略包括加大技术培训和人才引进力度，提高企业的技术应用能力和水平；鼓励大型企业与中小企业开展合作，共享技术资源和经验，推动整个供应链的技术进步和透明度提升。数字化技术的实施需要投入大量的资金用于设备采购、系统升级、人才培养等方面。对资金实力较弱的企业而言，可能面临较大的资金压力。应对策略包括政府提供财政补贴和税收优惠等政策，支持降低企业的资金压力；鼓励金融机构提供贷款和融资，支持并帮助企业解决资金问题。在数字化供应链中，数据的流动和共享更加频繁和广泛，同时也面临着数据安全与隐私保护的问题。应对策略包括建立健全的数据安全管理制度和技术防护措施，确保数据的安全性和隐私性；加强法律法规建设，明确数据权属和使用权限，保障企业的合法权益不受侵害。

二、应用数字化技术优化江西物流供应链协同效率

随着信息技术的飞速发展，数字化技术在供应链管理中扮演着越来越重要的角色。江西省作为中国的重要省份，近年来在推动供应链协同效率优化方面取得了显著成效。

（一）数字化技术在供应链协同中的应用背景

供应链管理是一个复杂的系统工程，涉及生产、采购、物流、销售等多个环节。传统的供应链管理模式往往存在"信息孤岛"、流程烦琐、响应速度慢等问题，难以适应现代市场的快速变化。数字化技术的引入，为供应链协同效率的提升提供了强有力的支持。

江西省在推动供应链协同效率优化方面，积极响应国家政策，结合本地实际，制定了一系列具体措施。通过数字化技术的应用，江西省在农产品供应链、制造业供应链等多个领域取得了显著成效，不仅提升了供应链的整体效率，还促进了当地经济的发展。

（二）数字化技术在供应链协同中的优势

数字化技术通过构建统一的信息平台，实现供应链各参与方之间的实时信息共享。无论是供应商、制造商、分销商还是零售商，都能在同一个

平台上获取最新的供应链动态信息，从而快速做出决策，调整生产计划和库存管理策略。基于大数据和人工智能技术，数字化供应链平台能够更精准地预测市场需求和销售趋势。通过对历史数据的深度挖掘和分析，企业可以制订出更合理的生产计划和制定出库存管理策略，减少库存积压和过剩，降低运营成本。

数字化协同使得供应链管理团队能够灵活应对市场变化和客户需求。通过实时数据共享和紧密协作，各参与方能够快速应对市场波动，调整生产计划和物流安排，确保供应链的顺畅运行。应用数字化技术让供应链的每一个环节都清晰可见，提高了供应链的透明度。企业能够准确追踪物流和供应商绩效，及时发现和解决问题，保障供应链的高效运作。同时，透明化的供应链也有助于增强客户信任，提升品牌形象。数字化协同为企业提供了丰富的数据资源，为创新和持续改进提供了基础。通过对供应链数据的深度挖掘和分析，企业可以发现潜在的改进点和机会，不断优化供应链流程和服务质量，提升整体竞争力。

（三）江西物流供应链协同的数字化实践案例

江西省认真落实国家关于加快农产品供应链体系建设的政策要求，通过数字化技术推动农产品供应链的升级。例如，通过建设冷链流通基础设施改造升级项目、销地冷链集配中心、低温配送中心等项目，显著提升了农产品跨区冷链流通效率和跨季供需调节能力。同时，数字化平台的应用使得农产品流通信息更加透明，有效缓解了农产品销售难、加工难、运输难等问题。

在制造业领域，江西省积极推动供应链数字化转型。以江铜集团为例，该集团通过构建全面的供应链管理信息系统，将原材料采购、生产制造、仓储物流等各个环节的运营数据进行了集中管理和分析。通过实时掌握供应链各环节的运行状况，企业能够迅速应对市场变化，调整生产计划或采取补救措施，最大程度降低供应链风险。此外，数字化技术的应用还推动了制造业的智能化发展，如无人驾驶矿山、智能工厂等项目的实施，显著提升了生产效率和产品质量。供应链金融作为金融和实体经济的重要枢纽，对提升供应链协同效率具有重要意义。江西省通过推动供应链金融数字化创新，可以为产业链上下游的中小微企业提供更加便捷、高效的融资服务。例如，通过构建供应链金融服务平台，实现供应链各环节数据的实时共享和协同分析，为金融机构提供精准的信用评估和风险控制依据，从而有效降低中小微企业的融资成本并提高融资效率。

（四）未来展望与建议

未来，江西省应继续加强供应链数字化基础设施建设，包括完善信息网络平台、提升数据处理能力等。通过构建更加高效、稳定的信息系统平台，为供应链协同效率的提升提供有力支撑。

在推动供应链协同效率优化的过程中，应注重跨行业的协同合作。通过构建跨行业的供应链协同平台，实现不同行业之间的信息共享和业务协同，从而进一步提升供应链的整体效率。数字化技术的应用需要专业的人才支持。江西省应加大对供应链管理和数字化技术人才的培养与引进力度，为供应链协同效率的提升提供充足的人才保障。技术创新是推动供应链协同效率提升的关键。江西省应持续关注前沿技术的发展动态，积极引进和推广新技术、新模式，推动供应链管理的持续创新和优化。

三、应用数字化技术降低江西物流供应链风险

在全球化背景下，供应链管理面临着诸多挑战，包括市场需求波动、物流中断、供应商不确定性等。这些风险不仅影响企业的正常运营，还可能对整个供应链的稳定性和韧性构成威胁。江西省作为中国的重要省份，在应对供应链风险方面积极探索，通过数字化技术的应用，有效降低了供应链风险，提升了供应链的可靠性和韧性。

（一）供应链风险概述

供应链风险是指影响供应链正常运行的不确定性因素，包括但不限于市场需求波动、供应商破产、物流中断、自然灾害等。这些风险可能导致供应链成本上升、交货延迟、产品质量下降等问题，进而影响企业的竞争力和市场地位。因此，降低供应链风险成为企业管理的重要议题。

（二）数字化技术在降低供应链风险中的作用

应用数字化技术通过提高供应链的透明度、实时性、灵活性和预测能力，显著降低了供应链的风险。

应用数字化技术使得供应链各环节的信息得以实时共享和透明化。企业可以实时追踪物料流动、库存状态、生产进度等信息，从而及时发现潜在的风险点并采取措施加以应对。例如，通过区块链技术，可以实现供应链信息的去中心化存储和不可篡改，提高信息的真实性和可信度，减少因信息不对称导致的风险。应用数字化技术使得供应链管理团队能够实时获取并分析数据，快速响应市场变化和客户需求。当供应链出现中断或异常时，企业可以迅速调整生产计划、物流安排等，以最小化风险对供应链的影响。例如，通过物联网（IoT）技术，企业可以实时监测仓库库存、运输车辆状态等信息，一旦发现库存不足或运输延误等问题，就可以立即采取措施加以解决。

应用大数据和人工智能技术使得企业能够更准确地预测市场需求、供应商绩效等关键指标。通过对历史数据的深度挖掘和分析，企业可以建立更加精准的预测模型，为供应链管理提供科学依据。这有助于企业提前准备资源、优化库存结构、调整生产计划等，从而降低因预测不准导致的风险。数字化技术有助于企业优化供应链布局，减少物流环节和成本，提高供应链的可靠性和韧性。例如，通过地理信息系统（GIS）和物流优化算法，企业可以合理规划仓库位置、运输路线等，降低物流成本和提高运输效率。同时，通过多元化供应商策略，企业可以降低对单一供应商的依赖程度，减少因供应商破产或中断供应导致的风险。数字化技术使得企业能够建立更加完善的风险管理机制。通过风险识别、评估、监控和应对等环节的数字化管理，企业可以更加系统地管理供应链风险。例如，通过构建风险预警系统，企业可以实时监测供应链各环节的风险指标，一旦发现异常，就可以立即触发预警机制并采取相应的应对措施。

（三）江西物流供应链数字化降低风险的实践案例

江西省在农产品供应链数字化方面取得了显著成效。通过建设冷链流通基础设施、销地冷链集配中心等项目，实现了农产品从田间到餐桌的全程冷链覆盖。同时，利用数字化技术建立农产品追溯体系，确保农产品质量安全可追溯。这些措施有效降低了农产品在运输、储存等环节中的损耗和变质风险，提高了农产品的市场竞争力。

江西省制造业企业积极推进供应链数字化转型，通过构建智能制造系统和供应链管理信息系统，实现了生产过程的自动化、智能化和透明化。例如，江铜集团通过数字化技术实现了对原材料采购、生产制造、仓储物流等环节的实时监控和管理，提高了供应链的响应速度和灵活性。同时，通过多元化供应商策略和优化库存结构等措施，降低了因供应商中断供应或库存积压导致的风险。江西省积极推动供应链金融数字化创新，通过构建供应链金融服务平台，为产业链上下游的中小微企业提供便捷、高效的融资服务。数字化技术的应用使得金融机构能够实时获取并分析企业的交易数据、信用记录等信息，从而更准确地评估企业的信用风险和还款能力。这有助于降低金融机构的信贷风险并提高融资效率，为中小微企业提供更加稳定的资金支持。

第四节　供应链协同与信息共享的实现

一、江西物流供应链协同的核心价值与意义

在全球化竞争日益激烈的今天，供应链协同已成为企业提升竞争力、降低成本、提高效率的重要手段。江西省作为中国经济的重要组成部分，其供应链协同的发展不仅关乎省内企业的兴衰，更对区域经济乃至全国经济的发展产生深远影响。

（一）供应链协同的定义与内涵

供应链协同是指供应链全链条的各环节（包括上下游各企业及企业内各部门）实现协同运行的一系列活动或最终效果。它强调供应链各参与方在共同目标的指引下，通过信息共享、资源整合、流程优化等手段，实现

供应链整体效益的最大化。供应链协同不仅要关注单个企业的利益，也要注重整个供应链的协调发展，体现出互利共赢的合作精神。

（二）江西物流供应链协同的核心价值

通过整合供应链上下游资源，优化资源配置，减少供应链中的浪费和低效环节，从而降低整体成本。例如，通过协同采购，企业可以集中需求，获得更优惠的采购价格；通过协同物流，企业可以合理规划运输路线，降低物流成本。这些成本的降低直接转化为企业效益的提升，增强了企业的市场竞争力。市场需求的快速变化要求供应链具备高度的灵活性。供应链协同通过信息共享和流程优化，使企业能够更快速、更准确地响应市场变化。例如，当市场需求突然增加时，供应链协同就可以迅速调动资源，增加生产规模，满足市场需求；当市场需求下降时，供应链协同就可以调整生产计划，减少库存积压，降低风险。这种灵活性有助于企业抓住市场机遇，规避市场风险。

通过打破企业间的壁垒，实现供应链各环节的无缝对接，提升了供应链的整体效率。例如，通过协同生产计划，企业可以根据市场需求和销售预测，合理安排生产进度，避免生产过剩或不足；通过协同库存管理，企业可以实现库存的实时共享和动态调整，降低库存成本，提高库存周转率。这些措施共同作用于供应链，提升了供应链的整体效率。供应链协同为企业间的创新合作提供了平台。通过协同研发、协同设计等活动，企业可以共享创新资源，降低创新成本，提高创新效率。同时，供应链协同还有助于企业及时获取市场反馈和客户需求信息，为创新提供方向指引。这种创新合作不仅推动了企业自身的发展，也促进了整个供应链的进步和升级。通过信息共享和资源整合，增强了供应链的抗风险能力。当供应链面临外部冲击或内部风险时，各参与方可以迅速响应，共同制定应对措施，降低风险影响。例如，面对自然灾害等不可抗力因素导致的物流中断，企业可以迅速调整物流方案，确保供应链的稳定运行；面对供应商破产等内部风险，可以通过多元化供应商策略降低对单一供应商的依赖程度，减少风险暴露。

（三）江西物流供应链协同的意义

江西供应链协同的发展有助于推动区域经济的整体发展。通过优化供应链资源配置，降低生产成本，提高产品竞争力，江西企业可以在国内外市场上占据更有利的位置。同时，供应链协同还促进了产业链上下游企业的紧密合作，形成产业集群效应，进一步推动了区域经济的繁荣。供应链协同是提升企业竞争力的重要途径。通过参与供应链协同，江西企业可以获得更多的市场信息和资源支持，提升自身的创新能力和市场响应速度。同时，供应链协同还有助于企业建立稳定的合作关系和信誉体系，增强企业的品牌影响力和市场地位。这些优势共同作用于企业，可以提升江西企业的整体竞争力。

参与供应链协同有助于推动江西产业的转型升级。通过协同研发、协同设计等活动，企业可以引入新技术、新工艺和新材料，推动产品和服务的创新升级。同时，参与供应链协同还有助于企业优化生产流程和管理模式，提高生产效率和产品质量。这些变化可以共同推动江西产业的转型升级和高质量发展。在全球化背景下，供应链面临着诸多不确定性和风险。江西供应链协同的发展有助于增强供应链的韧性，提高供应链应对外部冲击和内部风险的能力。通过信息共享和资源整合等手段，供应链各参与方可以共同制定应对措施，降低风险影响，保障供应链的稳定运行。这种韧性对维护江西经济的稳定和可持续发展具有重要意义。同时供应链协同还有助于促进江西经济的可持续发展。通过优化资源配置和降低生产成本等措施，供应链协同可以降低环境污染和资源浪费现象的发生。同时，供应链协同还有助于企业引入绿色生产技术和环保材料等措施，推动绿色供应链的发展。这些措施可以助力江西经济可持续发展。

二、信息共享在江西物流供应链协同中的作用

在江西乃至全球的商业环境中，加强供应链协同已成为企业提升竞争力、优化资源配置、降低成本的关键策略。信息共享作为加强供应链协同的基础，其作用不可忽视。

（一）信息共享的定义与重要性

信息共享是指供应链上下游企业之间，以及供应链内部各环节之间，通过有效的沟通机制和技术手段，实时、准确地交换关键信息的过程。这些信息包括但不限于市场需求、库存状态、生产计划、物流进度、质量反馈等。信息共享的重要性在于它能够打破"信息孤岛"，促进供应链各环节的紧密协作，提高整体响应速度和决策效率。

（二）信息共享在江西物流供应链协同中的具体作用

信息共享的首要作用是增强供应链的透明度。通过实时共享关键信息，供应链各环节能够清晰地了解彼此的状态和需求，减少信息不对称带来的误解和冲突。在江西的供应链中，这种透明度有助于企业及时发现潜在问题，如库存积压、生产延误等，并迅速采取措施加以解决。同时，透明度还促进了供应链各环节的相互信任和合作，为协同工作奠定了坚实基础。信息共享使得供应链各环节的决策能够基于更全面、更准确的信息。在江西供应链中，企业可以通过共享市场需求和销售预测信息，制订更加科学合理的生产计划；通过共享库存状态信息，优化库存管理策略，减少库存积压和缺货风险；通过共享物流进度信息，及时调整物流方案，确保货物按时送达。这些基于信息共享的决策不仅提高了决策效率，还降低了决策风险，有助于企业更好地应对市场变化。

信息共享有助于优化供应链中的资源配置。在江西供应链中，通过共享生产计划和库存信息，企业可以更加精准地预测资源需求，避免过度采购和浪费；通过共享物流信息，企业可以合理规划运输路线和车辆调度，提高运输效率并降低运输成本。此外，信息共享还促进了供应链各环节的资源共享和优势互补，如共享生产设备、技术人员等，进一步提高了资源利用效率。在快速变化的市场环境中，供应链的响应速度至关重要。信息共享通过实时传递关键信息，使得供应链各环节能够迅速响应市场变化和客户需求。在江西供应链中，当市场需求突然增加时，企业可以通过信息共享快速了解下游客户的需求变化，并立即调整生产计划增加产量；当物流环节出现问题时，企业可以迅速获取物流进度信息并采取措施解决问题，确保货物按时送达。这种快速的响应能力有助于企业抓住市场机遇并提升客户满意度。信息共享有助于降低供应链中的风险。通过共享关键信息，供应链各环节能够及时发现潜在的风险因素并采取措施加以防范。在江西供应链中，企业可以通过共享供应商信息和质量反馈信息来评估供应商的风险水平并采取相应的管理措施；通过共享物流信息和天气预警信息来预测物流风险并提前做好准备。此外，信息共享还提高了供应链各环节的紧密协作和共同应对风险的能力，有助于降低整体风险水平。信息共享为供应链创新提供了有力支持。通过共享市场趋势、技术创新等信息，供应链各环节能够共同探索新的商业机会和发展方向。在江西供应链中，企业可以通过信息共享了解市场需求的变化趋势和消费者偏好的变化特点，从而研发出更符合市场需求的新产品；通过共享技术创新信息和技术成果，企业可以共同推动技术升级和产品创新。这种基于信息共享的创新合作有助于提升整个供应链的竞争力和创新能力。

（三）实现信息共享的关键要素

信任是信息共享的基础。在江西供应链中，企业需要建立稳定、长期的合作关系，并构建信任机制以解决商业机密泄露等隐患。通过签订保密协议、建立信任评估体系等措施来增加彼此之间的信任感。

统一的数据标准是实现信息共享的前提。在江西供应链中，各企业不仅需要共同制定一套统一的数据标准和交换协议以确保信息的准确性和一致性，还需要建立统一的信息共享平台来支持数据的实时传递和共享。现代技术在实现信息共享方面发挥着重要作用。在江西供应链中，企业不仅可以利用物联网、大数据、人工智能等先进技术，来实现对供应链各环节的实时监控和数据分析，提高信息共享的效率和准确性，还需要关注技术整合和数据保护等问题以确保信息的安全性和隐私性。沟通协调是实现信息共享的关键环节。在江西供应链中，各企业需要建立开放、高效的沟通渠道以促进实时协作和问题的解决。通过定期召开会议、建立在线协作平台等措施，来加强彼此之间的沟通和协调，确保信息共享的顺畅进行。

三、江西物流供应链协同存在的障碍与突破

在江西省的物流供应链体系中，协同作业是提升整体效率、降低成本、增强竞争力的关键。然而，实际操作中，供应链协同面临着诸多障碍。

（一）江西物流供应链协同存在的障碍

"信息孤岛"是制约供应链协同的首要障碍。在江西物流供应链中，不同企业、不同环节之间的信息系统往往各自为政，缺乏统一的标准和接口，导致信息无法顺畅流通。这不仅增加了信息处理的难度和成本，还降低了供应链整体的响应速度和决策效率。参与供应链协同需要各参与方共同努力，而利益分配机制的不完善往往会成为协同的"绊脚石"。在江西物流供应链中，由于企业间实力、地位等差异，利益分配往往难以做到公平合理。这导致部分企业在协同过程中缺乏积极性，甚至出现搭便车、机会主义等行为，损害整体利益。

信任是供应链协同的基础，而信任缺失和风险担忧却普遍存在于江西物流供应链中。由于市场环境复杂多变，企业间难以建立长期稳定的信任关系。同时，信息共享可能带来的商业机密泄露风险也让部分企业望而却步。这种信任缺失和风险担忧严重阻碍了供应链协同的深入发展。基础设施与技术支持是实现供应链协同的重要保障。然而，在江西物流供应链中，部分基础设施相对落后，无法满足协同作业的需求；技术支持相对薄弱，缺乏先进的信息技术和智能设备来支持供应链的高效运行。法律法规与政策环境对供应链协同具有重要影响。在江西，虽然政府出台了一系列支持物流供应链发展的政策措施，但相关法律法规尚不完善，执行力度也有待加大。这导致供应链协同过程中出现的纠纷难以得到有效解决，影响了企业的合作意愿和积极性。

（二）突破江西物流供应链协同障碍的策略

针对"信息孤岛"现象严重的问题，应加强信息化建设，推动各企业、各环节之间的信息系统互联互通。具体而言，可以建立统一的供应链信息平台，制定统一的数据标准和交换协议，实现信息的实时传递和共享。同

时，鼓励企业采用先进的信息技术和智能设备来提升信息处理能力与效率。为了激发各参与方的协同动力，应完善利益分配机制，确保公平合理。可以建立基于贡献度的利益分配模型，根据各企业在供应链协同中的实际贡献来分配利益。同时，还可以引入第三方仲裁机构来处理利益分配过程中的纠纷和争议，保障各企业的合法权益。

为了建立稳定的信任关系并降低风险担忧，可以采取以下措施：一是加强企业间的沟通和交流，增进相互了解和信任；二是签订保密协议和合作协议，明确双方的权利和义务；三是引入第三方担保机构来提供担保服务，降低商业机密泄露等风险；四是加强行业自律和监管力度，打击不正当竞争和违法行为。为了提升供应链协同的基础设施和技术支持能力，应加大相关投入力度。一方面，可以加大对物流园区、配送中心等基础设施的建设和改造力度；另一方面，可以引入先进的信息技术和智能设备，来支持供应链的高效运行。同时还应加大对从业人员的培训和教育力度，提升他们的专业素养和技能水平。为了完善法律法规与政策环境，应加强对供应链协同相关法律法规的研究和制定工作。一方面，可以借鉴国际先进经验并结合江西实际情况制定具有针对性的法律法规；另一方面，可以加大政策引导和扶持力度，鼓励企业积极参与供应链协同作业。同时，还应加大执法力度和监管力度，保障法律法规的有效实施与执行效果。

第八章 数字经济助力江西跨境电商与物流业融合发展

第一节 跨境电商的定义与发展趋势

一、跨境电商的核心概念与特点

跨境电商,即跨境电子商务,是指分属不同关境的交易主体,通过电子商务平台达成交易、进行电子支付结算,并通过跨境物流送达商品,从而完成交易的一种国际商业活动。这一概念的核心在于跨越国界的电子商务交易,它融合了互联网、国际贸易、电子支付和跨境物流等多个领域,成为全球经济一体化背景下的重要商业模式。

(一)跨境电商的核心概念

跨境电商的核心在于"跨境"与"电子商务"的结合。"跨境"意味着交易双方分属不同的国家或地区,存在关税、汇率、法律法规、文化差异等多种障碍;"电子商务"则是指利用互联网等现代信息技术手段进行的商务活动,具有高效、便捷、低成本等优势。跨境电商将这两者有机结合,打破了传统国际贸易的地域限制,实现了全球范围内商品的流通和服务的提供。

(二)跨境电商的特点

作为一种新兴的国际商业活动,跨境电商具有许多独特的特点,这些特点不仅体现出其相对传统国际贸易的优势,也反映了其面临的挑战和机遇。

　　跨境电商的全球性是其最显著的特点之一。互联网的无边界性使得跨境电商能够跨越地理限制，实现全球范围内商品的流通和服务的提供。商家可以依托网络平台，将产品和服务推向全球市场，吸引来自世界各地的消费者。同时，消费者也可以通过跨境电商平台轻松购买到来自不同国家的优质商品和服务。跨境电商的交易过程涉及多个国家和地区，形成了多边网状结构。与传统的双边贸易不同，跨境电商可以通过A国的交易平台、B国的支付结算平台、C国的物流平台等实现多国之间的直接贸易。这种多边网状结构不仅提高了贸易效率，还促进了全球经济一体化的进程。跨境电商通过电子商务平台实现了交易双方的直接对接，减少了中间环节和成本。传统的国际贸易往往需要经过多个中间商和分销渠道，导致交易成本高、时间长。跨境电商则通过电子商务平台直接连接卖家和买家，实现了信息的快速传递和商品的快速流通。这种直接化的交易方式不仅降低了成本，还提高了交易效率和客户满意度。

　　跨境电商的交易对象多为单个企业或消费者，相对传统贸易而言，大多是小批量甚至单件交易。同时，由于电子商务平台的便捷性和即时性，消费者可以随时随地进行购物和支付，导致交易频次大大增加。这种小批量多频次的交易模式不仅适应了现代消费者个性化、多样化的需求趋势，也为卖家提供了更多的市场机会和利润空间。随着信息网络技术的深化应用，数字化产品（如软件、影视、游戏等）的品类和贸易量在跨境电商中快速增长。数字化产品具有易于复制、传输和存储的特点，非常适合通过跨境电商平台进行销售和消费。此外，数字化产品的交易还可以实现即时清结和按需采购等功能，进一步提高了交易的效率和便捷性。跨境电商的全球性和非中心化特性使得买家身份与其地理位置难以识别，具有一定的匿名性。这种匿名性虽在一定程度上保护了消费者的隐私安全，但同时也给税收监管和法律执行带来了挑战。因此跨境电商平台需要建立健全的隐私保护机制和合规监管体系，确保交易的真实性和合法性。跨境电商交易具有即时性和无纸化的特点。通过采取互联网等现代信息技术手段，买卖双方可以实现实时沟通和交易信息的快速传递；电子支付和跨境物流等环节的优化，也使得交易过程更加便捷和高效。此外，跨境电商交易主要采用无纸化的方式进行操作，如电子合同、电子发票等，不仅降低了成本，还符合环保理念。

　　跨境电商是一个快速发展的领域，随着技术的不断进步和市场环境的不断变化，其商业模式和运营方式也在不断演进和变革。例如，人工智能、大数据、区块链等新兴技术的应用，正在为跨境电商带来更多的创新和发展机遇；国际贸易规则的调整和税收政策的变化，为跨境电商带来了新的挑战和要求。因此，跨境电商从业者需要密切关注市场动态和技术趋势，及时调整战略和业务模式，以适应市场的变化和发展需求。

二、中国跨境电商的市场规模与增长

　　近年来，中国跨境电商行业以惊人的速度发展，成为外贸领域的重要支柱产业。跨境电商市场规模的迅速扩张和持续增长，不仅彰显了中国在全球贸易中的影响力，也为中国经济的高质量发展注入了新的活力。

（一）中国跨境电商市场规模概览

　　自20世纪90年代以来，中国跨境电商市场规模持续增长，尤其是近十年来，在政策支持和市场需求双重驱动下，呈现出爆发式增长态势。据中研产业研究院发布的报告显示，2022年中国跨境电商市场规模已达15.7万亿元，同比增长10.56%。这一数字不仅反映出中国跨境电商行业的庞大体量，也预示着其未来广阔的发展前景。进入2023年，中国跨境电商市场规模继续扩大，达到16.8万亿元，同比增长势头不减。预计2024年，这一数字将进一步攀升至17.9万亿元，显示出跨境电商市场的强劲增长动力。

（二）市场规模增长的驱动因素

　　中国政府对跨境电商行业给予了高度重视和支持，出台了一系列政策措施以促进其发展。这些政策涵盖物流、监管、关税、海外仓建设、综合试验区建设等多个方面，为跨境电商企业提供了良好的发展环境。例如，国务院已分7批设立了165家跨境电商综合试验区，覆盖了31个城市和地区，形成了"陆海内外联动、东西双向互济"的发展格局。这些试验区在制度创新、监管优化、服务提升等方面发挥了重要作用，有力推动了跨境电商市场的发展。全球消费者对中国商品的需求不断增长，为中国跨境电商市场的发展提供了广阔的市场空间。随着全球经济的复苏和消费者购买力的提升，越来越多的海外消费者开始关注并购买中国商品。跨境电商平台通过提供丰富的商品、便捷的购物体验和优惠的价格策略，满足了海外消费者的多样化需求，推动了市场规模的扩大。

技术创新是推动跨境电商市场增长的重要因素之一。数字化支付、人工智能、机器学习等技术的应用，提高了跨境电商企业的运营效率和服务水平。例如，AR、VR技术的应用进一步提升了消费者的购物体验，使线上购物更加直观和便捷。同时，跨境电商平台不断优化服务功能，提供"一点接入、一站式"综合服务，大幅提高了交易效率和用户体验。中国跨境电商企业越来越重视品牌建设和产品力的提升。通过塑造有竞争力的品牌和产品，吸引更多消费者，提升市场份额。例如，一些企业在深耕北美市场的同时，积极开拓欧洲、澳大利亚等其他国家市场，取得了显著成效。品牌出海成为跨境电商的重要趋势，为中国商品在全球市场上的竞争提供了有力支持。

（三）市场结构分析

当前，中国跨境电商市场主要分为企业对企业（B2B）和企业对消费者（B2C）两种贸易模式。其中，B2B交易占比较高，体现出中国制造业的强大实力，而B2C交易占比也在逐年提升，展示了中国商品在全球市场的广泛接受度。根据中研产业研究院的数据，2022年中国跨境电商B2B交易占比达75.6%，B2C交易占比则为24.4%。这一结构既反映出中国跨境电商市场的现状，也预示着未来市场结构优化的方向。

（四）市场增长趋势与展望

展望未来，中国跨境电商市场将继续保持快速增长的态势。在政策支持、技术创新、品牌出海和消费者体验提升等多重因素的推动下，跨境电商将为中国外贸的发展提供重要动力。

随着全球贸易环境的改善和消费者购买力的提升，中国跨境电商市场规模将继续扩大。预计在未来几年内，中国跨境电商市场规模将保持两位数以上的增长速度，成为推动中国经济高质量发展的重要力量。在市场规模扩大的同时，中国跨境电商市场结构也将不断优化升级。B2C交易占比有望进一步提升，跨境电商零售模式将发展得更加快速和成熟。同时，跨境电商平台将更加注重品牌建设和产品力提升，以满足海外消费者日益增长的个性化需求。

技术创新将继续引领中国跨境电商市场的发展。数字化支付、人工智能、机器学习等技术的应用将更加广泛和深入，为跨境电商企业提供更加高效、便捷的服务。同时，AR、VR等技术的应用将进一步提升消费者的购物体验，推动跨境电商的持续发展。随着跨境电商市场的不断扩大和竞争的加剧，合规运营将成为跨境电商企业必须重视的问题。不同国家和地区的法律法规与监管要求存在差异，跨境电商企业管理者需要了解并遵守相关规定，以避免合规风险。未来，合规运营将成为跨境电商市场的常态，为企业的可持续发展提供保障。

三、跨境电商对物流行业的要求

随着全球化和互联网技术的飞速发展，跨境电商已成为国际贸易的重要组成部分，其对物流行业的影响日益显著。跨境电商的兴起不仅推动了物流行业的快速增长，也对物流服务的效率、安全性、透明度以及国际合作等方面提出了更高的要求。

（一）物流效率的提升

跨境电商要求物流行业实现高效的全球配送服务，以满足消费者对快速交货的需求。传统物流模式往往存在时效长、环节多、成本高的问题，难以满足跨境电商的快速发展需求。因此，物流行业必须加快技术创新和流程优化，提高物流效率。

跨境电商的全球化特性要求物流行业构建更加完善的全球物流网络。物流公司需要提高国际运营能力，与全球各地的物流伙伴建立紧密的合作关系，确保货物能够安全、快速地跨越国界。同时，通过优化配送路线和仓储布局，减少中转环节，缩短物流时间。

物联网、大数据、人工智能等先进技术的应用，为物流行业提供了提升效率的有力工具。通过实时监控货物位置、预测物流需求、优化仓储管理等方式，物流公司可以更加精准地掌握物流动态，提高运输效率和准确性。海外仓模式成为跨境电商物流的重要选择。通过将商品提前存放在目的国的仓库中，实现本地化配送，可以大幅缩短物流时间，提升客户体验。海外仓的建设和运营需要物流行业投入更多资源与技术支持，以满足跨境电商的快速发展需求。

（二）物流安全性的保障

跨境电商涉及商品运输、关税清关等多个环节，物流安全性的保障至关重要。一旦货物在运输过程中发生丢失、损坏或延误等情况，将严重影响跨境电商的信誉和消费者体验。因此，物流行业必须加强安全措施，确保货物安全送达。物流公司需要采用更加安全可靠的运输方式，如加固包装、选择信誉良好的承运商等，以降低货物在运输过程中的损坏风险。同时，加强对商品在运输过程中的实时监控和追踪，确保货物安全到达目的地。

跨境电商涉及不同国家和地区的法律法规与关税政策，物流公司需要熟悉并掌握相关规定，确保货物能够顺利清关。通过加强与海关等监管部门的合作及沟通，提高清关效率和合规性。跨境电商交易涉及大量敏感信息，如消费者个人信息、支付信息等。物流公司需要加强信息安全防护，确保信息在传输和存储过程中不被泄露或篡改。采用加密技术、建立信息安全管理体系等方式，提高信息安全保障水平。

（三）物流透明度的提升

跨境电商消费者对物流过程的透明度要求越来越高。他们希望实时了解货物的运输状态、预计到达时间等信息，以便更好地安排收货时间和计划。因此，物流行业需要提升物流透明度，满足消费者的需求。物流公司需要建立完善的物流追踪系统，实时更新货物位置、运输状态等信息，并通过电商平台或手机应用程序等方式提供给消费者查询。这样可以让消费者随时了解货物的运输情况，增强其信任感和满意度。

跨境电商涉及多个环节和参与者，如卖家、物流公司、海关等。为了提高物流透明度和效率，各环节之间需要加强信息共享和协同合作。通过建立信息共享平台或采用区块链等技术手段，实现物流信息的实时共享和可追溯性。物流行业需要提高为客户服务的水平，及时解答消费者的疑问和投诉。通过建立完善的客户服务体系、提供多语言客服支持等方式，提高消费者满意度和忠诚度。

（四）国际合作的加强

跨境电商的全球化特性要求物流行业加强国际合作与交流。不同国家和地区的物流体系、法律法规和监管要求存在差异，物流行业需要通过加强国际合作来应对这些挑战。物流行业需要积极参与国际政策沟通和协调机制，推动各国在跨境电商物流领域的政策互认和合作。通过加强与国际组织、政府机构等的交流与合作，共同推动跨境电商物流行业的健康发展。

不同国家和地区的物流标准存在差异，这可能导致物流效率降低和成本增加。物流行业需要加强标准对接工作，推动国际物流标准的统一和互认。通过参与国际标准的制定和推广工作，提高中国物流企业在国际市场上的竞争力。跨境电商物流的发展需要高素质的专业人才支持。物流行业需要加强人才培养和引进工作，培养具有国际视野和专业技能的物流人才。通过开展与国际知名高校、研究机构等的交流与合作，提高人才培养的质量和水平。

第二节　江西物流业在跨境电商中扮演的角色

一、江西物流业在跨境电商中的定位

江西，作为中国内陆省份之一，近年来在跨境电商领域的发展势头迅猛，物流业作为跨境电商的重要支撑，在其中扮演着至关重要的角色。江西物流业凭借其独特的区位优势、政策扶持、基础设施建设以及技术创新，逐渐在跨境电商领域找到了自己的定位，为江西乃至全国的跨境电商发展提供了有力保障。

（一）区位优势与物流网络的构建

江西地处中国中部，连接东西南北，具有"四通八达"的区位优势。这一优势为江西物流业在跨境电商中的发展奠定了坚实基础。江西物流业充分利用这一区位特点，积极构建高效畅通的跨境物流体系，推动跨境电商物畅其流。

首先，江西拥有高效便捷的"南下、东进、北上、西出"国际物流开放大通道。这些通道不仅连接了国内主要经济区域，还与全球多个国家和地区建立了紧密的物流联系。通过优化物流网络布局，江西物流业实现了货物快速集散和高效配送，为跨境电商提供了强有力的物流支持。

其次，江西积极推动物流枢纽建设，提升了物流节点的服务能力和扩大了辐射范围。通过建设一批现代化的物流园区和货运枢纽，江西物流业为跨境电商企业提供了仓储、分拣、包装、配送等"一站式"服务，降低了物流成本，提高了物流效率。

（二）政策扶持与营商环境的优化

江西省政府高度重视跨境电商的发展，出台了一系列政策措施，为物流业在跨境电商中的发展提供了有力保障。这些政策不仅涉及物流基础设施建设、物流企业培育、物流技术创新等方面，还涵盖通关便利化、税收优惠、金融支持等多个领域。

首先，江西省政府通过制定物流发展规划和政策，明确物流业在跨境电商中的发展目标和方向。例如，《江西省"十四五"现代物流业发展规划》等政策提出，力争到2025年将江西省物流业发展成为万亿级产业，形成"通道＋枢纽＋网络"的现代物流运行体系。这些规划政策为物流业在跨境电商中的发展提供了明确的路径和指引。

其次，江西省政府不断优化营商环境，提升政务服务水平和效率。通过简化审批流程、降低企业成本、加强市场监管等措施，江西省政府为物流业和跨境电商企业提供了更加便捷、高效、透明的营商环境。

最后，江西省积极推动制度型开放，加强与国际接轨的物流标准和规则体系建设，为物流业在跨境电商中的国际化发展提供了有力支撑。

（三）基础设施建设与技术的创新

江西物流业在跨境电商中的发展离不开基础设施建设和技术创新的支持。近年来，江西省在物流基础设施建设和技术创新方面取得了显著成效，为跨境电商的发展提供了有力保障。

首先，江西省加大了物流基础设施建设的投入力度。通过建设一批现代化的物流园区、货运枢纽、仓储设施等基础设施项目，江西省物流业的服务能力和辐射范围得到了显著提升。同时，江西省还积极推动物流信息化、智能化建设，通过应用物联网、大数据、云计算等现代信息技术手段，提高了物流作业的自动化、智能化水平。

其次，江西省物流企业在技术创新方面取得了积极进展。通过引进和自主研发先进的物流技术和装备，物流企业不断提升自身的服务水平和竞争力。例如，一些物流企业采用自动分拣机器人、无人机配送等先进技术装备，提高物流作业的效率和准确性；一些企业通过建立数字化物流信息平台，实现物流信息的实时共享和追溯管理。

（四）跨境电商物流模式的创新

江西物流业在跨境电商中的发展还体现在物流模式的创新上。针对跨境电商的特殊需求和市场特点，江西物流业积极探索和创新物流模式，为跨境电商企业提供更加个性化、差异化的物流服务。

首先，江西物流业推动"跨境电商+海外仓"模式的发展。通过建设海外仓并在海外买家国家和地区建立仓库与配送网络，江西物流业实现了跨境电商商品的本地化配送和售后服务。这种模式不仅缩短了订单交付时间、提升了用户体验和销售额，还降低了跨境物流成本、提高了物流效率。

其次，江西物流业积极探索"跨境电商+中欧班列"模式的发展。通过利用中欧班列作为跨境电商商品运输的重要通道之一，江西物流业实现了跨境电商商品的高效、便捷运输。这种模式不仅缩短了运输时间、降低了运输成本，还可以拓宽跨境电商商品的市场覆盖范围和销售渠道。

此外，江西物流业还积极推动"跨境电商＋市场采购"等多种外贸新业态融合发展。通过整合各种外贸资源和渠道优势，江西物流业为跨境电商企业提供了更加多元化、综合性的物流服务方案。

二、江西物流业支撑跨境电商发展的现状

近年来，江西物流业在支撑跨境电商发展方面取得了显著成效，逐步构建起适应跨境电商需求的物流体系，为江西乃至全国的跨境电商业务提供了强有力的支持。

（一）物流基础设施建设不断完善

江西物流业在支撑跨境电商发展的过程中，首先注重物流基础设施的建设和完善。近年来，江西省政府加大对物流基础设施的投资力度，推动了一批现代化物流园区、货运枢纽、仓储设施等项目的建设。这些基础设施的建设不仅提升了江西物流业的整体服务能力，也为跨境电商提供了更加便捷、高效的物流服务。

江西省各地纷纷规划建设物流园区，通过集聚效应降低物流成本，提高物流效率。这些物流园区不仅具备完善的仓储、分拣、包装、配送等功能，还引入了先进的物流信息技术和管理模式，为跨境电商企业提供了"一站式"物流服务。

江西省依托其四通八达的区位优势，合理布局货运枢纽，构建多式联运体系。通过铁路、公路、水路等多种运输方式的有机结合，江西物流业实现了货物的快速集散和高效配送，为跨境电商商品的跨境运输提供了有力保障。江西物流业积极建设现代化仓储设施，提升仓储管理水平和效率。通过引入自动化仓储系统、智能仓储机器人等先进设备和技术手段，江西省仓储设施实现了货物的快速存取和精准管理，为跨境电商商品的存储和分拣提供了有力支持。

（二）物流效率显著提升

江西物流业在支撑跨境电商发展的过程中，注重提升物流效率，以满足跨境电商对快速响应和高效配送的需求。

江西物流业积极推动物流信息化建设，通过应用物联网、大数据、云计算等现代信息技术手段，实现了物流信息的实时共享和追溯管理。这不仅提高了物流作业的透明度和可追溯性，也降低了物流成本和风险。

江西物流业积极参与物流标准化工作，推动物流标准的制定和实施。通过与国际接轨的物流标准体系的建设和推广，江西物流业提高了物流作业的规范化和标准化水平，降低了跨境物流的复杂性和不确定性。江西物流业积极响应国家绿色发展的号召，推动绿色物流的发展。通过采用环保包装材料、优化运输路线、提高运输效率等措施，江西物流业降低了物流活动对环境的影响，实现了经济效益和环境效益的双赢。

（三）政策环境持续优化

江西省政府高度重视跨境电商的发展，出台了一系列政策措施以优化跨境电商发展的政策环境，同时也为物流业提供了有力支持。

江西省政府出台了一系列扶持政策，包括财政补贴、税收优惠、金融支持等，鼓励物流企业积极参与跨境电商业务。这些政策不仅降低了物流企业的运营成本，也提高了其参与跨境电商业务的积极性和竞争力。

江西省政府积极推动通关便利化改革，通过优化通关流程、提高通关效率等措施，降低了跨境电商商品的通关成本和时间。这不仅提高了跨境电商企业的市场竞争力，也为物流企业提供了更加便捷、高效的通关服务。江西省政府持续优化营商环境，通过简化审批流程、降低企业成本、加强市场监管等措施，提高了物流企业和跨境电商企业的满意度及获得感。这不仅促进了物流企业和跨境电商企业的健康发展，也为江西物流业支撑跨境电商发展提供了更加有利的条件。

（四）服务模式不断创新

江西物流业在支撑跨境电商发展的过程中，注重服务模式的创新以满足跨境电商企业的多样化需求。

江西物流企业积极建设海外仓，并在海外买家国家和地区建立仓库和配送网络。通过海外仓的布局和运营，江西物流业实现了跨境电商商品的本地化配送和售后服务，提高了订单交付速度和用户体验。

江西物流业充分利用中欧班列的运输优势，为跨境电商商品提供高效、便捷的跨境运输服务。通过中欧班列的常态化运营和优化运输方案，江西物流业降低了跨境物流成本和时间，拓宽了跨境电商商品的市场覆盖范围和销售渠道。江西物流业积极搭建跨境电商综合服务平台，为跨境电商企业提供包括报关、清关、物流、支付、税务等在内的全方位服务。通过综合服务平台的建设和运营，江西物流业提高了跨境电商业务的便利性和效率性，降低了跨境电商企业的运营成本和风险。

（五）区域合作与协同发展

江西物流业在支撑跨境电商发展的过程中，注重加强区域合作与协同发展，形成合力推动跨境电商业务的快速发展。

江西物流业积极与周边省份及沿海发达地区开展物流合作，通过共享物流资源、优化物流网络等措施，提高区域物流的整体效能和服务水平。这不仅促进了江西物流业自身的发展壮大，也提升了其在跨境电商领域的竞争力。江西依托自身特色优势产业如陶瓷、服装、家具等积极打造跨境电商产业带，通过产业集聚效应推动跨境电商业务的快速发展。江西物流业积极参与跨境电商产业带的建设和发展，为产业带内的企业提供更加便捷、高效的物流服务，支持其拓展国际市场。

江西物流业积极与国际接轨参与国际物流交流与合作。通过引进国际先进物流理念和技术，提升自身服务水平和国际竞争力。同时江西物流业还要加强与共建"一带一路"国家和地区的物流合作，推动跨境电商业务的国际化发展。

三、江西物流业与跨境电商的融合发展路径

在全球化与数字化浪潮的推动下，跨境电商已成为推动外贸高质量发展的新引擎。江西，作为中国内陆省份，凭借其独特的区位优势、丰富的产业资源以及日益完善的物流基础设施，正积极探索物流业与跨境电商的融合发展路径，力求在跨境电商领域取得突破性进展。

（一）政策引导与规划先行

政策引导是推动物流业与跨境电商融合发展的首要因素。江西省政府高度重视跨境电商的发展，出台了一系列政策措施，为物流业与跨境电商的融合发展提供了有力保障。

江西省政府通过制定物流业与跨境电商融合发展的中长期规划，明确了发展目标、重点任务和实施路径。这些规划强调了物流基础设施建设、物流效率提升、服务模式创新、区域合作与协同发展等方面的重要性，为物流业与跨境电商的融合发展制作了清晰的蓝图。

江西省政府不断优化政策环境，降低物流企业和跨境电商企业的运营成本。通过财政补贴、税收优惠、金融支持等手段，鼓励物流企业积极参与跨境电商业务，支持跨境电商企业拓展国际市场。同时，简化审批流程、提高通关效率等措施也降低了跨境电商商品的通关成本和时间。江西省政府加大对物流业与跨境电商的监管力度，确保市场规范有序发展。同时，优化政务服务流程，提高服务效率和质量，为物流企业和跨境电商企业提供更加便捷、高效的服务。

（二）基础设施建设与升级

物流基础设施是支撑物流业与跨境电商融合发展的重要基础。江西物流业正积极推进基础设施建设与升级，以满足跨境电商对高效、便捷物流服务的需求。

江西物流业依托其四通八达的区位优势，积极构建高效畅通的物流网络。通过建设现代化物流园区、货运枢纽、仓储设施等项目，形成覆盖全省、辐射全国的物流网络体系。同时，加强与周边省份及沿海发达地区的物流合作，实现资源共享和优势互补。江西物流业注重提升物流效率，通过引入先进物流技术和设备、优化物流作业流程等手段，降低物流成本。例如，采用自动化仓储系统、智能分拣机器人等先进设备，提高仓储和分拣效率；利用物联网、大数据等信息技术手段，实现物流信息的实时共享和追溯管理；推广"跨境电商+海外仓"模式，实现本地化配送和售后服务等。

江西物流业积极响应国家绿色发展的号召，推进绿色物流发展。通过采用环保包装材料、优化运输路线、提高运输效率等措施，减少物流活动对环境的影响。同时加强对物流从业人员的环保教育和培训，提高其环保意识和责任感。

（三）服务模式创新与多元化发展

服务模式创新是推动物流业与跨境电商融合发展的关键所在。江西物流业正积极探索多元化服务模式，以满足跨境电商企业的多样化需求。

江西物流业根据跨境电商企业的不同需求提供定制化物流服务。通过深入了解企业的业务特点和市场需求，为其量身定制物流解决方案，包括仓储、分拣、包装、配送等各个环节的服务内容和服务标准。

江西物流业积极搭建"一站式"综合服务平台，为跨境电商企业提供包括报关、清关、物流、支付、税务等在内的全方位服务。通过平台化运作实现信息共享和资源整合，降低企业的运营成本和风险，提高服务效率和质量。江西依托自身特色优势产业，积极申报并建设跨境电商综合试验区。通过试验区建设探索跨境电商发展的新模式和新路径，推动物流业与跨境电商的深度融合发展。在试验区内，加强政策创新、监管创新和服务创新，形成可复制可推广的经验做法。

（四）区域合作与协同发展

区域合作与协同发展是推动物流业与跨境电商融合发展的重要途径。江西物流业正积极加强区域合作与协同发展，形成合力，推动跨境电商业务的快速发展。

江西物流业积极与周边省份开展物流合作。通过采取共享物流资源、优化物流网络等措施，提高区域物流的整体效能和服务水平。同时加强与沿海发达地区的合作，吸引更多跨境电商企业和物流企业在江西布局与发展。

江西依托自身特色优势产业，如陶瓷、服装、家具等，积极打造跨境电商产业带。通过产业集聚效应，推动跨境电商业务的快速发展；吸引更多物流企业在产业带内布局和发展，形成物流业与跨境电商相互促进、共同发展的良好局面。江西物流业积极参与国际物流交流与合作，通过引进国际先进物流理念和技术，提升自身服务水平和国际竞争力。同时，加强与共建"一带一路"国家和地区的物流合作，推动跨境电商业务的国际化发展。

（五）人才培养与引进

人才是推动物流业与跨境电商融合发展的关键因素。江西物流业正积极加强人才培养与引进，为物流业与跨境电商的融合发展提供有力的人才保障。

江西高校和职业培训机构应加强与物流企业及跨境电商企业的合作，共同开展人才培养工作。通过开设相关专业课程、建立实训基地等方式，培养具备跨境电商和物流专业知识及技能的复合型人才。江西物流业应积极引进具备丰富经验和专业技能的高端人才。通过提供优厚待遇和良好的工作环境，吸引更多优秀人才来江西发展，推动物流业与跨境电商的融合发展。江西物流业应建立健全人才激励机制。通过股权激励、项目奖励等方式，激发人才的创新活力和工作积极性。同时，加强对人才的关怀和支持，提高其对企业的忠诚度和归属感。

第三节 数字经济助力跨境电商物流的发展

一、应用数字化技术提升江西跨境电商物流效率

在全球化与数字化浪潮的推动下，跨境电商已成为推动外贸高质量发展的重要引擎。江西，作为中国内陆省份，正积极利用数字化技术提升跨境电商物流效率，以应对日益激烈的市场竞争和消费者多样化的需求。

（一）物流信息化建设：构建透明高效的物流网络

物流信息化建设是提升跨境电商物流效率的基础。江西通过构建全面的物流信息系统，实现物流信息的实时共享与追踪，极大地提高了物流作

业的透明度和效率。

江西建立了跨境电商物流统一信息平台，整合了海关、税务、物流等多个部门的信息资源，实现了物流信息的无缝对接和快速流转。企业可以通过该平台实时查询货物的运输状态、通关进度等信息，减少因信息不对称导致的延误和错误。推广电子单证系统，实现报关、报检等手续的电子化操作，大大提高了通关效率。电子单证不仅减少了纸质单据的使用，降低了成本，还加快了信息处理速度，缩短了通关时间。引入先进的物流追踪系统，利用GPS、RFID等技术对货物进行实时定位和追踪。消费者和企业可以随时查看货物的位置信息，预估到货时间，提升用户体验和物流管理的精准度。

（二）智能仓储与分拣：自动化提升作业效率

智能仓储与分拣系统是提升跨境电商物流效率的关键环节。江西通过引入自动化设备和智能系统，实现了仓储和分拣作业的智能化、自动化。

建设自动化立体仓库，利用堆垛机、穿梭车等自动化设备实现货物的快速存取。自动化立体仓库不仅提高了仓库的存储密度和作业效率，还减少了人工错误和安全隐患。引入智能分拣系统，通过图像识别、条形码扫描等技术对货物进行自动识别和分拣。智能分拣系统能够准确地将货物分配到不同的运输线路和目的地，大大提高了分拣速度和准确性。建立智能库存管理系统，实现库存的动态监控和智能预警。该系统可以根据销售数据和库存情况自动调整补货计划，避免库存积压和缺货现象的发生，提高库存周转率和资金利用率。

（三）大数据分析与预测：精准决策与优化资源配置

大数据分析与预测技术可以为江西跨境电商物流提供精准决策和优化资源配置的依据。通过对海量物流数据的挖掘和分析，企业可以更加准确地预测市场需求、优化物流路径和资源配置。

利用大数据分析技术对市场销售数据进行挖掘和分析，预测未来一段时间内的市场需求趋势。企业可以根据预测结果提前调整生产计划、采购计划和物流计划，确保供应链的顺畅运作。通过大数据分析物流运输数据，识别出运输成本最低、时间最短的物流路径。企业可以根据优化结果调整运输方案，降低物流成本和时间，提高物流效率。利用大数据分析技术对物流资源进行动态监控和优化配置。该系统可以根据实时库存情况、运输需求和人力资源状况，自动调整资源配置方案，确保物流资源的合理利用和收到最大化效益。

（四）物联网应用：实现全程可视化与智能化管理

物联网技术的应用为江西跨境电商物流提供了全程可视化与智能化管理的可能。通过物联网技术，企业可以实现对物流全过程的实时监控和智能管理。

利用物联网技术可以对货物进行实时追踪和监控。通过在货物上安装传感器和RFID标签等设备，企业可以实时获取货物的位置信息、温度湿度等环境参数以及运输状态等信息。这些信息有助于企业及时发现并处理运输过程中的问题，确保货物的安全送达。

对需要温控保鲜的商品，物联网技术可以实现智能温控和保鲜管理。通过在仓库和运输车辆中安装温湿度传感器和智能控制系统等设备，企业可以实时监控商品的存储和运输环境，并根据需要进行自动调节确保商品的新鲜度和品质。同时物联网技术还可以用于物流设备的状态监测与维护管理。通过在设备上安装传感器和远程监控系统等设备，企业可以实时获取设备的运行状态、故障信息等数据，并根据需要进行远程维护或派遣维修人员进行处理，确保物流设备的正常运行和高效利用。

（五）人工智能赋能：提升服务体验与运营效率

人工智能技术的应用为江西跨境电商物流带来了前所未有的变革。通过人工智能技术，企业可以实现对物流服务的智能化升级和运营效率的显著提升。

利用人工智能技术构建智能客服系统可以为消费者提供24小时不间断的咨询服务。智能客服系统可以通过自然语言处理技术，了解消费者的需求并提供相应的解答和建议。这种智能化的服务方式不仅提高了服务效率，还提升了消费者的满意度和忠诚度。

通过人工智能技术对消费者的购买行为和偏好进行分析和挖掘，企业可以为消费者提供个性化的商品推荐和营销方案。智能推荐系统可以根据消费者的历史购买记录、浏览行为等信息，为其推荐符合其兴趣和需求的商品；智能营销系统可以根据消费者的偏好和市场需求，制定针对性的营销策略，提高营销效果和转化率。

应用人工智能技术可以用于自动化流程优化和异常处理等方面。例如，利用机器学习算法对物流流程进行自动化优化，减少人工干预和错误提高作业效率；利用深度学习算法对异常数据进行识别和处理，及时发现并解决物流过程中的问题，确保物流作业的顺利进行。

二、应用数字化技术降低江西跨境电商物流成本

在全球化和数字化的大潮中，跨境电商已成为推动江西外贸发展的重要力量。然而，跨境电商物流成本高企一直是制约其进一步发展的瓶颈。为了破解这一难题，江西正积极利用数字化技术降低跨境电商物流成本，通过提升物流效率、精准管理库存、优化运输路线等手段，实现物流成本的显著降低。

（一）数字化技术在物流效率提升中的应用

数字化技术是提高物流效率的关键。通过引入先进的信息化系统和智能设备，江西跨境电商物流实现了从订单处理到货物配送的全流程数字化管理，从而大幅提升了物流作业的速度和准确性。

江西建立了跨境电商物流综合信息平台，集成订单管理、库存管理、运输管理等多个模块，实现物流信息的实时共享和协同作业。企业可以通过该平台快速处理订单、跟踪货物状态、优化运输路线，减少因信息不对称导致的延误和错误，从而提高物流效率。

智能仓储系统利用自动化立体仓库、穿梭车、堆垛机等设备，实现货物的快速存取和高效分拣。通过引入智能分拣系统，利用图像识别、条形码扫描等技术，实现对货物的自动识别和分类，大幅提高了分拣速度和准确性。这些智能设备的运用，不仅降低了人工成本，还显著提升了仓库的存储密度和作业效率。

借助大数据分析技术，江西跨境电商物流能够实时分析运输数据，识别出成本最低、时间最短的运输路线。通过对运输路线的持续优化，企业能够降低运输成本和时间，提高物流效率。同时，结合GPS追踪系统，企业可以实时监控货物的运输状态，确保货物安全、准时送达。

（二）数字化技术在库存管理中的应用

库存管理是影响物流成本的重要因素之一。通过应用数字化技术，江西跨境电商物流可以实现对库存的精准管理和动态调整，从而降低库存成本，提高资金周转率。

江西跨境电商物流引入智能库存管理系统，通过实时监控库存水平、销售数据和市场需求等信息，自动调整补货计划和库存策略。该系统能够准确预测未来在一段时间内的库存需求，避免过度储备和积压货物，减少仓储成本和资金占用。

借助大数据分析技术，企业可以根据历史销售数据和市场需求趋势，动态调整库存结构和数量。对热销商品，可以适当增加库存量以满足市场需求；对滞销商品，则应及时减少库存量以避免积压和浪费。这种动态库存调整策略有助于企业实现库存的最优配置，降低库存成本。在库存管理中，遵循先进先出原则（FIFO）是降低库存成本的有效手段之一。通过引入智能仓储系统，企业可以实现货物的自动排序和出库，确保最先入库的货物最先出库。这样不仅可以降低货物的损耗和过期风险，还可以提高库存周转率和资金利用率。

（三）数字化技术在运输方式选择中的应用

运输方式是影响物流成本的关键因素之一。通过数字化技术，江西跨境电商物流能够根据不同货物的特性和目的地选择合适的运输方式，从而降低运输成本和减少时间。

结合大数据分析技术，企业可以根据货物的重量、体积、时效要求等因素，综合评估海运、空运、陆运等多种运输方式的成本和效益，选择最优的运输组合方案。通过多式联运的优化组合，企业可以实现运输成本的最小化和运输时间的最短化。

借助物流信息平台，企业可以实时获取运输资源的信息，包括运输车辆、船舶、航空器等的位置、载重、可用时间等。通过智能匹配算法，企业可以快速找到合适的运输资源，降低空驶率和减少等待时间，提高运输效率并降低运输成本。

在运输方式选择中，江西跨境电商物流积极推广绿色运输理念。通过引入低碳环保的运输方式和设备，如电动车辆、清洁能源船舶等，减少商品在运输过程中的碳排放和环境污染。虽然绿色运输的初期投入可能较高，但从长远来看，它有助于降低企业的运营成本和社会责任成本。

（四）数字化技术在包装与配送中的应用

包装与配送是跨境电商物流中不可或缺的环节。通过数字化技术，江西跨境电商物流实现了包装的优化设计和配送的精准管理，从而降低了包装成本和配送成本。

借助数字化设计工具，企业可以根据货物的特性和运输要求，设计出既经济又实用的包装方案。通过优化包装设计，减少包装材料和成本的同时，提高包装的保护性和美观度。此外，企业还可以采用可循环使用的包装材料或环保包装材料，降低包装废弃物的产生和处理成本。

通过引入智能配送系统，企业可以根据订单信息和客户需求，实现配送路线的自动规划和优化调整。系统可以根据交通状况、天气变化等因素实时调整配送路线和时间，确保货物准时送达客户手中。同时，通过与快递公司的紧密合作和信息共享，企业可以实现对配送过程的实时监控和异常处理，提高配送效率和客户满意度。

（五）数字化技术在成本核算与控制中的应用

成本核算与控制是优化跨境电商物流成本的重要手段之一。通过数字化技术，江西跨境电商物流实现了对物流成本的精细化管理和动态调整。

借助数字化工具和方法，企业可以建立全面的物流成本核算体系，对运输成本、仓储成本、包装成本、配送成本等各项费用进行精细化管理和核算。通过定期分析和评估物流成本数据，企业可以发现成本控制的薄弱环节和潜在优化空间。结合市场变化和企业实际情况，企业可以制定动态成本调整策略。例如，在运输成本上升时，企业可以通过优化运输路线、选择合适的运输方式等手段降低运输成本；在仓储成本较高时，可以通过提高库存周转率、减少积压货物等方式降低仓储成本。这种动态成本调整策略有助于企业灵活应对市场变化和挑战。

通过建立绩效考核和激励机制，企业可以激发员工的积极性和创造力，推动物流成本的不断降低和优化。例如，企业可以将物流成本降低作为员工绩效考核的重要指标之一，并对在物流成本控制方面表现突出的员工给予奖励和表彰。这样可以激发员工的成本意识和创新意识。

三、应用数字化技术推动江西跨境电商物流创新

在全球化与数字化的双重浪潮下，跨境电商已成为江西对外贸易的新引擎。面对日益激烈的市场竞争和消费者日益增长的个性化需求，江西跨境电商物流正积极拥抱数字化技术，推动物流体系的全面创新，以实现更高效、更智能、更绿色的物流服务。

（一）物流信息系统的智能化升级

数字化技术的首要应用在于物流信息系统的智能化升级。江西跨境电商物流通过构建先进的物流信息平台，实现了订单处理、库存管理、运输跟踪、客户服务等全链条的数字化管理。这一升级不仅提升了物流作业的效率，还增强了信息的透明度和可追溯性。

物流信息平台通过集成各环节的实时数据，打破了"信息孤岛"，实现了供应链上下游之间的无缝对接。企业可以实时掌握订单状态、库存水平、运输进度等关键信息，从而做出更加精准的决策。

基于大数据和人工智能技术，物流信息平台能够自动分析历史数据和实时数据，预测未来趋势，为企业提供智能决策支持。例如，通过预测分析，企业可以合理安排库存水平，避免库存积压或缺货现象；通过路径优化算法，企业可以选择成本最低、时间最短的运输路线。同时智能化的物流信息系统还可以为消费者提供更加便捷、透明的物流服务体验。消费者不仅可以随时查询订单状态、预计送达时间等信息，还可以通过平台与客服人员进行实时沟通，解决商品在物流过程中出现的问题。

（二）智能仓储与自动化分拣技术的应用

智能仓储与自动化分拣技术，是应用数字化技术推动江西跨境电商物流创新的另一重要领域。这些技术的应用极大地提高了仓储作业效率和分拣准确性，降低了人力成本。

通过引入自动化立体仓库、穿梭车、堆垛机等智能设备，实现了货物的快速存取和高效管理。系统能够自动识别货物的位置、数量等信息，并通过算法优化存储布局，提高仓库的空间利用率和作业效率。

利用图像识别、条形码扫描等技术，实现了对货物的自动识别和分类。分拣机器人能够根据预设的规则和算法，快速准确地完成分拣任务，大大提高了分拣效率和准确性。同时，自动化分拣系统还能减少人为错误和货物损坏的风险。

（三）多式联运与智能匹配运输资源的优化

应用数字化技术可以推动江西跨境电商物流在多式联运和智能匹配运输资源方面的创新。通过大数据分析和智能算法的应用，企业能够选择最优的运输组合方案，降低运输成本和时间。

多式联运是指通过多种运输方式的组合，实现货物从起点到终点的全程运输。数字化技术能够综合考虑各种运输方式的成本、时间、可靠性等因素，为企业提供最优的多式联运方案。例如，对长距离、大批量的货物，可以选择海运与陆运相结合的方式；对紧急或高价值的货物，可以选择空运方式。

通过物流信息平台，企业可以实时获取各种运输资源的信息，包括运输车辆、船舶、航空器等的位置、载重、可用时间等。智能算法能够根据货物的特性和运输要求，自动匹配最合适的运输资源，降低空驶率和减少等待时间，提高运输效率。

（四）绿色物流与可持续发展

应用数字化技术可以促进江西跨境电商物流在绿色物流和可持续发展方面的创新。通过引入低碳环保的运输方式和包装材料，企业不仅能够降低物流成本，还能减少对环境的影响。

数字化技术有助于推广绿色运输方式的应用。例如，通过智能调度系统优化运输路线和载重率，减少不必要的运输距离和空驶现象；通过引入电动车辆、清洁能源船舶等低碳环保的运输工具，降低运输过程中的碳排放量。同时，应用数字化技术还可以促进环保包装材料的使用。通过智能包装设计系统，企业可以根据货物的特性和运输要求，设计出既经济又环保的包装方案。利用数字化技术进行包装材料的回收和再利用管理，可以降低包装废弃物的产生和处理成本。

（五）人才培养与技术创新生态的构建

数字化技术的推动离不开人才的支持和创新的生态体系。江西跨境电商物流在人才培养和技术创新方面在不断探索和实践。

江西积极构建跨境电商物流人才培养体系，通过高校、职业院校和培训机构等多渠道培养专业人才。同时，鼓励企业与高校、科研机构建立合作关系，共同开展技术研发和人才培养项目。这些措施为江西跨境电商物流的发展提供了有力的人才保障。

江西还致力于构建跨境电商物流技术创新生态体系。通过搭建"政产学研用"合作平台，促进政府、企业、高校、科研机构等多方交流与合作；通过设立创新基金和孵化器等方式，支持初创企业和创新团队的发展；通过举办创新大赛和论坛等活动，激发全社会的创新活力。这些措施为江西跨境电商物流的技术创新提供了良好的环境和条件。

四、应用数字化技术增强江西跨境电商物流竞争力

在全球化和数字化浪潮的推动下，跨境电商已成为江西对外贸易的重要增长极。面对日益激烈的市场竞争，江西跨境电商物流行业积极拥抱数字化技术，通过一系列创新举措，显著增强了自身的竞争力。

（一）优化物流流程，提升运营效率

数字化技术的首要应用在于优化物流流程，提升运营效率。通过引入先进的物流管理系统和自动化设备，江西跨境电商物流实现了订单处理、库存管理、运输跟踪等环节的自动化和智能化，大幅提高了作业效率和准

确性。

自动化立体仓库、穿梭车、堆垛机等智能设备的广泛应用，使得货物存取速度成倍提升，仓库空间利用率显著增加。同时，自动化作业减少了人工错误，提高了库存管理的精确度。利用图像识别、条形码扫描等技术，智能分拣系统能够自动识别货物信息，并按照预设规则进行快速准确的分拣。这不仅缩短了分拣时间，还降低了人力成本。通过GPS、物联网等技术的应用，江西跨境电商物流能够实时监控货物的运输状态，包括位置、速度、预计到达时间等。这为企业提供了强大的物流可视化能力，有助于及时调整运输计划，应对突发情况。

（二）强化数据分析，精准决策支持

应用数字化技术可以赋予江西跨境电商物流强大的数据分析能力，为企业提供精准决策支持。通过对海量物流数据的深度挖掘和分析，企业能够洞察市场趋势，优化资源配置，提升运营效率。

基于历史销售数据和市场趋势分析，企业可以预测未来在一段时间内的货物需求情况，从而提前安排生产和运输计划，避免库存积压或缺货现象。利用大数据和算法技术，企业可以对运输路线进行优化选择，找到成本最低、时间最短的运输方案。这有助于降低运输成本，提高客户满意度。通过实时监控库存水平和销售情况，企业可以动态调整库存策略，避免出现库存过剩或不足。同时，数字化技术还能帮助企业实现库存的精细化管理，提高库存周转率。

（三）推动供应链协同，增强整体竞争力

应用数字化技术可以促进江西跨境电商物流供应链的协同合作，增强整体竞争力。通过构建供应链协同平台，企业能够实现与供应商、承运商、分销商等合作伙伴之间的无缝对接和信息共享。

供应链协同平台打破了"信息孤岛"，实现了供应链上下游企业之间的信息共享。这有助于企业及时掌握市场动态和合作伙伴的经营状况，做出更加精准的决策。通过平台，企业可以协调各方资源，共同应对市场挑战。例如，在应对订单高峰时，企业可以联合承运商增加运力投入，确保

货物按时送达；在应对库存积压时，企业可以与分销商协商促销策略，加速库存周转。同时供应链协同还有助于企业共同承担风险。通过共享信息和资源，企业可以更加灵活地应对市场波动和突发事件，降低经营风险。

（四）创新服务模式，满足个性化需求

应用数字化技术可以为江西跨境电商物流提供创新服务模式的可能。通过引入柔性供应链、智能客服等新技术和新模式，企业能够更好地满足消费者的个性化需求，提升客户满意度和忠诚度。

柔性供应链能够根据市场需求变化灵活调整生产计划和运输方案。通过实时数据分析、智能仓储和动态物流监测等技术的应用，企业能够快速响应市场变化，提供定制化、个性化的物流服务。智能客服系统利用自然语言处理、机器学习等技术，能够自动识别客户问题并提供准确答案。这不仅提高了客服效率和质量，还增强了客户的购物体验。随着跨境直播和独立站的兴起，江西跨境电商物流开始提供更加多元化的服务。通过为跨境直播提供快速稳定的物流支持，以及为独立站提供定制化的仓储和配送方案，企业能够更好地满足消费者的多样化需求。

（五）促进绿色低碳发展，提升可持续发展能力

应用数字化技术可以推动江西跨境电商物流在绿色低碳发展方面的进步。通过采取低碳环保的运输方式和包装材料以及优化运输路线等手段，企业能够在降低物流成本的同时减少对环境的影响。

通过智能调度系统优化运输路线和降低载重率，减少不必要的运输距离和空驶现象；引入电动车辆、清洁能源船舶等低碳环保的运输工具，降低运输过程中的碳排放量。利用数字化技术进行包装材料的回收和再利用管理，降低包装废弃物的产生和处理成本；推广使用可降解、可循环使用的环保包装材料，减少对环境的影响。通过引入智能能源管理系统，对物流设施的能耗进行实时监测和分析，找到节能降耗的有效途径；推广使用太阳能、风能等可再生能源，降低物流设施的碳排放量。

（六）加强人才培养和技术创新

数字化技术的推广和应用离不开人才的支持和创新的驱动。江西跨境

电商物流行业通过加大人才培养和技术创新力度，为行业的可持续发展提供有力保障。

通过高校、职业院校和培训机构等多渠道，培养专业人才；鼓励企业与高校、科研机构建立合作关系，共同开展技术研发和人才培养项目。这些措施可以为江西跨境电商物流行业提供源源不断的人才支持。鼓励企业加大研发投入力度推动技术创新；搭建"政产学研用"合作平台，促进政府、企业、高校、科研机构等多方交流与合作；通过设立创新基金和孵化器等方式，支持初创企业和创新团队的发展。这些措施都为江西跨境电商物流行业的技术创新提供了良好的环境和条件。

第九章　江西物流业人才培养

第一节　物流业人才需求的现状与趋势

一、江西物流业人才需求的总体状况

随着经济全球化步伐的加快，物流业作为国民经济的重要支柱行业，其发展对促进经济增长、优化产业结构、提高资源配置效率具有不可替代的作用。江西省作为中部地区的重要省份，其物流业的发展虽呈现出蓬勃的态势，但同时也面临着诸多挑战，其中人才需求问题尤为突出。

（一）江西物流业发展现状

近年来，江西省物流业取得了显著成就。首先，交通基础设施建设不断完善，初步形成由铁路、公路、水运、民航组成的较为完备的物流运输基础设施体系。全省铁路营运里程不断增长，高速公路网络日益完善，水运航道条件显著改善，为物流业的发展提供了坚实的硬件基础。其次，物流信息化水平逐步提升，互联网技术在物流业中的应用日益广泛，物流信息平台的建设和运营也取得了积极进展。此外，随着江西经济的快速发展，特别是工业、商贸流通业的快速增长，对物流服务的需求急剧增加，推动了物流业的快速发展。然而，与发达省市相比，江西物流业仍存在较大差距。主要表现在物流社会化、专业化程度低，物流成本偏高；物流企业"多、小、弱、散"现象突出，服务水平低；物流基础设施不能完全适应物流业发展的需要；缺乏先进的信息技术支撑和专业的物流人才等方

面。这些问题制约了江西物流业的发展潜力和竞争力的提升。

（二）江西物流业人才需求特点

随着物流业的快速发展，对专业化人才的需求日益增强。物流管理人才、运输人才、信息技术人才等成为物流企业的紧缺人才。这些人才不仅需要具备扎实的专业知识，还需要具备丰富的实践经验和创新能力，以适应物流业快速变化的市场需求。

现代物流业的发展要求人才具备跨学科的综合素质。因此，复合型物流人才需求不断增加。这类人才不仅需要掌握物流管理、运输、仓储等专业知识，还需要具备市场营销、电子商务、国际贸易等多方面的知识和技能，以满足物流企业在多元化、全球化市场中的竞争需求。随着信息技术的广泛应用，物流信息化水平不断提升。因此，具备信息化技能的物流人才需求迫切。这些人才需要熟练掌握各种物流信息系统和平台的使用方法，能够利用大数据、云计算、人工智能等先进技术提高物流运作效率和服务质量。随着全球经济一体化的深入发展，物流业的国际化趋势日益明显。因此，具备国际化视野的物流人才需求增加。这些人才需要了解国际物流市场的运作规则和标准，能够参与国际物流项目的策划和实施，从而推动物流企业的国际化发展。

（三）江西物流业人才需求存在的问题

目前，江西物流业专业人才短缺问题严重。由于物流教育起步较晚，物流专业人才的培养体系尚不完善，导致市场上专业人才供不应求。同时，部分物流企业对人才培养的重视程度不够，不仅缺乏有效的人才培养机制，也加剧了专业人才短缺的问题。

江西物流业人才结构不合理主要表现在两个方面：一是高端人才匮乏，二是基层人才素质不高。高端人才的短缺会限制物流企业的创新能力和竞争力；基层人才素质不高会影响物流服务的质量和效率。

由于江西经济发展水平相对较低，物流企业的薪酬待遇和发展空间有限，导致部分优秀人才流向经济发达地区或外资企业。这不仅削弱了本地物流企业的竞争力，也会影响江西物流业的长远发展。

（四）解决策略

政府和企业应加大对物流教育与培训的投入力度，完善物流人才培养体系。一方面，加强与高校、职业院校的合作，开设物流管理、物流工程等相关专业课程，培养更多符合市场需求的专业人才；另一方面，鼓励企业开展内部培训，提高员工的专业技能和综合素质。

针对高端人才匮乏和基层人才素质不高的问题，政府和企业应采取有效措施优化人才结构。一方面，通过引进高端人才、设立科研项目等方式吸引和培养高端人才；另一方面，加强对基层员工的培训和教育，提高其专业技能和服务水平。政府和企业应采取措施提高物流人才的薪酬待遇和发展空间。一方面，通过提高工资水平、完善福利待遇等方式吸引和留住优秀人才；另一方面，为物流人才提供更多的晋升机会和发展空间，激发其工作积极性和创造力。

信息化建设是提高物流运作效率和服务质量的重要手段。因此，政府和企业应加大对物流信息化建设的投入力度，推广先进的物流信息系统和平台，提高物流信息化水平。同时，加强对信息化技能人才的培养和引进，满足物流企业对信息化人才的需求。推动物流业国际化发展是提高江西物流业竞争力的重要途径。政府和企业应加强与国际物流企业的交流与合作，引进先进的物流管理理念和技术手段；鼓励本土物流企业"走出"国门参与国际竞争与合作，提升其在国际物流市场中的影响力和竞争力。

二、江西物流业人才需求的结构变化

随着经济全球化与信息技术的飞速发展，物流业作为现代经济的重要组成部分，其人才需求结构也在经历着深刻的变革。江西省，作为中部地区的重要省份，其物流业的发展不仅会受到全国乃至全球物流行业趋势的影响，还会受到自身经济结构调整、产业升级以及政策环境等多重因素的共同作用。

（一）从传统物流到现代物流的转变

在过去，江西物流业主要以传统的运输、仓储等单一环节为主，对人才的需求也主要集中在体力劳动和简单操作技能上。然而，随着现代物流理念的普及和技术进步，江西物流业逐渐向集成化、信息化、智能化方向发展，这一转变直接会导致人才需求结构的变化。

现代物流业强调供应链管理、物流信息系统应用、物流方案设计等高端服务，因此对物流管理人才、信息技术人才以及具备综合能力的复合型人才需求激增。这些人才不仅需要掌握扎实的物流专业知识，还需要具备创新思维、数据分析、项目管理等多方面的能力。

（二）专业化与细分化趋势加强

随着物流市场的不断细分，江西物流业对专业人才的需求也日益专业化、细分化。例如，在冷链物流领域，随着生鲜电商的兴起和消费者对食品安全要求的提高，对冷链物流人才的需求显著增加。这些人才需要熟悉冷链物流的各个环节，包括温控技术、运输管理、仓储保鲜等。

此外，在跨境电商、医药物流、危险品物流等特定领域，也需要具备相关专业知识和技能的物流人才。这些领域的特殊性要求物流从业人员不仅要掌握基本的物流知识，还要了解相关法律法规、行业标准以及特殊操作流程。

（三）信息化与智能化人才需求提升

信息技术的飞速发展正在深刻改变着物流业的运作模式。在江西，越来越多的物流企业开始采用先进的物流信息系统、自动化仓储设备、智能运输工具等来提高运作效率和服务质量。这一趋势直接推动了信息化与智能化物流人才的需求提升。

信息化物流人才需要熟练掌握各种物流信息系统和平台的使用方法，能够利用大数据、云计算、人工智能等先进技术进行数据分析、预测和优化物流流程。智能化物流人才需要了解自动化仓储设备、智能机器人、无人驾驶车辆等智能设备的工作原理和应用场景，能够参与智能物流系统的规划、设计和运维工作。

（四）国际化视野与跨文化交流能力成为新要求

随着全球经济一体化的深入发展，江西物流业也在积极融入国际市场。越来越多的物流企业开始拓展海外业务，参与国际物流竞争与合作。这一过程中，具备国际化视野和跨文化交流能力的物流人才需求显著增加。

这些人才需要了解国际物流市场的运作规则和标准，能够参与国际物流项目的策划和实施；需要具备良好的外语沟通能力和跨文化交流技巧，能够与不同国家和地区的合作伙伴进行有效沟通与协作。

（五）从单一技能到复合型人才的需求转变

随着物流业的不断发展和市场需求的多样化，单一技能型物流人才已难以满足行业发展的需求。相反，具备多种技能和综合能力的复合型人才更受市场欢迎。这些人才不仅需要在物流管理、信息技术、国际贸易等方面具备扎实的专业知识，还需要具备创新思维、团队协作能力、沟通协调能力等多方面的能力。

在江西物流业中，这种复合型人才的需求尤为迫切。他们能够在不同岗位和领域之间灵活切换，为物流企业提供全方位、"一站式"的解决方案和服务。同时，他们还能够推动物流企业的创新发展和转型升级，提高物流服务的附加值和竞争力。

（六）政策引导与市场需求双重驱动

江西物流业人才需求结构的变化还受到政策引导和市场需求的双重驱动。一方面，随着共建"一带一路""长江经济带"等战略的深入实施，江西作为连接东西、沟通南北的重要节点省份，其物流业迎来了前所未有的发展机遇。政策红利的释放为物流人才提供了更广阔的发展空间和舞台。

另一方面，随着江西经济的快速发展和产业结构的不断优化升级，对物流服务的需求也日益多样化、个性化。这要求物流企业不断提升服务质量和效率，以满足市场需求的变化；要求物流人才不断学习和更新知识，适应行业发展的要求。

三、江西物流业人才需求与供给的匹配问题

江西物流业作为连接生产与消费的重要环节，其健康发展对推动江西

经济整体增长、优化产业结构、提升区域竞争力具有重要意义。然而，随着物流行业的快速发展和市场需求的不断变化，江西物流业在人才需求与供给方面也面临着一系列匹配问题。

（一）江西物流业人才需求现状

随着物流行业的转型升级，企业对高端物流管理人才的需求日益增加。这些人才不仅需要具备扎实的物流管理专业知识，还需要具备战略规划、供应链管理、数据分析等综合能力。他们需要在复杂多变的市场环境中，为企业制定科学的物流策略，优化物流流程，提高物流效率。

信息技术的广泛应用正在深刻改变物流业的运作模式。在江西物流业中，对掌握大数据、云计算、物联网、人工智能等先进技术的信息技术人才需求迫切。这些人才能够利用信息技术手段提升物流企业的信息化水平，实现物流信息的实时共享和做出智能决策。

随着物流市场的不断细分和客户需求的多样化，具备多种技能和综合能力的复合型人才需求凸显。这些人才不仅需要在物流管理、信息技术等方面具备专业知识，还需要具备良好的沟通协调能力、团队协作能力和创新能力，以应对复杂多变的市场环境。

（二）江西物流业人才供给现状

尽管近年来江西高校和职业院校加大了对物流人才的培养力度，但总体来看，物流专业人才供给仍显不足。一方面，物流专业教育体系尚不完善，课程设置与市场需求存在脱节现象；另一方面，物流行业对高端人才的需求增加迅速，而人才培养周期较长，难以满足市场即时需求。

江西物流业人才结构不合理主要表现在两个方面：一是高端人才匮乏，二是基层人才素质参差不齐。高端人才的短缺限制了物流企业的创新能力和竞争力，而基层人才素质不高则影响了物流服务的质量和效率。这种人才结构的不合理直接影响了物流行业的整体发展水平。由于江西经济发展水平相对较低，物流企业的薪酬待遇和人才发展空间有限，导致部分优秀人才流向经济发达地区或外资企业。这不仅削弱了本地物流企业的竞争力，也影响了江西物流业的长远发展。

（三）人才需求与供给的匹配问题

供需信息不对称是江西物流业人才需求与供给匹配问题的主要表现之一。一方面，物流企业难以准确了解高校和职业院校的人才培养情况与人才供给状况；另一方面，毕业生难以全面掌握物流行业的市场需求和岗位信息。这种信息不对称导致出现供需双方在人才匹配上的错位和浪费。

当前，江西物流人才培养体系与市场需求之间存在一定程度的脱节现象。一方面，部分高校和职业院校在课程设置、教学内容等方面未能紧跟行业发展趋势和市场需求变化；另一方面，物流企业在参与人才培养方面的积极性不高，导致人才培养与市场需求之间存在差距。另外，江西物流企业在人才引进和留用方面机制不完善也是导致人才需求与供给不匹配的重要原因之一。一方面，部分物流企业在人才引进方面缺乏有效的政策支持和激励机制；另一方面，在人才留用方面，由于企业薪酬待遇、人才发展空间等方面的问题，难以吸引和留住优秀人才。

（四）解决策略

政府和行业协会应发挥桥梁纽带作用，加强供需双方的信息对接和沟通交流。通过举办招聘会、人才交流会等活动，为物流企业和高校毕业生搭建对接平台；建立物流人才信息库和供需对接平台，实现供需信息的实时共享和智能匹配。

高校和职业院校应根据市场需求变化，及时调整课程设置与教学内容，加强与物流企业的合作与交流，共同制订人才培养方案。通过引入企业导师、共建实训基地等方式，提高学生的实践能力和综合素质；鼓励物流企业参与人才培养过程，实现人才培养与市场需求的有效对接。政府应出台相关政策支持物流企业引进高端人才和紧缺人才；鼓励物流企业建立科学的薪酬体系、晋升机制和福利制度，提高员工的归属感和满意度。此外，政府还应加强企业文化建设和社会责任感教育，营造良好的工作环境和氛围，吸引和留住优秀人才。推动物流行业转型升级是提高人才需求与供给匹配度的根本途径。通过引进先进技术和设备、优化物流流程、提高服务质量等方式，提升物流企业的核心竞争力和市场地位；鼓励物流企业拓展业务领域和服务范围，实现多元化发展，以满足不同客户的需求。这将有助于吸引更多高素质人才加入物流行业，并推动行业的持续健康发展。

第二节　江西物流业人才培养的现状与存在的问题

一、江西物流业人才培养的体系与成效

作为连接生产与消费的关键环节，江西物流业在促进地方经济发展、优化产业结构等方面发挥着重要作用。随着物流行业的快速发展和市场竞争的日益激烈，对高素质物流人才的需求日益增长。为了满足这一需求，江西省近年来在物流业人才培养方面进行了积极探索与实践，逐步构建出一套相对完善的人才培养体系，并取得了一定的成效。

（一）江西物流业人才培养体系

1. 政策支持体系

江西省政府高度重视物流业的发展，出台了一系列扶持政策，为物流业人才培养提供了有力的政策保障。这些政策包括减免税费、补贴资金、设立专项基金等，旨在鼓励企业和教育机构加大对物流业人才培养的投入力度。同时，政府还积极引导社会资本进入物流业人才培养领域，形成多元化投资机制。

2. 教育培训体系

（1）高等教育：江西省内多所高校开设物流管理、物流工程等相关专业，通过系统的教学和科研活动，培养了一大批具备扎实理论基础和创新能力的物流专业人才。这些专业不仅要注重知识的传授，还要强调实践能力的培养，通过校企合作、实训基地建设等方式，为学生提供丰富的实践机会。

（2）职业教育：职业院校在物流业人才培养中发挥着重要作用。江西省的职业院校根据市场需求和企业要求，灵活设置物流相关专业和课程，

注重培养学生的职业技能和实际操作能力。同时，职业院校还积极开展校企合作，与企业共同制订人才培养方案，实现学校教育与市场需求的有效对接。

（3）继续教育：为了适应物流行业快速发展的需要，江西省建立了完善的继续教育体系。通过举办培训班、研讨会、在线课程等多种形式，为在职人员提供更新知识、提升技能的机会。这种灵活多样的继续教育方式，有助于满足不同层次、不同需求的物流人才培养需求。

3. 实践与创新体系

（1）实训基地建设：江西省在物流业人才培养中注重实训基地的建设。通过与企业合作共建实训基地，为学生提供真实的物流作业环境和操作机会。这些实训基地不仅有助于提高学生的实践能力和综合素质，还有助于加强学校与企业的联系与合作，促进"产学研"深度融合。

（2）创新平台建设：为了激发学生的创新精神和创造力，江西省利用积极搭建创新平台。通过设立创新创业基金、举办创新创业大赛等方式，鼓励学生参与物流领域的创新研究和实践活动。这些创新平台不仅有助于培养学生的创新思维和实践能力，还有助于推动物流行业的科技进步和产业升级。

（二）江西物流业人才培养成效

经过近年来的努力，江西省物流业人才培养取得了显著成效。一方面，物流专业人才数量大幅增加，为物流行业的快速发展提供了有力的人才支撑；另一方面，人才质量得到显著提升。这些人才不仅具备扎实的理论基础和丰富的实践经验，还具备创新思维和跨界整合能力，能够适应物流行业快速发展的需要。高素质物流人才的涌现，有力推动了江西物流行业的转型升级。这些人才通过引入先进的管理理念和技术，优化物流作业流程和管理模式，提高了物流效率和服务质量。同时，他们还积极参与物流行业的创新研究和实践活动，推动物流行业向数字化、智能化、绿色化方向发展。

高素质物流人才是物流企业提升竞争力的关键因素。通过引进和培养高素质物流人才，江西物流企业逐步构建了专业化、高效化的物流服务体系，提高了市场响应速度和客户满意度。这些企业在激烈的市场竞争中脱颖而出，成为行业内的佼佼者。物流业作为连接生产与消费的重要环节，对推动区域经济协调发展具有重要意义。江西物流业人才培养的成效不仅体现在物流行业本身的发展上，还体现在对区域经济的带动作用上。通过培养高素质物流人才、优化物流资源配置、提高物流效率等措施，江西物流业为地方经济发展注入了新的活力，推动了区域经济的协调发展。

（三）存在的问题与改进建议

尽管江西物流业人才培养取得了一定成效，但仍存在一些问题和不足。例如，人才培养与市场需求之间存在一定程度的脱节现象，部分高校和职业院校在课程设置和教学内容上缺乏创新性和针对性，实践基地和创新平台建设尚需加强等。针对这些问题和不足，提出以下改进建议：

（1）加强市场调研和需求分析，确保人才培养与市场需求紧密对接。

（2）鼓励高校和职业院校加强课程建设和教学改革，引入先进的教学理念和教学方法。

（3）加大实践基地和创新平台建设的投入力度，为学生提供更多的实践机会和创新平台。

（4）加强校企合作和"产学研"融合，推动物流行业的科技进步和产业升级。

二、江西物流业人才培养存在的主要问题

随着全球经济一体化的加速和电子商务的蓬勃发展，物流业作为连接生产与消费的关键环节，其重要性日益凸显。江西省作为中部地区的重要省份，物流业的发展对促进地方经济、优化产业结构具有不可估量的价值。然而，在快速发展的同时，江西物流业在人才培养方面也暴露出了一系列问题，这些问题不仅制约了物流业的进一步提升，也影响了江西省整体经济的发展步伐。

（一）教育与市场需求脱节

当前，江西部分高校和职业院校的物流管理专业课程设置仍停留在传

统框架内，未能紧跟行业发展趋势和市场需求变化。课程内容往往侧重物流基础理论知识的传授，而忽视了现代物流技术、供应链管理、大数据分析等前沿领域的教学。这种课程设置上的滞后性导致毕业生在就业市场上难以迅速适应企业需求，增加了就业难度。

物流业是一个实践性很强的行业，要求学生具备较强的动手能力和实际操作经验。然而，江西省一些教育机构在物流人才培养过程中，实践教学环节相对薄弱。缺乏与企业的深度合作，实训基地建设不足，导致学生难以获得足够的实践机会，影响其职业技能的提升。

（二）师资力量与专业水平有限

江西物流业人才培养面临的另一个重要问题是师资力量薄弱。许多高校和职业院校的物流管理专业教师并非科班出身，而是从经济、管理、交通等相关专业转行而来。他们虽然具备一定的教学经验和理论知识，但在物流专业领域的研究和实践经验相对不足，难以为学生提供高质量的专业指导。

由于师资力量有限，部分教师在教学过程中不仅难以深入讲解物流领域的专业知识，也无法及时跟踪行业动态和前沿技术。这导致学生在校期间难以获得全面、深入的物流专业知识，影响其未来的职业发展和创新能力。

（三）人才培养体系不完善

江西物流业人才培养体系相对单一，缺乏多元化的培养路径。目前，主要依赖高校和职业院校的学历教育来培养物流人才，而忽视在职培训、继续教育等非学历教育的重要性。这种单一的培养路径难以满足不同层次、不同需求的物流人才培养需求。

校企合作是物流人才培养的重要途径之一，而江西物流业在校企合作方面仍存在机制不健全的问题。一方面，部分企业对校企合作缺乏足够的认识和积极性；另一方面，教育机构在与企业合作过程中面临着信息不对称、利益分配不均等问题。这些问题导致校企合作难以深入开展，影响了物流人才的培养质量。

（四）人才流失与引进困难

由于江西经济发展水平相对落后，物流企业的薪酬待遇和个人发展空间有限，导致部分优秀物流人才流向经济发达地区或外资企业。这不仅削弱了本地物流企业的竞争力，也会影响江西物流业的长远发展。

与经济发达地区相比，江西在人才引进方面缺乏足够的吸引力和竞争力。一方面，政府和企业对人才引进的投入不足；另一方面，江西物流业的整体发展水平相对滞后，难以吸引高素质物流人才的加入。这种人才引进的困难进一步加剧了江西物流业人才短缺的问题。

（五）缺乏创新精神和跨界整合能力

创新是物流业发展的核心动力之一。然而，江西物流业在人才培养过程中普遍缺乏创新精神的培养。学生往往习惯被动接受知识，缺乏主动探索和创新的意识。这种创新精神的缺失导致江西物流业在技术创新、模式创新等方面相对滞后。

随着物流业的快速发展，跨界整合能力成为物流人才的重要素质之一。然而，江西物流业在人才培养过程中往往忽视对其跨界整合能力的培养。学生缺乏对其他行业知识和技能的掌握，进而难以在物流领域中进行有效的跨界整合和创新应用。

三、江西物流业人才培养与市场需求的对接

在快速发展的经济环境中，物流业作为连接生产与消费的重要桥梁，其重要性不言而喻。江西，作为中国中部的重要省份，凭借其得天独厚的地理位置和日益完善的交通网络，物流业发展迅猛。然而，随着行业规模的扩大和技术的不断革新，市场对高素质物流人才的需求也日益增长。因此，如何实现江西物流业人才培养与市场需求的精准对接，成为业界当前亟待解决的问题。

（一）江西物流业市场需求的现状

随着江西省经济的快速发展，特别是制造业、电子商务等行业的蓬勃

兴起，物流量呈现持续增长的态势。这不仅要求物流企业具备更强大的运输、仓储和配送能力，也对物流人才的数量和质量提出了更高要求。

当前，物流业正处于数字化转型的关键时期。大数据、云计算、物联网、人工智能等先进技术的应用，正在深刻改变着物流行业的运作模式。市场对具备这些新技术应用能力的物流人才需求迫切，尤其是那些能够推动物流智能化、自动化发展的高端人才。随着市场竞争的加剧，供应链管理的重要性日益凸显。企业越来越注重通过优化供应链管理来降低成本、提高效率、增强竞争力。因此，市场对具备供应链管理知识和技能的物流人才需求也在不断增加。

（二）江西物流业人才培养的现状

近年来，江西省在物流业人才培养方面取得了显著进展。多所高校和职业院校开设了物流管理、物流工程等相关专业，形成了较为完善的教育体系。这些专业设置不仅注重理论知识的传授，还加强了实践教学环节，可以提高学生的职业技能和综合素质。

为了更好地满足市场需求，江西省内许多教育机构积极与企业开展合作，共同培养物流人才。通过校企合作模式，学生可以获得更多的实践机会和就业渠道，企业则能够提前介入人才培养过程，确保毕业生能够迅速适应岗位需求。随着教育体系的完善和校企合作模式的推广，江西物流业人才培养质量逐步提升。毕业生在就业市场上受到广泛欢迎，不少优秀毕业生成为物流企业的中坚力量。然而，与市场需求相比，江西物流业人才培养仍存在一些问题。

（三）江西物流业人才培养与市场需求的对接问题

尽管江西省内教育机构在物流业人才培养方面投入了大量资源，但部分课程的设置仍未能紧跟市场需求的变化。一些传统课程占据了过多的教学资源，而与现代物流技术、供应链管理等相关的新课程则相对较少。这导致毕业生在就业市场上难以迅速适应企业需求。

物流业是一个实践性很强的行业，要求学生具备较强的动手能力和实际操作经验。然而，部分教育机构在实践教学环节方面仍存在不足。实训基地建设滞后、实践机会有限等问题影响了学生职业技能的提升和就业竞争力。当前，江西物流业人才结构存在不合理现象。一方面，高端物流人才短缺，难以满足企业对技术创新和供应链管理的需求；另一方面，中低端物流人才过剩，市场竞争激烈。这种人才结构的不合理现象制约了物流业的进一步发展。

（四）实现江西物流业人才培养与市场需求的精准对接

教育机构应加强与物流企业的沟通与合作，及时了解市场需求和行业发展趋势。通过市场调研和需求分析，明确市场对物流人才的需求类型和数量，为课程设置和教学内容改革提供依据。

根据市场需求和行业发展趋势，教育机构应优化课程设置和教学内容。增加与现代物流技术、供应链管理等相关的新课程比例，调整传统课程的教学重点和方法手段，注重培养学生的创新思维和实践能力，确保毕业生能够迅速适应企业需求。为了提高学生的职业技能和就业竞争力，教育机构应加强实践教学环节建设。加大实训基地建设投入力度，与企业合作共建实训基地，引入先进的实训设备和软件，丰富实践教学内容和形式，确保学生获得足够的实践机会和实际操作经验。

校企合作是实现物流业人才培养与市场需求精准对接的重要途径之一。教育机构应积极推动校企合作的深入发展。与企业共同制订人才培养方案，引入企业专家参与教学和实训过程，加强双方在科研和技术创新方面的合作，共同开展物流领域的研究和应用项目，促进"产学研"深度融合和共同发展。为了客观评价物流业人才的质量和市场竞争力，应建立健全人才评价体系。该体系应包括理论知识掌握程度、职业技能水平、创新能力等多个方面。通过定期考核和评估机制，确保毕业生具备较高的综合素质和就业竞争力。同时，该体系还应为企业提供人才选拔和聘用的参考依据。政府应加大对物流业人才培养的政策支持和资金投入力度。制定相关政策和措施鼓励教育机构和企业开展合作，加大对实训基地建设和先进设备购置的投入力度，为优秀毕业生提供就业创业扶持和奖励措施，营造良好的人才发展环境，吸引更多高素质物流人才加入江西物流业发展行列中来。

四、江西物流业人才培养的创新与突破

在全球化与数字化转型的大潮中，物流业作为连接生产与消费的关键环节，其重要性日益凸显。江西省，作为中国中部的重要省份，其物流业的发展不仅关乎本地经济的繁荣，也影响着全国物流网络的布局与优化。然而，面对快速变化的市场需求和日新月异的技术革新，江西物流业的人才培养亟须创新与突破，以适应并引领行业的新发展。

（一）当前江西物流业人才培养面临的挑战

长期以来，江西物流业的人才培养主要依赖传统的高等教育和职业教育体系。这些体系虽然为学生提供了扎实的理论基础，但在实践技能、创新思维以及新技术应用等方面存在明显不足。随着物流业的数字化转型和智能化升级，传统教育模式已难以满足行业对高素质、复合型人才的需求。

高质量的师资队伍和丰富的实践资源是保障人才培养质量的关键。然而，江西物流业在师资力量和实践资源方面存在明显短板。一方面，具备丰富行业经验和先进教学理念的优秀教师相对匮乏；另一方面，实训基地、模拟系统等实践资源不足，难以为学生提供足够的实践机会和锻炼平台。市场需求是人才培养的风向标。然而，当前江西物流业的人才培养与市场需求之间存在一定的脱节现象。部分教育机构在设置课程、制定教学计划时，未能充分考虑市场需求的变化，导致毕业生在就业市场上缺乏竞争力。同时，企业对新技术、新模式的迫切需求也未能得到教育机构的及时响应和满足。

（二）江西物流业人才培养的创新路径

产教融合是破解物流业人才培养与市场需求脱节问题的有效途径。江西物流业应加强与企业的深度合作，共同制订人才培养方案、开发课程体系、建设实训基地等。通过校企联合培养、"订单式"培养等方式，实现人才培养与市场需求的精准对接。同时，企业可以派遣经验丰富的技术人员和管理人员参与教学过程，为学生提供更加贴近实际的指导和帮助。实践教学是培养学生职业技能和创新能力的重要环节。江西物流业应加大实践教学环节的投入力度，建设一批高水平的实训基地和开发模拟系统。通过模拟真实的工作环境和工作流程，让学生在实践中掌握物流操作技能和管理知识。同时，鼓励学生参与企业项目、竞赛等活动，通过实战演练提升综合素质和竞争力。

数字化转型是当前物流业发展的重要趋势之一。江西物流业在人才培养过程中应积极引入大数据、云计算、物联网、人工智能等先进技术，推动教学内容和教学方法的数字化转型。通过建立数字化教学平台、开发虚拟仿真教学资源等方式，让学生更加直观地了解物流行业的最新技术和应用趋势。同时，鼓励学生参与技术创新和研发活动，培养其创新意识和能力。随着全球化的深入发展，物流业已成为国际竞争的重要领域之一。江西物流业在人才培养过程中应注重拓宽学生的国际视野和加强国际合作。通过引进国外优质教育资源、开展国际交流与合作项目等方式，让学生了解国际物流业的最新动态和发展趋势。同时，鼓励学生参与国际竞赛、交流等活动，提升其跨文化沟通能力和国际竞争力。

（三）江西物流业人才培养的突破点

随着物流业的不断发展和跨界融合趋势的加强，跨界复合型人才的需求日益迫切。江西物流业在人才培养过程中应注重培养学生的跨学科、跨领域知识和能力。通过开设跨学科课程、组织跨领域实践项目等方式，让学生具备更加全面和深入的综合素质和能力。同时，鼓励学生积极参与跨学科竞赛、项目等活动，提升其跨界合作和创新能力。创新创业教育是培养具有创新精神和实践能力的高素质人才的重要途径。江西物流业在人才培养过程中应加强创新创业教育体系建设，为学生提供创新创业指导和服务。通过开设创新创业课程、举办创新创业大赛等方式，激发学生的创新创业热情和潜能。同时，加强与政府、企业等机构的合作，为学生提供创新创业实践机会和资金支持。

传统的人才评价体系往往过于注重考试成绩和学术成果等量化指标，忽视对学生综合素质和能力的全面评价。江西物流业在人才培养过程中应建立多元化评价体系，注重对学生综合素质和能力的全面考察和评价。通过引入企业评价、社会评价等多元化评价主体和方式，确保评价结果的客观性和公正性。同时，鼓励学生参与自我评价和同伴评价等活动，培养其自我认知和自我提升能力。

第三节　数字经济对物流业人才的新要求

一、数字经济对江西物流业人才技能的新要求

随着数字经济的蓬勃发展，江西物流业正经历着前所未有的变革与升级。在这一背景下，物流人才作为推动行业发展的关键力量，其技能需求也随之发生了深刻变化。数字经济不仅改变了物流业的运作模式，还对物流人才应具备的技能提出了全新的要求。

（一）数字化转型技能的需求增加

在数字经济时代，物流业的各个环节都离不开信息技术的支撑。因此，物流人才必须具备扎实的信息技术应用能力，包括对大数据分析、云计算、物联网、人工智能等前沿技术的掌握和运用。这些技术能够帮助物流人才实现物流信息的实时采集、处理、分析和优化，提高物流运作的效率和准确性。

随着物流数字化平台的广泛应用，物流人才需要熟练掌握各类数字化工具和平台的操作技能。这包括但不限于物流管理软件、智能调度系统、自动化仓储设备等。通过这些工具和平台，物流人才可以实现物流资源的优化配置和物流流程的高效协同，提升物流服务的整体质量。

（二）跨界融合能力的重视

数字经济促进了不同行业之间的深度融合与协同发展。物流业作为连接生产与消费的重要桥梁，其人才需要具备跨行业的知识整合能力。这要求物流人才不仅要熟悉物流行业的专业知识，还要了解电子商务、供应链管理、智能制造等相关行业的发展趋势和技术动态，以便更好地满足客户的多元化需求。

在跨界融合的过程中，物流人才需要与不同行业、不同领域的合作伙伴进行紧密协作与沟通。因此，良好的跨界协作与沟通能力成为物流人才必备的技能之一。这要求物流人才具备开放的心态、敏锐的洞察力和高效的沟通技巧，以便在复杂多变的市场环境中实现资源的共享与价值的共创。

（三）创新思维与问题解决能力的提升

数字经济时代，创新是推动物流业发展的核心动力。物流人才需要具备创新思维，能够敏锐地捕捉市场变化和客户需求，提出具有前瞻性和创新性的解决方案。这要求物流人才保持对新技术、新模式的持续关注和学习，不断拓宽视野、更新观念，以创新的思维引领物流业的发展。

在数字经济环境下，物流业面临着诸多挑战和不确定性因素。物流人才需要具备一定的问题解决能力，能够在复杂多变的市场环境中迅速找出问题、分析问题并找到有效的解决方案。这要求物流人才具备扎实的专业知识、丰富的实践经验和敏锐的洞察力，以便在关键时刻做出正确的决策和行动。

（四）持续学习与自我提升的要求

数字经济时代，知识更新速度极快，新技术、新模式层出不穷。物流人才需要树立终身学习的理念，不断关注行业动态和技术发展趋势，保持对新知识、新技能的敏锐感知和学习热情。通过持续学习，物流人才可以不断提升自己的专业素养和综合能力，以适应行业发展的需要。

在持续学习的过程中，物流人才需要具备自我驱动与反思能力。这要求物流人才能够主动设定学习目标、制订学习计划并付诸实践；同时，还要不断反思自己的学习过程和成果，总结经验教训并不断优化学习方法。通过自我驱动与反思能力的提升，物流人才可以更加高效地实现自我提升和职业发展。

（五）综合素质与职业道德的强化

在数字经济环境下，物流人才不仅需要具备专业技能和知识，还需要具备良好的综合素质。这包括良好的团队协作能力、沟通能力和领导能力，以及强烈的责任心和使命感等。通过提升综合素质，物流人才可以更好地融入团队、服务客户并推动物流业的持续发展。

职业道德是物流人才不可或缺的品质之一。在数字经济时代，物流人才需要坚守职业道德底线，诚信经营、公平竞争；尊重客户、保护客户隐私；遵守法律法规、维护市场秩序等。通过坚守职业道德底线，物流人才可以赢得客户的信任和社会的尊重，为物流业的健康发展贡献自己的力量。

二、数字经济对江西物流业人才素质的新要求

随着数字经济的迅猛发展，江西物流业正经历着深刻的变革与转型。这一转型不仅体现在物流技术的革新和物流模式的创新上，还对物流人才素质提出了全新的要求。数字经济背景下，江西物流业人才需要具备一系列新的素质和能力，以应对日益复杂的市场环境和不断提升的客户需求。

（一）信息技术应用能力成为基础素质

在数字经济时代，信息技术的广泛应用是推动物流业发展的核心动力。因此，信息技术应用能力成为江西物流业人才的基础素质之一。这要求物流人才不仅要熟悉传统的物流管理知识和技能，还要掌握大数据、云计算、物联网、人工智能等现代信息技术，能够熟练运用这些技术优化物流流程、提高物流效率、降低物流成本。

具体来说，物流人才需要具备数据采集、处理、分析和应用的能力，能够利用大数据技术进行市场需求预测、库存优化、路径规划等；需要了解云计算的基本原理和应用场景，能够利用云平台实现物流资源的共享和协同；需要掌握物联网技术，能够实现对物流全过程的实时监控和智能调度；需要了解人工智能在物流领域的应用前景，能够探索和应用智能机器人、无人驾驶车辆等新技术。

（二）跨界融合与创新能力成为关键素质

数字经济促进了不同行业之间的深度融合与协同发展，物流业也不例外。在这一背景下，拥有跨界融合与创新能力成为江西物流业人才的关键

素质。物流人才需要具备跨行业的知识背景和视野，能够理解和把握不同行业的运营模式和市场需求，为物流客户提供更加精准和个性化的服务。

同时，物流人才还需要具备创新思维和创新能力，能够不断探索和应用新的物流模式和技术手段，推动物流业的创新发展。例如，通过引入O2O模式实现线上线下融合，提高物流服务的便捷性和用户体验；通过应用区块链技术，提高物流信息的透明度和安全性；通过开发智能物流系统，实现物流作业的自动化和智能化等。

（三）持续学习与自我提升成为必备素质

数字经济时代，知识更新速度极快，新技术、新模式层出不穷。因此，持续学习与自我提升成为江西物流业人才的必备素质。物流人才需要保持对新知识、新技能的敏锐感知和学习热情，不断拓宽自己的知识面和技能领域。

具体来说，物流人才可以通过参加专业培训、在线课程、行业会议等方式，获取最新的物流知识和技术动态；可以通过参与项目实践、案例研究等方式，积累丰富的实践经验和解决问题的能力；可以通过阅读专业书籍、学术论文等方式提升，自己的理论素养和思维能力。同时，物流人才还需要注重培养自己的自主学习能力和终身学习习惯，以适应不断变化的市场环境和客户需求。

（四）综合素质与职业道德成为重要保障

在数字经济背景下，江西物流业人才不仅需要具备专业技能和知识素质，还需要具备良好的综合素质和职业道德。综合素质包括团队协作能力、沟通能力、领导能力等多方面能力素质。这些能力素质能够帮助物流人才更好地融入团队、服务客户，并推动物流业的持续发展。

职业道德则是物流人才不可或缺的品质之一。在数字经济时代，物流行业面临着诸多挑战和风险，如信息安全、隐私保护、公平竞争等问题。物流人才需要坚守职业道德底线，诚信经营、公平竞争，尊重客户、保护客户隐私，遵守法律法规、维护市场秩序等。通过坚守职业道德底线，物流人才可以赢得客户的信任和社会的尊重，为物流业的健康发展贡献自己的力量。

（五）国际化视野与跨文化沟通能力成为新趋势

随着全球化的深入发展，物流业已成为企业参与国际竞争的重要领域之一。在这一背景下，国际化视野与跨文化沟通能力成为江西物流业人才培养的新趋势。物流人才需要具备国际化的视野和思维方式，能够理解和把握全球物流市场的动态和趋势；需要具备跨文化沟通的能力，能够与来自不同国家和地区的合作伙伴及客户进行有效沟通与协作。

具体来说，物流人才可以通过学习外语、了解不同国家的文化和习俗等方式，提升自己的跨文化沟通能力；可以通过参与国际物流项目、加入国际物流组织等方式，拓展自己的国际视野和人际关系网络；可以通过关注国际物流动态、参与国际物流论坛等方式，获取最新的国际物流信息和知识。

（六）培养与引进并举，提升物流人才整体素质

面对数字经济对江西物流业人才素质的新要求，江西应采取培养与引进并举的策略，全面提升物流人才的整体素质。一方面，加大对本土物流人才的培养力度，通过完善教育体系、加强校企合作、推动产教融合等方式，培养更多具备信息技术应用能力、跨界融合与创新能力、持续学习与自我提升能力等素质的物流人才；另一方面，积极引进国内外优秀的物流人才和团队，通过提供优厚的政策支持和工作环境，吸引他们来江西发展创业，为江西物流业注入新的活力和动力。

同时，江西还应建立健全物流人才评价和激励机制，通过设立物流人才奖项、提供职业发展机会等方式，激励物流人才不断提升自己的素质和能力；加强物流人才流动和交流平台建设，促进物流人才在不同企业、不同行业之间的流动和交流，推动物流行业内部的知识共享和技术创新。

三、数字经济对江西物流业人才结构的新要求

随着数字经济的蓬勃兴起，江西物流业正经历着前所未有的变革与升级。这一转型不仅改变了物流业的运作模式，也对物流人才结构提出了新

的要求。数字经济以其高效、智能、互联的特性，推动物流业向更加精细化、个性化、智能化的方向发展，从而给物流人才的结构带来新的机遇与挑战。

（一）高层次数字技术人才需求激增

在数字经济时代，数据已成为企业最宝贵的资产之一。物流业也不例外，大量物流数据的产生和积累为企业的决策优化、效率提升提供了可能。因此，江西物流业对大数据分析师和数据科学家的需求激增。这些高层次技术人才能够运用先进的数据分析工具和方法，对海量物流数据进行深度挖掘和分析，发现潜在的机会和运营问题，为企业的战略决策提供有力支持。

人工智能技术在物流领域的应用日益广泛，从智能仓储、智能分拣到无人驾驶车辆，人工智能正深刻改变着物流业的运作方式。因此，江西物流业对人工智能工程师和算法专家的需求也日益增长。这些高层次技术人才能够参与设计和开发智能物流系统，优化物流作业流程，提高物流效率和准确性。

（二）复合型人才成为主流趋势

数字经济要求物流业与信息技术深度融合，因此，具备物流专业知识和信息技术能力的复合型人才成为市场的主流需求。这类人才不仅能够理解物流业务的需求和痛点，还能够运用信息技术手段解决物流问题，推动物流业的数字化转型。

随着供应链管理的日益重要，物流人才需要具备供应链管理知识和技能，以更好地协同上下游企业，优化供应链运作。因此，"物流＋供应链管理"复合型人才成为江西物流业的热门。这类人才能够深入理解供应链管理的各个环节，运用先进的供应链管理理念和方法，提升供应链的整体效能。

（三）技能型人才需求持续扩大

随着物流智能化水平的提升，智能设备在物流作业中的应用越来越广泛。因此，江西物流业对智能设备操作与维护技能人才的需求持续扩大。

这类人才需要熟悉各种智能设备的操作和维护流程，能够确保设备的正常运行和高效利用。

自动化仓储与分拣系统是提升物流效率的关键环节之一。因此，江西物流业对自动化仓储与分拣技能人才的需求也在不断增加。这类人才需要掌握自动化仓储与分拣系统的原理和操作技巧，能够高效地完成仓储与分拣作业任务。

（四）国际化人才成为企业利润新的增长点

随着全球化的深入发展，江西物流业越来越需要与国际市场接轨。因此，具备国际视野的物流人才成为企业利润新的增长点。这类人才了解国际物流市场的动态和趋势，熟悉国际贸易规则和流程，能够为企业开拓国际市场提供有力支持。

在国际物流业务中，语言沟通是不可或缺的环节。因此，江西物流业对精通多语言的物流人才需求也在增加。这类人才能够熟练运用多种语言与不同国家和地区的客户进行沟通协作，确保国际物流业务的顺利进行。

（五）优化人才结构的具体措施

针对高层次数字技术人才和复合型人才的需求激增问题，江西省应采取有效措施加强高层次人才的培养与引进。一方面，通过加大对高校和科研机构的投入力度，培养更多具备创新能力和实践经验的高层次人才；另一方面，通过制定优惠政策和完善服务机制吸引国内外优秀人才来江西发展。为了培养更多符合市场需求的技能型人才和复合型人才，江西省应积极推动产教融合与校企合作。通过加强学校与企业之间的合作与交流，共同制订人才培养方案和教学计划，实现资源共享和优势互补。同时，鼓励企业参与学校的实践教学和实习实训环节，提高学生的实践能力和职业素养。

为了激发人才的积极性和创造力，江西省应建立健全人才评价与激励机制。通过设立各类人才奖项和荣誉称号，表彰优秀人才的贡献与成就；通过提供职业发展机会和晋升渠道，激励人才不断学习和进步。通过完善薪酬制度和福利待遇，保障人才的合法权益和生活品质。此外，江西省还应加强对人才成长过程的关注和指导，帮助解决人才成长中的困难和问题，促进其全面发展。为了培养更多具备国际视野和语言能力的国际化人才，江西省应积极拓展国际化人才交流与合作渠道。通过加强与国外高校和科研机构的合作与交流，引进国外先进的教育理念和技术；通过组织国际物流论坛和展览活动，搭建国际化人才交流与合作平台；通过支持企业"走出去"，开展国际物流业务锻炼，提升国际化人才的实践能力和综合素质。

参考文献

[1]李清.数字化物流平台案例与分析[M].上海：复旦大学出版社，2023.

[2]谢如鹤，刘广海.普通高等学校十四五规划物流管理与工程类专业数字化精品教材 冷链物流[M].2版.武汉：华中科技大学出版社，2023.

[3]冉文学，刘志学.普通高等学校十四五规划物流管理与工程类专业数字化精品教材 物流自动化系统[M].武汉：华中科技大学出版社，2023.

[4]郑维明.数字化制造生产线规划与工厂物流仿真[M].北京：机械工业出版社，2021.

[5]黄福华，张毅.普通高等学校十四五规划物流管理与工程类专业数字化精品教材 物流服务质量管理[M].武汉：华中科技大学出版社，2022.

[6]赵淑群.物流数字化应用Excel篇[M].北京：机械工业出版社，2023.

[7]高太光.数字经济下物流供应链供需协调与协同运作问题研究[M].徐州：中国矿业大学出版社，2023.

[8]杜娟，范瑾.应用型本科高校十四五规划经济管理类专业数字化精品教材 现代物流管理[M].武汉：华中科技大学出版社，2023.

[9]杨爱民.现代企业数字化物流体系研究[M].杭州：浙江大学出版社，2014.

[10]朱传波.智慧物流现代物流与供应链管理丛书 物流与供应链管理 新商业新链接新物流[M].2版.北京：机械工业出版社，2023.

[11]郁士祥，杜杰.5G+物流[M].北京：机械工业出版社，2020.

[12]丁少华.数字化转型系列 贯通 数字化订单交付[M].北京：机械工业出版社，2023.

[13]周奇才.物流工程理论与应用[M].上海：同济大学出版社，2024.

[14]谢明，陈瑶，李平.电子商务物流[M].2版.北京：北京理工大学出版社，2020.

[15]姚文斌，黄燕东，曹淼清.物流运筹学[M].北京：北京理工大学出版社，2023.

[16]周祖德，娄平.数字孪生与智能制造[M].武汉：武汉理工大学出版社，2020.

[17]潘凯.数字经济与中国数字化转型发展[M].北京：中国纺织出版社，2023.

[18]杨少梁，梁贺君.数字货运[M].上海：上海财经大学出版社，2021.

[19]殷延海.新零售系列教材 智慧物流管理[M].上海：复旦大学出版社，2023.

[20]鲍劲松，程庆和，张华军.海洋装备数字化工程[M].上海：上海科学技术出版社，2020.

[21]欧阳小青.医药物流实务[M].2版.北京：中国医药科技出版社，2020.

[22]李瑞.数字经济建设与发展研究[M].北京：中国原子能出版社，2022.

[23]陈文，吴智峰.物流信息技术[M].3版.北京：北京理工大学出版社，2022.

[24]何杰.物流信息技术[M].2版.南京：东南大学出版社，2017.

[25]骆汉宾.数字建造项目管理概论[M].北京：机械工业出版社，2021.

[26]陈文，吴智峰.物流信息技术[M].3版.北京：北京理工大学出版社，2022.